Exzellenzcluster
‚Gesellschaftliche Abhängigkeiten und soziale Netzwerke'

Gläubiger, Schuldner, Arme

Exzellenzcluster
‚Gesellschaftliche Abhängigkeiten
und soziale Netzwerke'

Gläubiger, Schuldner, Arme

Netzwerke und die Rolle des Vertrauens

Herausgegeben von
Curt Wolfgang Hergenröder

VS VERLAG

Bibliografische Information der Deutschen Nationalbibliothek
Die Deutsche Nationalbibliothek verzeichnet diese Publikation in der
Deutschen Nationalbibliografie; detaillierte bibliografische Daten sind im Internet über
http://dnb.d-nb.de abrufbar.

1. Auflage 2010

Alle Rechte vorbehalten
© VS Verlag für Sozialwissenschaften | Springer Fachmedien Wiesbaden GmbH 2010

Lektorat: Katrin Emmerich

VS Verlag für Sozialwissenschaften ist eine Marke von Springer Fachmedien.
Springer Fachmedien ist Teil der Fachverlagsgruppe Springer Science+Business Media.
www.vs-verlag.de

Umschlaggestaltung: KünkelLopka Medienentwicklung, Heidelberg
Satz: Technische Dokumentation Faust, Halle
Gedruckt auf säurefreiem und chlorfrei gebleichtem Papier
Printed in Germany

ISBN 978-3-531-17190-6

Inhalt

II Thesenvorträge zur Netzwerkbedeutung aus Sicht einzelner Wissenschaftsdisziplinen

Vorwort

Überschuldung und Armut stellen nicht nur ein finanzielles Problem dar, sondern erfasst alle Lebensbereiche der betroffenen Person. Die wirtschaftliche Destabilisierung geht mit einer psycho-sozialen Belastung einher. Finanzieller Stress kann zu physischen und psychischen Schädigungen führen, soziale Beziehungen zerstören und negative Auswirkungen auf das soziale Umfeld haben. Betroffen sind nicht nur die Schuldner und ihre Familien, die häufig auf staatliche Hilfe angewiesen sind, auch deren Gläubiger erleiden Schaden. Überschuldung und Armut sind nicht nur ein persönliches, sondern auch ein gesellschaftspolitisches Problem. Damit erfährt das Thema *„Gläubiger, Schuldner, Arme – Netzwerke und die Rolle des Vertrauens"* auch eine sozialpolitische Bedeutung.

Armut und Überschuldung haben deutliche Auswirkungen auf soziale Netze. Die Gründe hierfür sind vielfältig. Die Umgebung wendet sich zum Teil von der überschuldeten oder armen Person ab oder die Betroffenen ziehen sich aus unterschiedlichen Gründen selbst aus sozialen Verbindungen zurück. Ansehens- und auch Statusverluste gehen damit einher. Teilweise werden dadurch Hilfsangebote finanzieller oder emotionaler Art abgeschnitten. Aufgrund des engen und immer wieder dargelegten Zusammenhangs von sozialen Netzwerken und sozialer Unterstützung lohnt es, sich den Netzwerkstrukturen und -beziehungen von zahlungsunfähigen Schuldnern und armen Menschen zuzuwenden. Der Netzwerkanalyse kommt diesbezüglich eine besondere Bedeutung zu.

Das *Exzellenzcluster „Gesellschaftliche Abhängigkeiten und soziale Netzwerke"* des Landes Rheinland-Pfalz, welches an den Universitäten Trier und Mainz etabliert ist, sowie der *Arbeitskreis „Armut und Schulden"* der Universität Mainz widmen sich in Zusammenarbeit mit einem Forschungsprojekt an der Universität Saarbrücken interdisziplinär der Problematik. Die nachfolgenden Beiträge geben die Vorträge wieder, welche auf einem Symposion zum Thema am 15. Mai 2009 an der Johannes Gutenberg-Universität Mainz gehalten wurden.

I Netzwerke – Von der Vergangenheit zur Gegenwart

Die neue Welt der Netzwerke – Ein Paradigma für die Gesellschaft des 21. Jahrhunderts?

Florian Straus

Wir scheinen von Netzwerken umzingelt zu sein. Man kann heute keine Zeitung mehr aufschlagen, fast keiner Nachrichtensendung folgen, ohne dass man auch von Netzwerken liest und hört. Im Internet erreichen die einschlägigen Stichworte (Netzwerk, network) Eintragungen im dreistelligen Millionenbereich. Das war keineswegs immer so. Noch in den 70er Jahren war der Begriff nur wenigen bekannt oder wurde eher rein technisch gedacht (siehe Eisenbahnnetzwerke, erste Datennetzwerke). Woher kommt dieser Boom binnen weniger Jahrzehnte? Könnte es gar sein, dass Netzwerke – wie manche glauben – sogar das Paradigma für die Gesellschaft des 21. Jahrhunderts werden?

Der folgende Artikel beleuchtet aus drei sehr unterschiedlichen Perspektiven die neue Welt der Netzwerke. Der erste Blick richtet sich auf die Idee und das Phänomen der Netzwerke aus einer historischen und gesellschaftlichen Entwicklungsperspektive. Der zweite Blick nähert sich dem Netzwerkthema aus einer sozialpsychologischen Perspektive und fragt nach der Bedeutung der Netzwerke für die Identität der Menschen und der dritte schließlich verlässt die soziologische und psychologische Ebene und sucht nach der interdisziplinären Attraktivität der Netzwerkidee.

1   Zur Geschichte der Netzwerkforschung und des/der Netzwerkbooms

Wer in einer netzwerkorientierten Perspektive denkt, öffnet seinen Blick für die Gesamtheit der sozialen Beziehungen eines Menschen. Und er beschäftigt sich mit den Relationen zwischen verschiedenen Beziehungen in seinem Netzwerk. Dieses Denken ist nicht neu, hat jedoch lange gebraucht, bevor es aus dem Schattendasein geringer allgemeiner und wissenschaftlicher Aufmerksamkeit herausgetreten ist. Der Netzwerkbegriff selbst wurde Mitte der 50er Jahre des letzten Jahrhunderts überhaupt erst salonfähig gemacht.

In Bremnes, einem kleinen norwegischen Fischerdorf, untersucht John Barnes, ein englischer Anthropologe, die innere soziale Struktur dieses Ortes, d. h. das institutionelle System von Verwaltung, Kirche und ökonomischen Beziehungen. Damit aber hat er die soziale Struktur noch nicht ausreichend erfasst. Er sieht, dass neben der formellen hierarchischen Struktur natürlich auch die informellen sozialen Beziehungen das Alltagsleben dieser Gemeinde prägen. Nachdem er auch dieses gründlich untersucht hat, überlegt er in der Nachmittagssonne am Hafen sitzend, wie er seine Ergebnisse begrifflich möglichst prägnant und leicht verständlich darstellen kann. Während er darüber nachdenkt, beobachtet er, wie um ihn herum aus kleinen Fischerbooten der Tagesfang ausgeladen wird und die Fischernetze ausgebreitet und aufgehängt werden. Als die Sonne durch die Muster von Knoten und Schnüren scheint, kommt ihm die entscheidende Metapher für die Symbolisierung der Beziehungsmuster, in die die Menschen in einer lokalen Gemeinde eingebunden sind: „Menschen werden mit Knoten gleichgesetzt, die durch Linien oder Bänder mit anderen Menschen, die ihrerseits Knoten darstellen, in Verbindung stehen. Das soziale Beziehungsgeflecht bildet ein Netz bzw., weil es ja von den Menschen selbst geschaffen wird, ein Netzwerk."[1]

Barnes veröffentlicht 1954 das Ergebnis seiner Studie von Bremnes in einem Aufsatz in der Zeitschrift „Human Relations". Er beschreibt dort auch zum ersten Mal, was er unter dem Begriff des Netzwerks versteht[2] und entscheidet sich dabei gegen den Begriff des „Webs", weil ihm der Netzwerkbegriff besser die Multidimensionalität sozialer Beziehungen wiederzugeben scheint. Dies ist eine der Geburtstunden der Netzwerkanalyse (vgl. Straus 2002), andere liegen vorher (Simmel 1908/1983, Moreno 1934). In den siebziger Jahren des 20. Jahrhunderts etabliert sich dann eine eigene sozialwissenschaftliche Schule um White, Wassermann und Wellmann. Trotz der ersten Erfolge dieser Netzwerkforscher blieb es jedoch lange Zeit eine von vielen, eher wissenschaftsinternen, Schulen. Aus dieser Zeit lassen sich exemplarisch drei Meilensteine der Netzwerkforschung auswählen, die zugleich auch typische Merkmale von Netzwerken widerspiegeln.

---

[1] Erzählt von Mitchell zit. nach Curtis 1979,15

[2] "Each person is, as it were, in touch with a number of people, some of whom are directly in touch with each other and some of whom are not. ... I find it convenient to talk of a social field of this kind as a network. The image I have is of a set of points some of which are joined by lines. The points of the image are people, or sometimes groups, and the lines indicate which people interact with each other." (Barnes 1954, 43)

1.1 Meilensteine der Netzwerkforschung

1.1.1 Das Small-World-Phänomen (Milgram – Tjaden/Wasson – Watts/Strogatz)

Man geht auf eine Party und trifft jemanden, den man selbst nicht kennt, der aber mit einem der eigenen besten Freunde gut bekannt ist. Oder im Urlaub in einem fernen Land lernt man aus einer anderen deutschen Stadt ein Paar kennen und wieder entdeckt man trotz aller Verschiedenheit in Beruf und Hobby in den Erzählungen eine gemeinsame Bekannte.

Jeder kennt dieses Phänomen und das Gefühl, „wie klein die Welt doch ist". Eine These versucht dieses Small-World-Phänomen zu erklären. Sie besagt, dass sich zwischen beliebigen Bewohnern des Planeten eine Kette von Personen knüpfen lässt, die maximal 6 Stationen benötigt. Das Muster A kennt B, und B kennt C, und C kennt D, und D kennt E, und E kennt F würde also ausreichen, um beispielsweise zwischen einem zufällig gewählten Menschen in Berlin und einem der berühmtesten Hollywoodschauspieler eine solche Kette von Freunden bzw. Bekannten zu knüpfen.

Abbildung 1:   Sechs Stationen verknüpfen die Welt

Eben dies hat die Zeitung Die ZEIT vor zwei Jahren[3] versucht nachzuspielen. Der zufällig ausgewählte Falafel-Verkäufer Salah Ben Ghaly kennt zwar sein Idol Marlon Brando nicht, er kennt nach einigem Überlegen aber jemanden, der an der Westküste der USA lebt. Auch dieser Asaad Al Hashimi kennt nicht die Zielperson, wohl aber jemanden aus seiner Firma, Ken Carlson, der wiederum eine Freundin hat, die die Tochter eines Filmproduzenten ist. Als fünftes Glied in der Kette findet sich deren Vater, der Filmproduzent Patrick Palmer. Dieser hat tatsächlich 1994 mit Marlon Brando den Firm „Don Juan de Marco" gedreht.

Dieses Small-World-Phänomen ist vor allem von Stanley Milgram (1967) populär gemacht worden. Er hat untersucht, wie eine Nachricht über persönliche Kontakte vom US-Staat Nebraska zu einer Zielperson in Boston gelangt. Schon damals zeigte sich, dass die Überbrückung großer Entfernung in der Regel das geringere Problem war. Oft kam die Nachricht schnell an den Stadtrand von Boston. Der weitere Übermittlungsweg in der Stadt erwies sich dann als schwieriger. Pool et al. waren es vermutlich, die in einem, allerdings erst viel später veröffentlichten, Artikel die „Small World" zum ersten Mal formuliert haben.[4] Deutlich wird an dieser These, dass die vielen Netzwerke der Menschen dieser Erde Schnittstellen aufweisen, die auch noch so entfernte Menschen mit wenigen Schritten verbinden können.

1.1.2 Die Stärke schwacher Beziehungen (Mark Granovetter)

Und oft sind es bei diesen Small-World-Verknüpfungen nicht die sogenannten starken Beziehungen (zu engen Verwandten, alten Freunden), sondern sogenannte „weak ties", also Beziehungen zwischen Menschen, die ein eher loser Kontakt kennzeichnet. Lange Zeit galt diese Form der Beziehung den sog. engen, dichten Beziehungen als unterlegen. Was aber ist, wenn die starken Beziehungen wegfallen oder wenn die Erosion von traditionellen Bindungsstrukturen neue Wege jenseits des Netzes enger Beziehungen entstehen lässt? Es war vor allem Mark Granovetter (1973, 1982), der die neue, besondere Bedeutung der sog. schwachen Beziehungen am Beispiel der Arbeitsplatzsuche untersucht hat. Retrospektiv wurde bei Jobwechslern die herausragende Bedeutung der persönlichen Beziehungen festgestellt. 65 % der neuen Jobs wurden über persönliche Kontakte vermittelt.

---

[3] Siehe beispielsweise die Zeit vom 21. 10. 1999, 21 (Nr. 43)
[4] Duncan Watts/ Steve Strogatz haben 1998 in der Zeitschrift Nature dann die mathematische Lösung des Small-World-Rätsels präsentiert.

Überraschenderweise waren es jedoch nicht die engen Freunde oder Familienmitglieder, die hier einen entscheidenden Anteil hatten, sondern eher Personen, zu denen man wenig häufige und intensive Kontakte gepflegt hatte. Zwar wiesen die Personen, die einem näher standen („strong ties"), eine größere Hilfsbereitschaft auf, aber sie vermittelten seltener wertvolle neuartige Informationen als die „weak ties". Diese Untersuchung wurde vielfach in unterschiedlichen Konstellationen wiederholt und bestätigt. Heute weiß man zudem, dass ohne „weak ties" eine Gesellschaft in isolierte Cliquen zerfallen würde.

1.1.3 Gemeinschaften verändern sich, aber sie lösen sich nicht auf (Barry Wellman)

Wellman versteht unter Gemeinschaften Netzwerke interpersoneller Verbindungen, die Geselligkeit, Unterstützung, Information, das Gefühl der Zugehörigkeit und soziale Identität vermitteln. Es ist das besondere Verdienst von Wellmans Netzwerkanalysen (1978, 1999, 2001, die Debatte um der Erosion von Gemeinschaft aufgegriffen und empirisch versachlicht zu haben. In den vielen Studien seit seiner berühmten East-York-Studie (Stadtteil in Toronto) konnte er zeigen, dass Gemeinschaften weder verschwinden, noch in ihrer Bindekraft für die Gesellschaft und der Zugehörigkeitskraft für die Menschen schwächer werden, wohl aber sich erheblich verändert haben. Er unterscheidet dabei zwischen verschiedenen Formen von Gemeinschaft:

a. *Door-to-door-Community*: Die Gemeinschaft, der Wohnort und die Nachbarschaft fallen weitgehend zusammen.
b. *Place-to-place-Community*: Die Orte bleiben wichtig, allerdings verändern sie sich und können weit weg von der eigenen Wohnung liegen, Transport- und Kommunikationsmittel werden wichtiger.
c. *Person-to-person-Community*: Ortsungebundenheit nimmt weiter ab, und über die CMC-Prozesse begegnen sich Personen immer stärker nur in partialen Rollen und Interessen.

Historisch gesehen sieht er u. a. zwei markante Etappen, in denen sich die dominierende Struktur von Gemeinschaften verändert hat: zum einen den Übergang von der Door-to-door-Community zur Place-to-place-Community, der vor allem die zweite Hälfte des zwanzigsten Jahrhunderts geprägt hat; zum anderen den Übergang von der Place-to-place-Community zur Person-to-person-Community. In diesem Prozess sind wir gegenwärtig, und er wird bereits stark beeinflusst durch die neuen informationstechnologischen Möglichkeiten des 21. Jahrhunderts.

1.2 Der kleine und der große Netzwerkboom

Viele Jahre blieb die Netzwerkforschung ein Thema für Spezialisten. Zwar war
sie, wie beschrieben, in verschiedenen fachlichen Disziplinen unterwegs, aber
eben nur dort. Dies änderte sich erst im letzten Drittel des zwanzigsten Jahrhundert. Dort begann das, was ich im Folgenden den ersten Siegeszug der Netzwerkidee in das alltägliche Leben nennen möchte. Im Vergleich zu dem, was
später geschah, handelte es sich allerdings noch um einen kleinen Netzwerkboom. Drei Gründe waren dafür verantwortlich.

Zum einen etablierten sich Netzwerke in diesen Jahren als Merkmal **alter-
nativer Lebenswelten**. Netzwerke galten als Hoffnungsträger
- für die stärkere Durchsetzung von sozialer Unterstützung,
- von mehr Gemeinschaftlichkeit und Menschlichkeit
- sowie von Kreativität, Gleichberechtigung und nicht entfremdeter Arbeit
  geprägten Formen der Zusammenarbeit.

Viele vor allem alternativ ausgerichtete Einrichtungen nahmen damals den
Netzwerkbegriff mit in ihre Programmatik und zum Teil sogar in ihren Namen
auf.

Der zweite Grund für den ersten Boom der Netzwerkidee lag in den Er-
kenntnissen der sozialen **Unterstützungsforschung.** Netzwerke wurden als
wichtiger Faktor im Belastungs-Bewältigungshandeln erkannt. „Ökonomische,
ökologische und soziale Beeinträchtigungen wie auch psychologische und
somatische Störungen können mit Hilfe sozialer Unterstützung bewältigt und
deren Folgen für die eigene Gesundheit und das eigene Leben gedämpft, über-
wunden oder kompensiert und akzeptiert werden" (House 1981). Der Stellenwert
der Netzwerke und ihrer Unterstützungsfunktion wird in dieser Zeit in nahezu
alle Modelle, die sich mit Fragen von Krankheit und Gesundheit beschäftigen,
aufgenommen. Ein Beispiel ist das abgebildete Modell von Hurrelmann (1990).

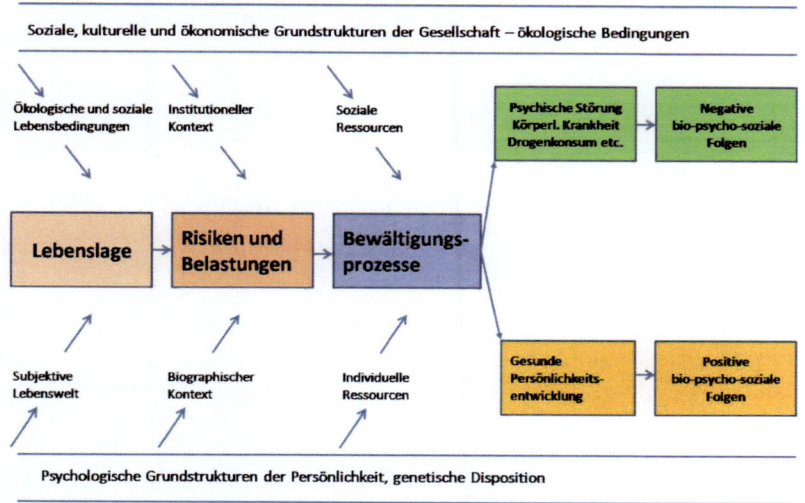

Abbildung 2:   Belastungs-Bewältigungs-Modell

Die Netzwerk- und Unterstützungsforschung hat in dieser Zeit dafür gesorgt, dass dem traditionellen klinischen Schädigungsblick auf soziale Gruppen und Systeme ein Schutz- und Hilfeblick auf soziale Gemeinschaften und soziale Bindungen entgegen- oder zumindest an die Seite gestellt wird und einer individualistischen eine soziale und damit letztlich auch systemische Perspektive entgegengesetzt wurde.

Der dritte Grund findet sich in ersten Ideen und Umsetzungen zu einem **Ausbau psychosozialer Netzwerke** (Bergold, Filsinger 1993). Man erkannte, dass, je weiter die Ausdifferenzierung und Spezialisierung der verschiedenen Hilfsangebote sich entwickelt, desto notwendiger kooperative und partnerschaftliche Arbeitsweisen werden.

Aber in diese Zeit fallen auch erste Entzauberungen des Mythos Netzwerk. Man erkannte:

- Die Idee des Netzwerks schafft nicht automatisch funktionierende Arbeitsformen, teilweise erweisen sich organisatorische Lösungen als besser.
- Netzwerke schaffen Kontakte, fördern Gemeinschaften und können aber umgekehrt Kontakte auch einengen, Beziehungsprobleme erst auslösen.
- Der Faktor „soziale Unterstützung" erweist sich in Metaanalysen als „schwächer" als erwartet. Man sieht, dass auf jeden Fall der Wirkmechanismus der sozialen Netzwerke und ihrer Unterstützungsfunktion komplexer als angenommen ist.

Die Folge war eine gewisse Ernüchterung über die vorschnelle Idealisierung und Romantisierung des Netzwerkkonzepts. Allerdings bleibt als Errungenschaft die Erkenntnis, dass Netzwerke besser als viele klassische organisatorische Lösungen in der Lage sind, Ressourcen unbürokratisch zu bündeln und unterschiedliche Perspektiven kreativ und grenzüberschreitend zu vereinen. Diese Erkenntnisse haben in zahlreichen Bereichen zu neuen Lösungen geführt, wie das hier beschriebene (aktuelle) Beispiel aus dem Behindertenbereich zeigt.

Praxisbeispiele **Netzwerk INTEGRA**

Ausgangspunkt ist das Problem, Arbeitsplätze für Behinderte auf dem allgemeinen Arbeitsplatz zu finden.
Die Lösung, die „Integra Mensch" in Bamberg geht ist eine sozialraumorientierte Netzwerkarbeit. Diese besteht aus mehreren Modulen. Der Kern ist die Idee der Netzwerke. Der Betroffene wird ermuntert, aus einer „Familienschatzkarte" Personen auszuwählen, die mit ihm dann sein Netzwerk visualisieren. „Ansatzpunkt für alle Aktivitäten, die die „Integra MENSCH" ergreift, ist der Mensch als soziales Wesen und der entsprechend geäußerte Wille des Einzelnen; ausgehend von der Analyse der derzeitigen sozialen Einbindung des Beschäftigten werden – mit Hilfe von sogenannten Familienschatzkarten und Netzwerkkarten – die zur Verfügung stehenden Ressourcen ermittelt und zielgerichtet zur Integration in entsprechende Betriebe genutzt" (Stübinger, 2009). „Ausgehend von der Annahme, dass jeder Mensch Netzwerke baut bzw. besitzt, wird mit dieser Technik das Umfeld des Menschen mit Behinderung beleuchtet und für die Belange der Betroffenen aktiviert; es geht hier erneut darum, (weitere) Personen zu finden und zu benennen, die Unterstützung bei der Suche nach einem geeigneten Arbeitsplatz geben können" (ebd.). Dieser netzwerkbezogenen **Ressourcencheck** bildet die Grundlage für die Suche nach einem geeigneten Betrieb für den behinderten Menschen.
Die Betriebe werden über ein **Unterstützernetzwerk** rekrutiert, das inzwischen die ganze Region erfasst hat und einen eigenen Kampagnentitel trägt: „Bamberg bewegt".
Drittes Modul ist schließlich ein **Patenschaftsmodell**. Hier wird die notwendige Begleitung am Arbeitsplatz sichergestellt. Diese Paten unterstützen, wenn es Fragen oder Schwierigkeiten gibt. Insgesamt konnten auf diesem netzwerkgestützten Weg in den letzten Jahren über 60 Mitarbeiter/innen in Betriebe des ersten Arbeitsmarktes integriert werden.

Der Beginn der im Weiteren als **großer Netzwerkboom** beschriebenen Entwicklung datiert von den neunziger Jahren des letzten Jahrhunderts. Offensichtlich wurde dieser zweite Siegeszug der Netzwerkidee jedoch erst in den letzten Jahren. Erst mit dem Siegeszug des Internets wurde deutlich, dass die Netzwerkperspektive hilft, nicht nur komplexe Prozesse besser verstehbar zu machen, sondern dass wir tatsächlich auch immer mehr netzförmige Prozesse in den unterschiedlichsten Alltagsbereichen haben. Ein Beispiel dafür ist das Zusammenwirken der weltweiten Finanzflüsse. Gerade die Krise hat deutlich gemacht, wie eng vernetzt die Finanzsysteme der Welt tatsächlich sind, sodass der Zusammenbruch einiger weniger Banken (Lehman in den USA) direkte Auswirkungen auf alle Länder der Welt hatte und noch hat und der Versuch, dies mit klassischen staatlichen Instrumenten aufzuhalten, gar nicht mehr ernsthaft unternommen wurde. Die großen Industrienationen haben stattdessen versucht, mit ihrem Instrumentarium Schlimmeres zu verhindern, und suchen nun im Kreis (Netzwerk?) der großen Wirtschaftsnationen nach neuen (netzförmigen?) Lösungen.

Ein zweites Beispiel für das diagnostizierte Doppelphänomen (die Welt wird netzförmiger gesehen und es gibt auch tatsächlich mehr Netzwerke) sind die Wirtschaftsunternehmen selbst. Diese haben über viele Jahre informelle Netzwerke in ihren Unternehmen oder zwischen Personen aus verschiedenen Unternehmen heftig bekämpft, um diese nun plötzlich zu fördern. Dies geht soweit, dass Unternehmen, die als Konkurrenten am Markt sind, heute über netzförmige strategische Allianzen miteinander kooperieren.

Auch in fast allen anderen gesellschaftlichen Bereichen finden sich inzwischen ähnliche Entwicklungen (Vernetzungen), und dies ist so weitreichend, dass es eine Reihe von Gesellschaftstheoretikern gibt, die die heutigen Gesellschaften bereits als Netzwerkgesellschaften bezeichnen.

Manuel Castells und die These von der Netzwerkgesellschaft

Castells begründet seine These (Castells 1996, 200,2001) mit dem Zusammentreffen von drei Entwicklungen, die alle im letzten Viertel des 20. Jahrhunderts ihre Wirkung entfalten:

- dem Bedürfnis der Wirtschaft nach flexiblem Management und globalisiertem Kapital,
- einem Bedürfnis der Menschen nach individualisierten Werten und offener Kommunikation
- und außerordentlichen Fortschritten der Computertechnologie und der Telekommunikation.

In der Folge dieser Entwicklungen kommt es zu Phänomenen, die sich nicht mehr mit den alten Nationalstaats bzw. auch klassischen Organisationskonzepten erklären lassen. Beispiele solcher Netzwerke gibt es

- im ökonomischen Bereich, denkt man beispielsweise an die Zusammenschlüsse von Firmen zu verschiedensten Formen von Netzwerken oder auch an das Zusammenspiel der weltweiten Börsenmärkte im übergeordneten Netzwerk der globalen Finanzflüsse;
- im politischen Bereich, denkt man an die nationalen Räte von Ministern und europäischen Kommissaren, die beispielsweise in Europa das politische Netzwerk der EU bilden – andere frühe Beispiele sind die UNO, die Nato und ähnliche Formationen, die alle das klassische Nationalstaatsprinzip verlassen;
- im kulturell-medialen Bereich, wenn man sich das Zusammenspiel von Fernsehsendern und Produktionsfirmen ansieht, die im globalen Netzwerk der neuen Medien die kulturelle Ausdrucksweise und die Meinungen im Informationszeitalter prägen;
- in der Informationsvermittlung. Das hier bekannteste Beispiel ist sicher das Internet. Es verdeutlicht mit seinen unerschöpflichen Anwendungsvarianten vielleicht am augenfälligsten die Netzwerkqualität seiner Struktur.

Castells zählt zu den Netzwerkbeispielen aber auch „kriminelle Felder, wie die Mafia oder den Zusammenhang von Kokafeldern, geheimen Landebahnen, Drogenlaboratorien, rivalisierenden Gangs und Geldwaschsystemen" als Knoten im Netzwerk des Drogengeschäfts. Nach dem Erscheinen von Castells' Buch (1996) hat mit Al Quaida 2001 ein Terrornetzwerk die Bühne der Weltöffentlichkeit betreten, das noch augenfälliger als die anderen Beispiele den Netzwerkcharakter der Organisation beschreibt
Diese Beispiele machen für Castells dreierlei deutlich. Es geht bei diesen Netzwerken um einen kommunikativen Austausch von Personen und Institutionen. Gegenstände, Räume und andere nicht menschliche Lebewesen sind insofern einbezogen, als sie an einem kommunikativen Akt beteiligt sind. Der kommunikative Austausch beinhaltet einen bestimmten Kommunikationscode, der auch die Werte oder Leistungsziele enthält, die das Netzwerk zusammenbindet. Und bei diesen Netzwerken handelt es sich um offene Strukturen, die in der Lage sind, ohne Grenzen zu expandieren. Sie können neue Knoten so lange integrieren, so lange diese im Netzwerk kommunizieren können und den gleichen Kommunikationscode teilen.
Eine solchermaßen netzwerkorientierte Sozialstruktur ist ein hochgradig

offenes System mit der Fähigkeit der Innovation, ohne dabei aus der Balance zu geraten. Eben deshalb sind für Castells Netzwerke geeignete Instrumente zur Erklärung des komplexen Wandels der globalisierten Weltgesellschaft (Castells 1996, 47). Castells zeigt auch, dass die neue Qualität der Netzwerke darin besteht, wie heute technische und soziale Netzwerke zu koagieren beginnen. Hier liegt seine Begründung, warum unsere Gesellschaft sich adäquat nur noch als „Netzwerkgesellschaft" verstehen lässt.

Wir kennen inzwischen viele Formen solcher Netzwerkbildungen (Internet, Wikidepdia, Lokalisten, Ebay, Web 2.0, YouTube,...), wie es sie vorher in dieser Form nicht gegeben hat. Vor allem aber wissen wir, dass sie bieten nicht nur neue Gelegenheitsstrukturen bieten[5], sondern das alltägliche menschliche Verhalten inzwischen ganz entscheidend beeinflussen.[6] Ein Beispiel dafür ist die Netzwerk-Enzyklopädie Wikipedia. War sie zu Beginn noch eine ambitionierte Idee eines amerikanischen Ex-Börsenhändlers und mehr Spielwiese für Eingeweihte, hat sie sich heute zur meistgenutzten Wissensdatenbank des Planeten Erde entwickelt.

---

[5] Mit Hilfe der sogenannten „**social software**" lässt sich ein dichtes Geflecht von Kommunikations- und Informationsmöglichkeiten knüpfen, die den Menschen und seine Bedürfnisse in den Mittelpunkt stellen. Als „social software" gelten dabei alle internetbasierten Anwendungen, die Informations-, Identitäts- und Beziehungsmanagement in den (Teil-)Öffentlichkeiten hypertextueller und sozialer Netzwerke unterstützen" . Über **WEBLOGS** (= Online-Journale/„Tagebücher im Netz") entstehen viele neue Knoten. Das Bloggen (= Weblogs verfassen, kommentieren und verändern) erfährt einen rapiden, international aber ungleichen Anstieg. So verlief die Entwicklung in Frankreich ungleich schneller als in Deutschland. Immer stärker wird die Nutzung von Kontaktbörsen (Beispiele sind u. a. StudiVZ, Lokalisten, FriendScout24, Xing oder LinkedIn), die den registrierten Teilnehmern helfen, nach Vorlieben und gleich interessierten Netzwerkpartnern zu fahnden. Diese Unterstützung gilt für berufliche Zwecke wie für Hobbys, ausgefallene Interessen und ebenso die Suche nach Menschen mit ähnlichen Lebenszielen oder auch bei der gezielten Info-Auswahl durch RSS (Really Simple Syndication).

[6] Mit dem Erfolg des Internets tritt das Networking möglicherweise auch in eine neue Dimension. Die virtuelle Komponente wird immer stärker. „Eine E-mail-Adresse zu besitzen und unfallfrei einen Web-Browser zu bedienen, genügt nicht mehr, um „drin" zu sein. Viele verpassen gerade den Anschluss und wissen es nicht einmal" (Thomas Burg, Leiter des Instituts für neue Medien an der Donau-Universität Krems). Burg spielt mit dieser Aussage auf die Entwicklungen um das WEB 2.0 an.

Netzwerkbeispiel **WIKIPEDIA**

Wikipedia[7] hat dafür nur wenige Jahre benötigt. Seit Mai 2001 wurden fast 1 Million Artikel in deutscher Sprache verfasst. Die englische Fassung hat über 2 Millionen Beiträge. Es gibt Wikipedia mittlerweile in über 250 Sprachen mit ca. 10 Millionen Artikeln.

Das Besondere an Wikipedia ist, dass es im Unterschied zu allen anderen Nachschlagewerken eine freie Enzyklopädie ist, zu der jeder mit seinem Wissen beitragen kann. Diese ist einer Form organisiert, die es jedem, der in der Lage ist, sich in das Internet einzuloggen, ermöglicht mitzuarbeiten. Mitarbeiten heißt, sowohl neue Artikel zu schreiben als auch vorhandene zu verbessern. Es gibt im klassischen Sinn keine Lektoren oder Lektorinnen, die steuern und überwachen, und es gibt keine Honorare, die die Autoren für ihren Artikel entlohnen. Exklusivität ist auch nicht das Ziel, denn ein einfach gehaltenes Regelwerk erlaubt ja, dass andere „an meinem Artikel weiterarbeiten, ihn ändern" dürfen. Dokumentiert und für alle einsehbar sind die Ursprungsgeschichte und die jeweiligen Autorennamen. Dies führt dazu, dass jeder Artikel ebenfalls von einem Netzwerk an Autoren geschrieben wird.

Das Besondere an Wikipedia ist nicht nur diese Arbeitsform, sondern vor allem der außergewöhnliche Erfolg. Wikipedia ist nicht nur die am häufigsten zitierte Wissensseite des Internets. Verschiedene Tests haben den Beiträgen trotz des freien Zugangs eine sehr hohe Qualität bescheinigt (Nature, Stern)[8].

Ein weiterer Grund für den großen Netzwerkboom ist die breite Verankerung der Vernetzungsideen in fast allen öffentlichen Förderprogrammen. Ob es um sozialen Städtebau (Programm soziale Stadt), europäische Arbeitsmarktförderung (Programm EQUAL), Schulentwicklung (Stiftung Mercator) oder um Projekte gegen rechte Gewalt (Programm Entimon) geht, immer wird die Etablierung von Netzwerken zu einer zentralen Forderung und Förderbedingung gemacht. Auch im sozialen Bereich finden sich immer mehr netzförmige, sozialräumliche Varianten (Evers 2005).

Selbst wenn man manchen der neuen Web-2.0-basierten Vernetzungsmöglichkeiten und der gesamten globalisierten Netzwerkidee noch skeptisch gegenübersteht, bleibt doch unübersehbar, dass sich unsere Alltagswelt netzförmiger entwickelt hat. Gerade deswegen brauchen wie einen kritischen Netzwerkblick

---

[7] Der Name ist aus Wiki wiki = „schnell schnell" und encyclopedia zusammengesetzt.
[8] Siehe Stern vom 06. Dezember 2007

- der thematisiert und nicht tabuisiert, wo die negativen Seiten von Netzwerken liegen,
- der Netzwerke nicht romantisiert,
- der Netzwerke nicht zum Instrument staatlicher Sparpolitik reduziert,
- der andere Sozialformen entlarvt, die sich als Netzwerk tarnen,
- der genau zu verstehen sucht, was Netzwerke wirklich leisten und wie sie effektiv funktionieren
- und der neugierig nach Gestaltungsmöglichkeiten von Netzwerken fragt.

Nur wenn wir diesen kritischen Blick haben, können wir Netzwerke als flexible, innovative, unbürokratische und nicht hierarchische Gelegenheitsstrukturen für Problemlösungen und Gemeinschaftsbildung erkennen und nutzen. Wichtige Voraussetzungen für erfolgreiche Vernetzungen sind die Offenheit der Netzwerkstrukturen und die Flexibilität der Abläufe sowie ein bewusstes Networking. Letzteres einfach „spontan laufen zu lassen", klingt zwar sympathisch, kann aber oft auch in einer Enttäuschung enden und geht fahrlässig mit etwas um, das Netzwerke stets in einem beachtlichen Masse benötigen: der Zeit ihrer „Mitglieder".

2   Ein sozialpsychologischer Blick: Netzwerke als Quelle von Identität, Anerkennung und Vertrauen

Soziale Netzwerke gelten als ein wichtiger Faktor menschlicher Identitätsentwicklung. Beispielsweise haben Walker, MacBride und Vachon (1977) die „Aufrechterhaltung der sozialen Identität" zu den fünf zentralen Funktionen eines Netzwerks gezählt. Auch in der Soziologie und Sozialphilosophie ging man schon früh davon aus, dass es unmöglich ist, sich in völliger Vereinzelung zum Menschen zu entwickeln. „Vereinzeltes Menschsein wäre Sein auf animalischem Niveau, das der Mensch selbstverständlich mit anderen Lebewesen gemein hat. Sobald man spezifisch menschliche Phänomene untersucht, begibt man sich in den Bereich gesellschaftlichen Seins. Das spezifisch Menschliche des Menschen und sein gesellschaftliches Sein sind untrennbar verschränkt. Homo sapiens ist immer und im gleichen Maßstab auch Homo socius" (Berger/Luckman 1970, 54).

In die Sprache der Identitätsforschung übersetzt, kann der Einzelne die Frage Wer bin ich, wer will ich sein, wer war ich? nicht ohne die ihn umgebenden Alteri, d. h. ohne sein soziales Netzwerk beantworten. Alle zentralen Prozesse der Identitätsbildung enthalten immer auch antizipierte Vorstellungen dessen, was ich denke, dass andere von mir denken, bzw. wie sie mich früher gesehen haben. Niemand kann beispielsweise seine berufliche (Teil-)Identität jenseits dessen entwickeln, was seine Kolleg/innen bzw. seine Vorgesetzten über ihn denken, bzw. er zu wissen glaubt, dass sie über ihn denken). Auch der basale Akt alltäglicher Selbstthematisierung enthält neben der kognitiven und emotionalen Selbstbewertung, was man gerade tut, immer auch die Bewertung, wie man denkt, dass andere das eigene Tun im Augenblick bewerten.[9]

Gerade die zentralen Konstrukte von Anerkennung und Vertrauen beruhen auf einem interaktiven Wechselspiel, wem man wie und wann vertraut bzw. von wem man welche Aufmerksamkeit und Wertschatzung glaubt erhalten zu haben.

Netzwerke werden historisch gesehen für das Verstehen von Identitäten vor allem dann wichtiger, wenn der individuelle Spielraum der Subjekte in der Ausformung ihrer Identität zunimmt. Dies ist heute der Fall. Ob es will oder nicht, das Subjekt muss verstärkt in seiner alltäglichen Identitätsarbeit offene Konstruktionsleistungen in und mit seinem sozialen (und gesellschaftlichen) Umfeld vollbringen. Es kann sich weniger auf das verlassen, was Traditionen und Rituale ihm an Identitätsvorgaben vorleben.

Wichtiger als die Unterscheidung zwischen personeller und sozialer Identität ist jene zwischen personaler und kollektiver Identität. Dies hat theoretische und historische Gründe. Zum einen verschwindet in neueren Identitätskonzepten der Unterschied zwischen individuellen und sozialen Aspekten der Identitätsentwicklung. In der alltäglichen Identitätsarbeit sind alle Ebenen und Konstruktionsprinzipien sozial bestimmt. Zum anderen sind auch die kollektiven Identitäten individualisierter geworden. Der in ihnen enthaltene ideologische Kern wird nicht nur durch die Alltagspraxen der Mitglieder unterschiedlich gelebt. Die Alltagspraxis selbst kann sich individueller stärker unterscheiden. Die Bedingungen der Identitätsbildung, die Benjamin und auch Martucelli als paradox kennzeichnen, führen dazu, dass die Identität das Einzigartige über den Umweg des Gemeinsamen und Anerkannten markieren soll (Martucelli 2002, 435). „Sie ist das rätselhafte Produkt zweier potenziell antagonistischer Dynamiken, kraft derer jeder ‚ich' sagen kann, indem er auch ‚wir' sagt und denkt" (Mesure, Renault 1999, 12). Oder wie Jean Luc Kaufman mit Blick auf Mesure formuliert: Die Konstruktion des modernen Individuums beruht auf einem Paradox: Es definiert seine persönliche Besonderheit auf dem Schnittpunkt kollektiver Zugehörigkeiten.

Was ist mit kollektiver Identität gemeint? Kollektive Identität umschreibt in Anlehnung an Melluci (1995) einen interaktiven Prozess, in dem eine Reihe von Individuen, eine Gruppe, eine Bewegung oder andere Kollektivbildungen die Bedeutung ihres Handels, ihr jeweiliges Möglichkeitsfeld sowie die Art und

---

[9] Und er enthält in seinen fünf Dimensionen auch noch die Bewertung, was man gerade vollbracht hat und wie man sich körperlich dabei fühlt. Die kognitive, emotionale, produkt- und körperbezogene Selbstwahrnehmung verschränkt sich dabei mit der beschriebenen antizipierten sozialen Selbstwahrnehmung.

Weise der Zugehörigkeit und die Grenzen ihrer Handlungen definieren. Der Prozess der kollektiven Identität besteht damit aus einem ideologischen Konstrukt aus einem Netzwerk aktiver Beziehungen zwischen Akteuren und aus einem gewissen Maß an emotionalen Investitionen (emotional investment).

3 Zur interdisziplinären Attraktivität des Netzwerkkonzepts

Eine weitere Besonderheit der Netzwerke liegt in dem Interdisziplinären der Netzwerkmetapher. Heute wird der Begriff in den Human- wie Naturwissenschaften und in technischen Bereichen gleichermaßen genutzt. Natürlich ist die inhaltliche Ausgestaltung, was Netzwerke sind und bewirken, unterschiedlich, der metaphorische Kern ist jedoch derselbe. Es gibt kaum einen Begriff, ein Konzept, das diese Kombination von Interdisziplinarität und Massenverbreitung aufweisen kann. So groß die Bandbreite der unterschiedlichen Netzwerkanwendungen auch sein mag, auffallend sind die strukturellen Parallelen (Gold 2002 in dem Vorwort zur Ausstellung „das netz – Sinn und Sinnlichkeit vernetzter Systeme"). Die folgenden Beispiele zeigen dies in anschaulicher Form.

Die Abbildung 3 zeigt das größte bekannte Lebewesen auf unserem Planeten. Das weitgehend unterirdische Pilzgeflecht eines Hallimasch, dessen eng verflochtenes Mycelnetz sich im Nordwesten der USA über rund neun Quadratkilometer erstreckt (Andritzky/Hauer 2002, 12, Priß, 2002, 60).

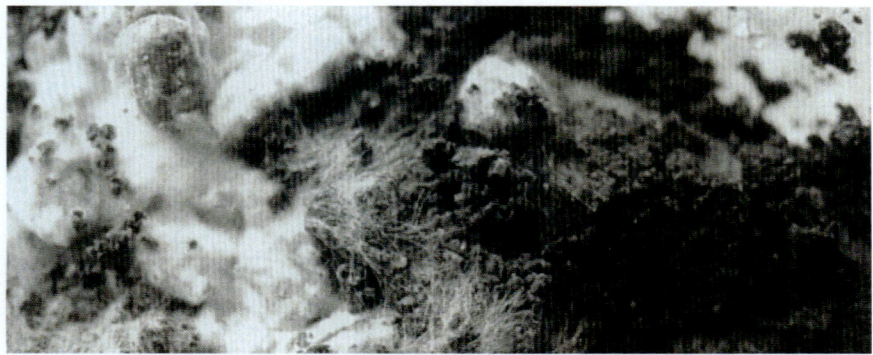

Abbildung 3:   Hallimasch – Mycelnetz

Die Abbildung 4 zeigt das Verschaltungsdiagramm der Hirnareale eines Rhesusaffen (Singer, 2002, 51). Es steht für die Nutzung der Netzwerkperspektive in der neuronalen Informationsverarbeitung. Auch wenn es nach wie vor große

Schwierigkeiten bereitet, die von der Natur realisierten Netzwerkarchitekturen zu entschlüsseln, ist doch klar, dass der Netzwerkblick auf neuronale Prozesse bei Tier wie Mensch sehr hilfreich ist. „Berechnungen haben ergeben, dass etwa die Verschaltung der Nervenzellen in der Großhirnrinde einen optimalen Kompromiss darstellt zwischen den Anforderungen, eine bestimmte Knotengröße nicht zu überschreiten und bei gegebener Zahl von Knoten mit einer minimalen Zahl von Verbindungen und minimalen Übertragungsdistanzen maximale Interaktionsmöglichkeiten zu erschließen"(Singer 2002, 48). „Auch gilt es heute als gesichert, dass die Verbindungen zwischen den Nervenzellen, den Knoten des Netzwerks, durch die Aktivität, die sie selbst vermitteln, verändert werden können" (ebd., 49). Die neuronalen Netzwerke sind also ebenso wie die sozialen keineswegs vorgeben, sondern in vielfacher Hinsicht selbst veränderbar.

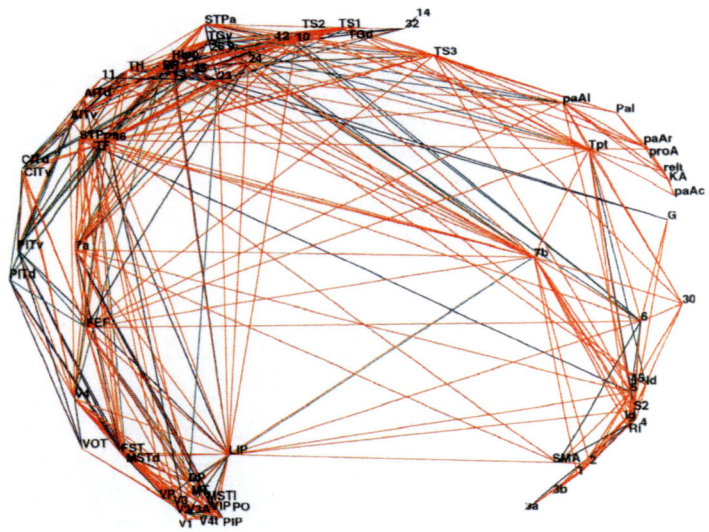

Abbildung 4:   Verschaltungen der Hirnareale eines Rhesusaffen

Die Abbildung 5 schließlich zeigt das Netzwerk, das sich ergibt, wenn man heute die verschiedenen (Verkehrs-)Wege darstellt, die zur Herstellung eines Erdbeerjoghurts notwendig sind (Böge zit. nach Steffen 2002, 186). Zwar kommt die Milch aus der Umgebung des Herstellungsorts Stuttgart, doch viele andere Zutaten und vor allem auch die Verpackungen gehen weite, netzwerkartige Wege. Letztlich, fand Böge heraus, fahren Lastwagen mehr als 7000 Kilometer quer durch Europa, bis der Erdbeerjoghurt letztendlich im Supermarktregal steht. „Das Verkehrsnetz der Waren ist heute – zumindest in den Industrieländern – eng geknüpft, zugleich umschließ es den ganzen Globus" (Steffen ebd., 185). Gerade diese Verknüpfung von globalen und kleinräumigen Warennetzen wird über einen Netzwerkblick besonders deutlich erkennbar.

Abbildung 5:   Herstellungsweg Erdbeer-Yoghurt

Diese und andere Beispiele (vgl. Beyrer, Andritzky 2002) aus den unterschiedlichsten Disziplinen helfen vor allem komplexen Strukturen auf die Spur
zu kommen. Mark Buchanan hat in einer sehr lesenswerten Veröffentlichung
Beispiele gesammelt und analysiert, die zeigen, dass Natur und Gesellschaft sich
in ihren Netzwerkstrukturen und deren Regeln treffen. In seiner Analyse des
Small-World-Phänomens zeigt er, das es nur einige Fernverbindungen und
Superknoten braucht, und schon schrumpft die Welt auf wenige Verbindungs-
schritte zusammen. „Zweifellos liegt es an dieser Einfachheit, dass Netzwerke
dieser Art nahezu überall vorkommen: angefangen mit dem menschlichen Ge-
hirn über die Sprachen, in denen wir reden und denken, bis zum Netz der Beziehungen, das aus den Individuen eine Gesellschaft macht. Wohin uns die
Small-World-Idee in den nächsten fünf, zehn Jahren führt, kann man nur vermuten, aber sie wird uns wohl einiges darüber sagen können, wie wir unsere
Ideen mit anderen vernetzt werden, wie Entdeckungen in der Biologie, der
Computerwissenschaft, der Soziologie und der Physik miteinander verknüpft
werden können" (Buchanan, 2002, 246 f.). Mit Blick auf das, was Netzwerke
leisten, lautet sein Fazit: Das Universum ist zu klein für Zufälle.

Literatur

Andritzky M., Hauer, T. (2002). Alles, was Netz ist. In: Beyrer, K., Andritzky M., das netz. Sinn und Sinnlichkeit vernetzter Systeme Heidelberg: edition braus. S. 11-18

Barnes, J. (1954). Class committees in a Norwegian island parish. Human Relations, 7, 39-58.

Berger P. L. & Luckmann T. (1970). Die gesellschaftliche Konstruktion der Wirklichkeit. Eine Theorie der Wissenssoziologie. Frankfurt a. M.: S. Fischer Verlag

Bergold, J., Filsinger, D., (1993) Vernetzung psychosozialer Dienste. Theoretische und empirische Studien über stadtteilbezogene Krisenintervention und ambulante Psychiatrie. Weinheim: Juventa,

Beyrer K., Andritzky M. (2002) das netz. Sinn und Sinnlichkeit vernetzter Systeme Heidelberg: edition braus.

Buchanan, M.(2002). Small Worlds. Spannende Einblicke in die KOmplexitäts-Theorie. Frankfurt: Campus

Castells M. (1996). The Rise of the Network Society. Oxford: Blackwell.

Castells, M. (1997). The Power of Identity. Oxford: Blackwell.

Castells M. (2000). Materials for an exploratory theory of the network Society. British Journal of Sociology. London, 51/1, 5-24.

Castells M. (2001). The Internet Galaxy. Reflections on Internet, Business, and Society. Oxford University Press

Curtis, W.R. (1979). The future use of social networks in mental health. Boston: Social matrix reSearch, inc.

Evers, A. (2005) Flexicurity statt Employability – Überlegungen zu grundlegenden Reformnotwendigkeiten des deutschen Sozialstaats in: spw, Zeitschrift für sozialistische Politik und Wirtschaft, Dortmund: spw-Verlag; Heft 144/2005, S. 49-51

Gold, H. 2002 Vorwort zur Ausstellung das netz. In: Beyrer K., Andritzky M. das netz. Sinn und Sinnlichkeit vernetzter Systeme Heidelberg: edition braus.

Granovetter M. (1973.). The strenght of weak ties. American Journal of Sociology., 78., 1360-1380.

Granovetter, M. (1982). The strength of weak ties: A network theory revisited. In P. Marsden, N. Lin (Hrsg.), Social structure and network analysis (S. 105-130). Beverly Hills: Sage.

House, J. (1981). Work stress and social support. Reading, MA:Addison-wesley

Hurrelmann, K.(1990). Familienstreß, Schulstreß, Freizeitstreß. Gesundheitsförderung für Kinder und Jugendliche. Weinheim/ Basel: Beltz Verlag,

Kaufmann, Jean-Claude (2004). Die Erfindung des Ich. Eine Theorie der Identität. UKV Verlagsgesellschaft: Konstanz.

Martucelli, D. (2002). Grammaires de l'individu. Paris.

Melluci, A. (1995). The Process of Collective Identity. In: Johnston and Klandermans (eds.): Social Movements and Culture.

Mesure, S., Renault, A. (1999). Alter ego. Les paradoxes de l'identite' démocratique. Paris.

Milgram, S. 1967. „The Small World Problem". *Psychology Today* **1** (1): 60–67.

Mitchell, J.C. (1969.). The concept and use of social networks. In J.C. Mitchell (Hrsg.), Social networks in urban situations. Analysis of personal relationships in central African towns. (S. 1-50.). Manchester: University Press.

Moreno, Jacob L. (1974 (1934)). Die Grundlagen der Soziometrie. Opladen: Westdeutscher Verlag.

Priß, T. (2002). In: Beyrer, K., Andritzky M., das netz. Sinn und Sinnlichkeit vernetzter Systeme Heidelberg: edition braus. S. 59-64

Simmel, G. (1983). Schriften zur Soziologie. In H.J. Dahme (Hrsg.), Frankfurt a. M.: Suhrkamp

Singer, W. (2002). Die Natur des Menschen. Neuronale Wissensverarbeitung In: Beyrer, K., Andritzky M., das netz. Sinn und Sinnlichkeit vernetzter Systeme Heidelberg: edition braus. S. 45-52

Steffen, D. (2002).Das globale Einkaufsnetz. In: Beyrer, K., Andritzky M., das netz. Sinn und Sinnlichkeit vernetzter Systeme Heidelberg: edition braus. S. 185-192

Straus, F. (2002). Netzwerkanalysen. Gemeindepsychologische Perspektiven für Forschung und Praxis. DVU: Wiesbaden

Mathias Stübinger. Rezension vom 26.09.2009 zu: Dieter Basener, Silke Häußler, Axel Nordmeier: Bamberg bewegt. 53° NORD Agentur und Verlag GmbH (Hamburg) 2008. 159 Seiten. ISBN 978-3-9812235-1-4. In: socialnet Rezensionen unter http://www.socialnet.de/rezensionen/8143.php, Datum des Zugriffs 01.12.2009.

Walker, K.W., McBride, A. Vachon, M.L.S. (1977). Social support networks and the crisis of bereavement. Social Science and Medicine; 11, 35-41

Watts, D., Strogatz, S. (1998). Collective Dynamics of `Small world´Networks, in Nature 393, S. 440-442

Wellman, B. (1979). The Community Question. American Journal of Sociology, 84, 1201-1231.

Wellman, B. (1999). The Network Community. In B. Wellman (Hrsg.), Networks in the global village (S. 1-48). Colorado, Oxford: Westview Press.

Wellman B. (2001). Physical Place and CyberPlace: The Rise of Personalised Networking. International Journal of Urban and Regional Research, 25 /forthcoming: Internetversion, 1-29.

Kredit und Vertrauen in der römischen Oberschicht

Christian Rollinger

1 Einleitung

Wer sich im Latein- oder Geschichtsunterricht je mit der Briefsammlung Ciceros beschäftigt hat, ist über dessen persönliche Umstände, Familiengeschichte und Vermögenssituation besser informiert, als über jede andere Persönlichkeit der römischen Antike. Abwechselnd jubilierend, dann wieder klagend, berichtet Cicero von Hauskäufen oder seiner Kunstsammlung, beschwert sich über drückende Schulden und hält Ausschau nach Freunden, die ihm finanziell unter die Arme greifen.

Er nimmt dabei kein Blatt vor den Mund – schließlich sind es private Mitteilungen, zum größten Teil an seinen besten Freund und Intimus, T. Pomponius Atticus, gerichtet. Aus den Briefen erfährt man viel über Ciceros eigenes Leben, aber es wird auch ein vielschichtiges Bild der römischen Gesellschaft gezeichnet, oder zumindest des Teiles, mit dem Cicero intimst vertraut war. Sein ständiges Klagen über Geldnöte war nicht ungewöhnlich: Er selbst war ein gesellschaftlicher Aufsteiger aus Arpinum, ein *homo novus*, zeitlebens zwar wohlhabend, aber nie wirklich reich. Die bedeutendsten Männer der Späten Republik begannen ihre Karriere unter einem wenig verheißungsvollen Stern: L. Cornelius Sulla entstammte dem Patriziat, dem ältesten Adel Roms, lebte aber dennoch in bitterer Armut: Nur einen einzigen Sklaven konnte er sich leisten und noch nicht einmal eine Villa, sondern er musste mit einer Mietwohnung in einer der zahllosen Mietkasernen (*insulae*) Roms vorliebnehmen! Auch Caesar war zwar nobler Abstammung, seine Familie aber war langsam zur Bedeutungslosigkeit abgestiegen. Crassus, der heute noch als reichster Mann Roms bekannt ist, musste auf der Flucht vor dem ihm feindlich gesonnenen Regime des Cinna in einer spanischen Höhle überwintern. Seinen Reichtum erwarb er sich später, als er Rache an seinen Verfolgern nahm.

Die weitaus meisten Senatoren lebten im Prekariat. Ihre ererbten Vermögen mussten eine Karriere finanzieren, die sie selbst nicht nur als unabdingbar ansahen, sondern die mit zunehmendem Erfolg auch immer kostspieliger wurde. Die Ämter, die sie anstrebten, waren Ehrenämter, und es wurde von ihnen verlangt, nicht nur für ihren eigenen Unterhalt aufzukommen, sondern, wenn nötig, ihr Vermögen auch zum Wohl des Staates einzusetzen. Als Ausweg blieb vielen nur die Aufnahme von Krediten.

Es soll im Folgenden ein Überblick über Aufnahme und Vergabe von Krediten in der römischen Oberschicht gegeben werden. Im Unterschied zu heutigen Zeiten wurden solche Kredite allerdings nicht bei Institutionen, bei Banken aufgenommen. Solche gab es zwar auch bereits in der Antike – die Geschäfte mit großen Summen fanden indes auf einer anderen Ebene statt. Ein reges Kredit- und Spekulationsgeschäft mit bargeldlosen Überweisungen und Aktienhandel existierte parallel zu den Banken. Es wurde von Privatpersonen der Oberschicht betrieben, von Senatoren und Rittern, die sich einer Reihe von gesellschaftlichen und moralischen Normen verpflichtet wussten, die nicht nur ihre Beziehungen untereinander regelten, sondern auch die geschäftlichen Bindungen. Es gab keine ‚Römische Bundesbank', keine offiziellen Einrichtungen, die ein Regelsystem durchsetzen konnten – das Funktionieren des römischen Kreditwesens basierte essenziell auf persönlichen Kontakten, auf Netzwerken von Freunden und Bekannten. Es konnte bestehen, weil in der römischen *face-to-face*-Gesellschaft ein persönlicher und geschäftlicher Ehrenkodex rigoros durchgesetzt wurde, der sich mit der Zeit fest in den Köpfen der beteiligten Personen etablierte. Jede Verletzung dieses Kodexes war eine *affaire célèbre* und konnte die Stellung des Schuldigen in den Grundfesten erschüttern.

Von ausschlaggebender Bedeutung waren vor allem die Begriffe „Freundschaft" (*amicitia*) und „Vertrauen" (*fides*). Nicht von ungefähr hat das moderne deutsche Wort „Kredit" seine Wurzeln im Lateinischen: Es leitet sich ab vom Verb *credere* – „glauben, vertrauen". Hat man oder bekommt man also „Kredit", so ist man in der glücklichen Lage, dass einem Geld geliehen und Vertrauen geschenkt wird. Vertrauen (*fides*) und Freundschaft (*amicitia*) waren die grundlegenden Begriffe, mit denen die römische Oberschicht ihre finanziellen Transaktionen steuerte.

2   Amicitia

Amicitia war deshalb so bedeutsam für die Abwicklung von finanziellen Geschäften, weil diese in der römischen Oberschicht so gut wie ausschließlich unter Freunden (*amici*) betrieben wurden. Die Vergabe von Krediten im Bedarfsfall, das Leisten von Bürgschaften und die Verwaltung von geschäftlichen Interessen gehörten zu den Freundespflichten der Oberschicht. Hinzu kam die starke Personalisierung des römischen Kreditwesens in der Oberschicht. Ein einfacher römischer Bürger konnte sich im Bedarfsfall an professionelle Bankiers (*argentarii, trapezitai*) wenden, die ihre festen Plätze auf dem Forum hatten –

einem Senator oder Ritter war dies schon alleine mit Rücksicht auf seinen Stand nicht möglich. Er wandte sich stattdessen an Freunde und Ebenbürtige, die ihm gemäß den Gepflogenheiten des römischen Verständnisses von Freundschaft zur Seite stehen mussten. Die moralischen Werte und Vorstellungen, die das Konzept der *amicitia* definierten, bestimmten so auch in großem Maße das Wesen der Gläubiger/Schuldner-Beziehungen.[10]

Eine solche enge Verknüpfung warf allerdings auch die Frage nach der genauen Beschaffenheit einer Freundschaft auf. Der römische Dichter Horaz bringt in seinen *Sermones* in knappen Hexametern auf den Punkt, was auch andere umtrieb: „Was zieht uns zu Freundschaft, der eigene Vorteil oder rechtes Empfinden?"[11] Über das gleiche Thema verfasste Cicero seinen *Laelius de amicitia* und widmete ihn – bester Freund dem besten Freund – seinem Atticus. Das Werk war als fiktiver Dialog aufgebaut und durch die Stimme des C. Laelius, cos. 140 v. Chr., der über seinen kurz zuvor verstorbenen Freund Scipio Aemilianus spricht, hört man Ciceros Antwort auf Horaz heraus:

> „Der persönliche Umgang hat die Sympathie gesteigert; aber trotz der Tatsache, dass unsere Freundschaft zahlreiche bedeutende Vorteile mit sich brachte, ist das, was unsere Zuneigung begründet hat, doch nicht daraus entsprungen, dass wir uns etwa die erwähnten Vorteile erhofft hätten."[12]

Laelius sagt weiterhin, er denke recht oft über die Freundschaft nach und besonders diese eine Frage interessiere ihn: Ob Freundschaft letzten Endes nicht doch auf Nutzen (*utilitas*) basiere. Cicero selbst hatte bereits in seiner Jugendschrift *de inventione* Freundschaft als die „Zuneigung zu jemandem um des Wohlergehens dieses Mannes selbst willen, den man liebt, verbunden mit dessen gleicher Zuneigung"[13] definiert und hinzugefügt, dass der römische Begriff der Freundschaft nicht nur gegenseitige Zuneigung, sondern auch gegenseitigen Nutzen beinhaltet.[14] So kann auch Laelius nicht leugnen, dass der gegenseitige Nutzen zwar die Freundschaft kennzeichne, also ein *proprium amicitiae* ist,

---

[10] Vgl. Koenraad Verboven, The Economy of Friends. Economic Aspects of Amicitia and Patronage in the Late Republic, Bruxelles, 2002, S. 334f.

[11] Hor. sat. II, 6, 75: Quidve ad amicitias, usus rectumne, trahat nos?

[12] Cic. Lael. 30: auxit benevolentiam consuetudo. Sed quamquam utilitates multae et magnae consecutae sunt, non sunt tamen ab earum spe causae diligendi profectae. Übers. hier und im ff. M. Faltner, 1999.

[13] Cic. inv. 2, 166: amicitia voluntas erga aliquem rerum bonarum illius ipsius causa, quem diligit, cum eius pari voluntate. Übers. hier und im ff. Th. Nüßlein, 1998.

[14] Ebd. 167.

„andererseits aber ein ehrwürdigerer, schönerer, mehr aus der Menschennatur selbst kommender Grund besteht. Die Liebe nämlich, *amor*, wovon das Wort *amicitia* abgeleitet ist, gibt den ersten Impuls, ein Band der gegenseitigen Zuneigung zu knüpfen."[15]

Aus eben dieser Zuneigung, diesem Wohlwollen (*benevolentia*) speist sich laut Cicero jede Freundschaft und unterscheidet sich dadurch wesentlich von einem anderen, wichtigen Eckpfeiler römischer Sozialbeziehungen: der Verwandtschaft (*adfinitas* bzw. *propinquitas*), für deren Aufrechterhaltung keine Zuneigung, kein Wohlwollen nötig ist.[16] *Amicitia*, so Cicero, habe hingegen eine emotionale Basis: der Nutzen, den man aus ihr ziehen kann, sei nur eine Konsequenz gegenseitigen Wohlwollens:

„Denn worin hätte sich die Kraft unserer gegenseitigen Liebe auswirken können, wenn Scipio niemals meines Rates, niemals meiner Bemühungen bedurft hätte, weder im Frieden noch im Krieg? Es ist also nicht zuerst der Nutzen und dann erst die Freundschaft gekommen, sondern Freundschaft war zuerst da, und sie erst hatte den Nutzen zur Folge."[17]

Auf solch festem Fundament ruhend wurde *amicitia* zum unverzichtbaren Instrument, die Niederungen des Lebens und vor allem der Politik zu meistern: „So kommt es, dass Abwesende zugegen, Arme reich, Schwache stark und, was man kaum mit Worten richtig bezeichnen kann, Tote lebendig sind [...]."[18] Es fällt nicht schwer zu glauben, dass sich Cicero hier direkt an Atticus wendet, hatte dieser sich doch im Laufe eines an dramatischen Wendungen nicht eben armen Lebens als treuester Freund Ciceros erwiesen, war brieflich zugegen, wenn er es nicht persönlich war, hatte den armen Cicero finanziell und den gefährdeten Cicero politisch unterstützt, ja hatte ihn doch gar, mit seinem Engagement für Ciceros Rückruf aus dem Exil, für dessen Empfinden quasi vom Tode ins Leben zurück geführt.

---

[15] Cic. Lael. 26: an esset hoc quidem proprium amicitiae, sed antiquior et pulchrior et magis a natura ipsa profecta alia causa; amor enim, ex quo amicitia nominata est, princeps est ad benevolentiam coniugandam.

[16] Cic. Lael. 19: Namque hoc praestat amicitia propinquitati, quod ex propinquitatis benevolentia tolli potest, ex amicitia non potest; sublata enim benevolentia amicitiae nomen tollitur, propinquitatis manet.

[17] Cic. Lael. 51: Ubi enim studia nostra viguissent, si numquam consilio, numquam opera nostra nec domi nec militiae Scipio eguisset? Non igitur utilitatem amicitia, sed utilitas amicitiam secuta est. Vgl. Ebd. 49: Nihil est enim remuneratione benevolentiae, nihil vicissitudine studiorum officiorumque iucundius.

[18] Cic. Lael. 23: Quocirca et absentes adsunt et egentes abundant et imbecilli valent et, quod difficilius dictu est, mortui vivunt [...].

Es waren vor allem die Tugenden der *beneficentia* (Wohltätigkeit), *liberalitas* (Großzügigkeit) und *gratia* (Dank), die aus der emotionalen Bindung zum Freund auch eine für beide Seiten im strengsten Sinne ‚nützliche' Beziehung machten. Besonders *beneficentia* und *liberalitas* waren laut Ciceros Tugendlehre von größter Bedeutung - sie gehörten zu den *fontes officii*, den Quellen des rechten Handelns, aus denen sich die pflichtgemäßen Handlungen der Menschen ableiteten.[19] Die Hilfsbereitschaft ist in der ciceronianischen Hierarchie der Tugenden nur der Gerechtigkeit (*iustitia*) untergeordnet, und auch das nur, weil sich die Hilfsbereitschaft aus dem Gerechtigkeitssinn zu speisen hat[20] – nichts sei der menschlichen Natur angemessener als *liberalitas* und *beneficentia*.[21] Dabei waren dies jene grundlegenden Charaktereigenschaften, die dazu befähigten ein *amicus bonus*, ein guter Freund zu sein. Die Qualität der Freundschaft äußerte sich in den Diensten (*operae, officia*), die Freunde sich gegenseitig erwiesen, wobei es eine beachtliche Bandbreite an Gefälligkeiten gab: persönlicher oder politischer Rat (*consilium*), Unterstützung bei einer politischen Entscheidung oder Wahl, Empfehlungsschreiben, die Verteidigung eines Freundes vor Gericht, Geschenke und nicht zuletzt auch die Vergabe von Darlehen (*pecuniae*) im Bedarfsfall. Ganz allgemein wurde im Rahmen einer *amicitia*-Bindung erwartet, dass man sich entsprechend den eigenen Möglichkeiten und denen, die das politische System Roms bot, für die Interessen des Freundes in allen Belangen und auf allen Wegen einsetzte.

Dieser Einsatz an sich, ebenso wie alle seine Einzelteile, war ein *beneficium* – eine Wohltat, ein Symptom der eigenen *beneficentia* und des Wohlwollens *(benevolentia)* gegenüber dem Freund. Ein *beneficium* verpflichtete zur Dankbarkeit, zur *gratia*. War die *benevolentia/liberalitas* eine charakterliche Eigenschaft, die zum Geben von *beneficia* veranlagte, so war *gratia* das Prinzip, das sicherstellte, dass auf erhaltene Wohltaten angemessen reagiert wurde:

„Wenn wir nämlich nicht zögern, denen gegenüber, von denen wir uns versprechen, dass sie uns nützlich sein werden, unsere Pflichten zu erfüllen, wie müssen wir uns dann denjenigen gegenüber verhalten, die uns schon Nutzen erwiesen haben? Denn wenn es zwei Arten von Großzügigkeit (*liberalitas*) gibt, einerseits eine Wohltat zu erweisen und andererseits eine Wohltat zu vergelten, liegt es in unserer Macht, sie

---

[19] *Beneficentia, liberalitas* und, als drittes, *benignitas* (Güte), verwendet Cicero größtenteils synonym. Vgl. Cic. de off. I, 20 und Hugo Merguet, Lexikon zu den philosophischen Schriften Ciceros, 3. Bde, 1887-82, reprogr. Nachdr. 1987, hier Bd. 1, S. 338f und Bd. 2, S. 459.
[20] Cic. de off. I, 20.
[21] Cic. de off. I, 42: nihil est naturae hominis accommodatius.

zu erweisen oder nicht, aber ein anständiger Mann darf es nicht unterlassen, sie zu vergelten, jedenfalls wenn er dies kann, ohne Unrecht zu tun."[22]

Wohltaten und Freundschaftsdienste wurden also im Bewusstsein und Vertrauen darauf geleistet, dass der Empfänger es zu schätzen wusste und gegebenenfalls angemessen zu vergelten imstande war. Hierin unterscheidet sich *amicitia* nämlich maßgeblich von dem sehr ähnlichen – und sehr römischen – Konzept der Patronage und Klientelbeziehungen, die die römische Senatsaristokratie zu den gesellschaftlich minderrangigen Bevölkerungsgruppen unterhielt. Die Begriffe „*amicitia*" und „*familiaritas*" als Ausdrücke ostentativer Nähe zueinander wurden zwar vielfach als euphemistische Umschreibung von Klientelbeziehungen verwendet,[23] da eine solche Quasisynonymität die Empfindlichkeiten des *cliens*, der seinen untergeordneten Status in aller Öffentlichkeit geschönt sah, schonte und Großzügigkeit wie Güte, die *benevolentia* des Patrons, noch betonte. Zwar beruhten beide Phänomene, *amicitia* und Patronage, auf den gleichen Prinzipien; verlangten doch beide nach gegenseitigem Wohlwollen, Vertrauen und Nutzen. Die innere und äußere Nähe lässt sich also nicht leugnen. Was die beiden Beziehungsarten letztlich aber unterschied, war die Fähigkeit zweier *amici,* auf gleicher Ebene miteinander zu interagieren. *Amicitia* war eine symmetrische Beziehung, das heißt, Wohlwollen und Nutzen flossen in gleicher Stärke und in beide Richtungen. Im Gegensatz dazu war Patronage asymmetrisch, da stets einer der beiden Partner – der *cliens* – zwar in Punkto Wohlwollen gleichziehen konnte, seine *utilitas* für den Patron aber immer beschränkt, untergeordnet blieb. Die gleiche Asymmetrie zeigt sich auch in der sozialen Stellung der Beteiligten: Waren beide Mitglieder des gleichen Standes oder der Oberschicht, so konnte man von Patronage nicht mehr reden, ebenso wenig wie zwischen einem Senator und einem Sklaven keine *amicitia* bestehen konnte.[24]

Trotz diesen inhärent utilitaristischen Vorstellungen von Freundschaft sollte man allerdings nicht, wie es leider sehr lange üblich war und auch heute noch oft ist, den Fehler machen anzunehmen, dass eine römische Freundschaft alleine auf den gegenseitigen Nutzen ausgerichtet sei. Cicero sagt es selbst in dem eingangs zitierten Werk: Der Nutzen folgt der Freundschaft, nicht die Freundschaft dem

---

[22] Cic. off. I, 48: Etenim si in eos, quos speramus nobis profuturos, non dubitamus, officia conferre, quales in eos esse debemus, qui iam profuerunt? Nam cum duo genera liberalitatis sint, unum dandi beneficii, alterum reddendi, demus necne, in nostra potestate est, non reddere viro bono non licet, modo id facere possit sine iniuria. Übers. hier und im ff. R. Nickel, 2008.

[23] Ebenso „*amicus*", „*familiaris*", „*necessarius*" als Bezeichnungen für den Freund/Klienten. Vgl. Verboven 2002, S. 62.

[24] Freundschaftliche Gefühle und Verbundenheit, wie etwa zwischen Cicero und seinem Sekretär Tiro waren selbstverständlich möglich. Es handelte sich dabei allerdings nicht um die römische *amicitia*.

Nutzen. Es kann verwirren, dass der Begriff *amicus* in den Quellen eine zuweilen sehr ambivalente Bedeutung annimmt. *Amicus* kann einen wahren Freund bezeichnen, ebenso aber auch politische Verbündete,[25] Verwandte oder Verschwägerte, Bekannte und Klienten, sowohl im Sinne von Patronage als auch in der Jurisprudenz. Manchmal ziert Cicero einfach nur die Adressaten seiner Reden mit dem Titel eines *amicus*, obwohl er sie persönlich nicht ausstehen kann oder noch nicht einmal wirklich kennt. Gelegentlich sind selbst Feinde *amici* – mit Marcus Crassus etwa verband Cicero eine herzliche Abneigung: Sie standen sich bei mehreren Gelegenheiten als Feinde in der Tagespolitik gegenüber und mochten sich auch persönlich nicht recht leiden. Dennoch bezeichnet Cicero ihn in seinen Briefen als *amicus* und bemüht sich, ihm zu versichern, dass ihre Streitereien doch ein Ding der Vergangenheit seien, ja eigentlich so gut wie gar nicht stattgefunden hätten.[26] In einem versöhnlichen Schreiben, kurz bevor Crassus 54 v. Chr. zu seinem verhängnisvollen Feldzug nach Syrien aufbricht, versichert ihm Cicero:

„Wenn etwas vorgefallen ist, was weh getan hat, nicht an sich, sondern weil wir nicht unbefangen waren, so wollen wir das als falsch und gegenstandslos ganz vergessen und aus unserem Leben streichen. Denn Du bist der Mann danach, und ich wünsche, es zu sein, dass ich, wo nun einmal unser Leben in dieselbe Epoche unsres Staatslebens fällt, hoffen möchte, unsre freundschaftlichen Beziehungen (*coniunctionem amicitiamque nostram*) gereichten uns beiden zur Ehre."[27]

Dennoch: Auch wenn römische Freundschaften einen stark auf den (besonders politischen) Nutzen bezogenen Charakter hatten, wäre es falsch, sie ausschließlich als reine Zweckbündnisse wahrzunehmen. Ebenso verfehlt wäre es freilich, allzu naiv den theoretischen und philosophischen Ausführungen Ciceros zu folgen, der emotionale Bindung zum Kernpunkt einer *amicitia* erhob. Solche Beziehungen gab es: Cicero und Atticus, Caesar und Matius – sie alle verband zweifellos mehr als nur der gemeinsame Nutzen. Die weitaus meisten Freund-

---

[25] Nicht nur Einzelpersonen, wie andere Senatoren, sondern auch ganze fremde Nationen, die sich mit dem offiziellen Titel eines *amicus populi Romani* schmücken konnten. Vgl. Altay Coskun/Heinz Heinen/Manuel Tröster, Roms auswärtige Freunde in der späten Republik und im frühen Prinzipat (Göttinger Forum für Altertumswissenschaft, Beiheft 19), Göttingen 2005.
[26] Die Annäherung und Versöhnung Ciceros und Crassus' wurde vor allem von Crassus' Sohn betrieben, der Cicero bewunderte und versuchte ihm seinen Vater näher zu bringen. Vgl. Cic. fam. 8, 5 sowie David Epstein, Personal enmity in Roman politics, 218 - 43 B.C., London et al. 1987, S. 5f und 10f.
[27] Cic. fam. 5, 8, 3: Si quae inciderunt non tam re quam suspicione violata, ea, cum fuerint et falsa et inania, sint evulsa ex omni memoria vitaque nostra. Is enim tu vir es et eum me esse cupio, ut, quoniam in eadem rei publicae tempora incidimus, coniunctionem amicitiamque nostram utrique nostrum laudi sperem fore. Übers. hier und im ff. H. Kasten, 2004.

schaften waren wohl eine Mischung aus gegenseitiger Zuneigung und einem bewusst einkalkulierten gegenseitigen Nutzen. Diejenigen, bei denen das Persönliche überwog, durften sich glücklich schätzen.

Wenigstens in der Theorie waren römische Freundschaften und die gegenseitigen Liebesdienste, die sich aus ihnen ergaben, also durchaus von einem grundlegend altruistischen Gedanken geprägt.[28] Diese Liebesdienste wurden als aus Güte und Wohlwollen geleistete Gefälligkeiten verstanden, der an sich keine Forderung nach einer Gegenleistung innewohnte: Wer anderen Wohltaten erwies, der ahmte die Götter nach, wer sie aus Kalkül leistete oder sie gar offen zurückforderte, handelte wie die Wucherer – so beschreibt es der Philosoph Seneca.[29] Er ging sogar so weit zu behaupten, dass ein *beneficium* eine Schuld darstelle, die – im Gegensatz zur materiellen Schuld – nicht bereinigt werden könne.[30] Dennoch war es so, dass durch das *ius amicitiae*, die Gesetzmäßigkeiten der römischen Freundschaft, den betroffenen Parteien gewisse Verhaltensweisen vorgegeben wurden. Ein *beneficium* musste erwidert werden. Möglichkeiten dazu gab es genug.

Verteidigte man etwa einen Freund vor Gericht mit einer flammenden Rede, die die Geschworenen überzeugte, so konnte man sich sicher sein, dieser würde sich erkenntlich zeigen und er konnte dies auf vielfältige Art tun: zum Beispiel mit seiner Unterstützung bei den nächsten Wahlen. Erlangte der Freund einen Statthalterposten, so konnte er seinen Advokaten als Teil der *cohors amicorum*, der ihn begleitenden Freunde und Ratgeber, oder als Legaten mit Aussicht auf großzügige Beteiligung an eventueller Kriegsbeute in die Provinz mitnehmen. Üblich war auch, seinen Wohltäter im eigenen Testament zu berücksichtigen. Cicero etwa, ein sehr eifriger Advokat, konnte behaupten, im Laufe seines Lebens über 20 Millionen Sesterzen durch Erbschaften erhalten zu haben.[31] Daneben galten auch noch Bürgschaften und im Bedarfsfall das Stellen einer Mitgift für weibliche Verwandte des Freundes als *beneficia*.[32]

Das *beneficium* eines Freundes nicht zu vergelten, galt nicht nur als unschicklich: Es negierte die Freundschaft, verwandelte einen Liebesdienst in eine reine Dienstleistung, ließ die Beziehung nach der Erstattung der materiellen Schuld erlöschen. Darin bestand aber gerade das Entscheidende der *amiticia*: Dass die materielle Schuld meist liquidiert werden kann, die geistige, immaterielle aber nie. Ein Freund, der einem etwa ein Darlehen geleistet hatte, war

---

[28] Vgl. Verboven 2002, S. 36.
[29] Sen. ben. 3, 15, 4: qui dat beneficia deos imitatur, qui repetit, faeneratores.
[30] Sen. ben. 4, 12, 1: beneficium creditum insolubile esse [...].
[31] Cic. Phil. II, 40.
[32] Cicero bietet in off. II, 55 eine kleine Übersicht: liberales autem, qui suis facultatibus aut captos a praedonibus redimunt, aut aes alienum suscipiunt amicorum aut in filiarum collocatione adiuvant aut opitulantur vel in re quaerenda vel augenda.

nicht nur *creditor pecuniae*, ein Gläubiger in Geldsachen, sondern innerhalb einer Freundschaftsbeziehung immer auch ein *creditor beneficii*. Die Schuld, die ein *beneficium* mit sich brachte, konnte nicht ganz abgetragen, sie konnte höchstens verschoben werden. Wie Seneca sagt: „Wer Dank abstatten muss, der schafft es nicht gleichzuziehen, wenn er nicht überholt."[33]

3 Fides

Die gleiche Grundposition vertritt Cicero, wenn er seinen Laelius sich gegen eine künstliche Begrenzung der Freundschaft wehren lässt. Es gäbe, so sagt dieser, drei Auffassungen darüber, welche Grenzen der Freundschaft zu stecken seien, welche Ausmaße der gegenseitige Nutzen annehmen solle: Entweder man soll ihm ebenso wohlgesinnt sein wie sich selbst, zweitens wie er einem selbst, oder drittens, wie er es für sich selbst für richtig hielte. Cicero freilich lehnt alle diese Vorschläge ab, besonders vehement wehrt er sich aber dagegen, nur Gleiches mit Gleichem zu vergelten – das, so sagt er,

> „beschränkt die Freundschaft auf ein Gleichgewicht in Dienstfertigkeit und Zuneigung. Nun heißt das aber doch: die Freundschaft einer allzu strengen und kleinlichen Rechnung unterwerfen, auf dass die Rechnung der Einnahmen und Ausgaben aufgehe. Wahre Freundschaft ist, glaube ich, reicher und großzügiger und hält nicht streng darauf, dass das, was sie ausgibt, die ‚Einnahmen' nicht übersteigt; denn man braucht sich keine Sorgen zu machen, dass etwas verlorengeht, dass etwas auf die Erde verschüttet wird oder dass man in irgendeiner Hinsicht zu viel in die Freundschaft hineinsteckt."[34]

Dafür, dass ‚nichts verloren geht', sorgt die wichtigste Komponente aller *amicitia*-Verbindungen: *fides*. Die Übersetzung dieses Begriffes als ‚Vertrauen' kann der eigentlichen Wortbedeutung nur sehr unzulänglich gerecht werden: Neben ‚Vertrauen' kann *fides* auch ‚Treue, Redlichkeit, Ehrlichkeit, Glaubwürdigkeit, Zuverlässigkeit, Versprechen, Eid, Schwur, Glaube' oder auch ‚Kredit' bedeuten.[35] Für Cicero ist *fides* das Fundament der Unwandelbarkeit und

---

[33] Sen. ben. 1, 4, 3: quia, qui referre gratiam debet, numquam consequitur, nisi praecessit. Übers. hier und im ff. M. Rosenbach, 1999.

[34] Cic. Lael. 58: Altera sententia est, quae definit amicitiam paribus officiis ac voluntatibus. Hoc quidem est nimis exigue et exiliter ad calculos vocare amicitiam, ut par sit ratio acceptorum et datorum. Divitior mihi et adfluentior videtur esse vera amicitia nec observare restricte, ne plus reddat quam acceperit; neque enim verendum est, ne quid excidat aut ne quid in terram defluat aut ne plus aequo quid in amicitiam congeratur.

[35] Etwa, wenn Sallust (bell. Iug. 73) von Barvermögen und Kredit als *„res fidesque"* spricht. Vgl. dazu Merguet, Bd. 2, S. 45ff.

Festigkeit aller Freundschaft: Wo Treue fehlt, kann es auch keine Freundschaft geben[36] und „wie eine Stadt ohne Hafen keine Schiffe aufnehmen kann, so kann auch ein treuloser Geist kein stabiler Freund sein."[37]

Vertrauen, *fides*, war deshalb so wichtig, weil es eine regulierende Funktion innerhalb von freundschaftlichen Beziehungen einnahm:

> „*Fides* garantierte durch moralisch-sittliche Kraft die Gültigkeit des bestehenden *amicitia*-Verhältnisses, das in den gegenseitig geleisteten Diensten (*officia*) seine politische *utilitas* erfüllte."[38]

Sie garantierte, dass Obligationen erfüllt wurden, und so wurde eben darin ersichtlich, dass solchen Verpflichtungen, die aus empfangenen *beneficia* und *officia* – und der daraus resultierenden *gratia* – entstanden waren, nachgegangen wurde. Andererseits war aber auch jedes *beneficium/officium* seinerseits ein Ausdruck der *fides* eines loyalen Freundes, der einen anderen Freund stützen oder ihm helfen wollte. *Fides* war gleichzeitig das Vertrauen, das den Geber veranlasste zu geben – weil er damit rechnen konnte, im Gegenzug Dankbarkeit zu empfangen – und die Loyalität, die den Empfänger dazu brachte, das Geliehene zurückzuerstatten. Es ist vollkommen richtig zu behaupten, dass „thus gratification was both cause and effect of *fides*."[39]

Ein Schuldner verpfändete quasi seine *fides*, wann immer er ein Darlehen annahm und der Begriff nahm in diesem Kontext die Bedeutung eines *terminus technicus* an und stand nun für Solvabilität. Er verlor jedoch niemals seine ideelle Bedeutung, sondern stand auch dann noch für die gesamte gesellschaftliche Stellung des Schuldners. *Fides* in Geldangelegenheiten hatte Einfluss auf das Ansehen (*existimatio*) und die Würde (*dignitas*) des Beteiligten und in einem rein ideologischen Sinn kam die Verletzung der *fides* einem gesellschaftlichen Todesurteil gleich. Ein solcher Verstoß brachte soziale Isolation mit sich, da er die Grundfesten der zwischenmenschlichen Beziehungen in Frage stellte.

Welch schwerwiegende Folgen ein Bruch der *fides* nach sich ziehen konnte, zeigt sich unter anderem an den extremen und aus heutiger Sicht vollkommen unverhältnismäßigen Strafen, die das römische Schuldrecht im Fall der Nichterstattung von Schulden vorsah. Die Schuldsklaverei (*nexum*) war zwar bereits im vierten Jahrhundert v. Chr. abgeschafft worden (*lex Poetilia Papiria*), doch blieb als Resultat eines Prozesses wegen nicht bezahlter Schulden immer nur die

---

[36] Cic. Lael. 65: Firmamentum autem stabilitatis constantiaeque est eius, quam in amicitia quaerimus, fides; nihil est enim stabile, quod infidum est.
[37] Cic. inv. I, 47: Nam ut locus sine portu navibus esse non potest tutus, sic animus sine fide stabilis amicis non potest esse.
[38] Jörg Spielvogel, Amicitia und res publica, Stuttgart 1993, S. 14.
[39] Verboven 2002, S. 41.

missio in bona, also die Übereignung des Besitzes an den Gläubiger und an-
schließende Zwangsversteigerung, als deren Konsequenz der Schuldner un-
weigerlich der Infamie (*infamia*) verfiel. Hierbei handelte es sich um einen rechtlichen Zustand, der den Ausschluss aus Senat oder Ritterstand (wo zutreffend),
schlimmstenfalls den Ausschluss aus der *tribus* und somit aus dem römischen
Bürgerverband, in jedem Fall aber die soziale Ächtung, den Ausschluss von
öffentlichen Ämtern und den gesellschaftlichen Absturz mit sich brachte.[40] Die
Schwere der Strafen reflektierte die Schwere des Vergehens.

4 Die wirtschaftliche Bedeutung von amicitia und fides

Gerade weil das römische Schuldrecht mit großer Strenge gegen saumselige
Schuldner vorging und das Einleiten rechtlicher Schritte leicht zum Ruin des
Beschuldigten führen konnten, widersprachen solche Maßnahmen auf das
Heftigste dem Ehrenkodex der Oberschicht, dem Ideal der *humanitas*. In den
seltenen Fällen, in denen auf solche Maßnahmen zurückgegriffen wurde, war die
Empörung groß: In seiner ersten erhaltenen Prozessrede vertritt Cicero einen
gewissen P. Quinctius, der wegen nichtbezahlter Schulden angeklagt wurde. Der
Ankläger, Sex. Naevius, war dem Beklagten sowohl durch *adfinitas* (sie waren
verschwägert) als auch geschäftlich verbunden und strengte dennoch, entgegen
allen Regeln der Freundschaft, einen Prozess an. Cicero geißelte die Perfidie und
inhumanitas des Anklägers vor Gericht, bezeichnete dessen Verhalten als den
Gipfel des schlechten Geschmacks. Es ist immer noch umstritten, ob Cicero
diesen Prozess für seinen Mandanten gewinnen konnte; dass er aber auf das
Verständnis des Gerichts hoffte – und es auch erwarten konnte – zeigt sich
alleine schon daran, dass er dem Sex. Naevius vorhält, wie peinlich es doch ist,
sein schändliches Verhalten vor solchen Männern (gemeint sind mit den ver-
sammelten Rechtsexperten ausschließlich Vertreter der Oberschichten) bekennen
zu müssen.[41]

---

[40] Zur *infamia* vgl. M. Ioannatou, Affaires d'argent dans la correspondance de Cicéron. L'aristocratie
sénatoriale face à ses dettes, Paris 2006, S.454-461; M. Kaser, Das römische Privatrecht. Erster
Abschnitt. Das Altrömische, das vorklassische und klassische Recht, 2. Auflage, München 1971, S.
245-254; I. Pfaff, „Infamia", in: RE IX, 2, Sp. 1537-1540; C. Ebner, „Infamia", in: DNP 5, Sp. 992.
Vgl. auch „*Ignominia*" in Thesaurus Linguae Latinae, Bd. VII, Pars. 1, S. 302f. Ein späteres Gesetz,
die *lex Iulia de boni cedendis*, ermöglichte die Pfändung nur eines Teiles des Besitzes und damit die
Abzahlung der ausstehenden Schuld. Entscheidend war, dass der Betroffene bei der Anwendung
dieses Gesetzes ausdrücklich nicht der Infamie unterlag. Das Datum des Gesetzes ist allerdings
umstritten. Vgl. W. Frederiksen, Caesar, Cicero and the problem of debt, in: Journal of Roman
Studies 56 (1966), S. 128-141.

[41] Cic. Quinct. 53: non in eam turpitudinem venisses ut hoc tibi esset apud talis viros confitendum

War es also unter *amici* die absolute Ausnahme, dass zur Lösung von Vermögensstreitigkeiten auf die Gerichte zurückgegriffen wurde, so konnte das durchaus passieren, wenn man ein regelrechtes Darlehen bei einem professionellen Banker (*argentarius*) oder einem Wucherer (*faenerator*) aufnahm. Gehörte dieser nicht dem gleichen Stand an und wusste er sich nicht den gleichen moralischen Grundsätzen verpflichtet, so war es durchaus denkbar, dass er ausstehende Schulden mit allen Mitteln des Rechts zurückforderte. Anders ist die Stelle bei Sallust nicht zu erklären, in der ein angeblicher Brief eines Catilinariers, C. Manlius, die Verschwörung des Catilina damit begründet, dass:

> „wir zu den Waffen nicht gegen das Vaterland gegriffen haben, noch um damit andere in Gefahr zu bringen, sondern dass unsere Leiber sicher seien vor Unrecht, wir, die wir elend, mittellos, durch die Gewaltsamkeit und Grausamkeit der Wucherer größtenteils des Vaterlands, aber alle der Ehre und des Vermögens verlustig gegangen sind [...]. So hart war die Erbarmungslosigkeit der Wucherer und des Praetors."[42]

Der Begriff des *faenerator* kann dabei nicht streng einer spezifischen sozialen oder beruflichen Gruppe der römischen Gesellschaft zugeordnet werden. *Grosso modo* bezeichnete er jeden, der gegen Zinsen Geld verlieh. Ob er es nur in Einzelfällen tat oder damit seinen Lebensunterhalt bestritt, ob es sich um wohlhabende Freie handelte oder um Freigelassene oder Sklaven, die im Auftrag eines höher gestellten Patrons Geld verliehen, spielte dabei keine Rolle. Ein Freigelassener, der auf dem Forum kleine Beträge gegen Zinsen verlieh, fiel genauso unter diese Kategorie, wie der Onkel des Atticus, Q. Caecilius, der selbst seinen Familienangehörigen nur gegen Zinsen Geld lieh.[43] Er war dennoch ein angesehenes Mitglied des Ritterstandes. Ein einheitliches Berufsbild des *faenerator* gab es also nicht. Im Wesentlichen bezeichnete der durchweg pejorativ konnotierte Begriff in der Literatur der späten Republik jedoch die verhältnismäßig kleine Gruppe derer, die professionell gegen Zinsen liehen, besonders diejenigen, die einen Wucherzins verlangten. Der Beruf genoss keinerlei Ansehen: Cicero bezeichnete ihn als einen unsauberen Beruf (*quaestus sordidus*), mit der Würde eines freien Mannes unvereinbar,[44] und illustrierte das mit folgender Anekdote: Als man den älteren Cato, Sinnbild des tugendhaften Römers schlechthin, einmal fragte, was in Vermögensangelegenheiten am vor-

---

[42] Sall. Cat. 33: Deos hominesque testamur, imperator, nos arma neque contra patriam cepisse neque quo periculum aliis faceremus, sed uti corpora nostra ab iniuria tuta forent, qui miseri, egentes violentia atque crudelitate faeneratorum plerique patriae sed omnes fama atque fortunis expertes sumus [...] tanta saevitia faeneratorum atque praetoris fuit. Übers. hier und im ff. K. Büchner, 1986.
[43] Cic. Att. 1, 12, 1.
[44] Cic. off. I, 150.

teilhaftesten sei, nannte er die erfolgreiche Viehzucht. Nach den weiteren vorteilhaften Dingen gefragt, antwortete er zweitens: „Hinlänglich erfolgreiche Viehzucht"; drittens: „Schlechte Viehzucht"; viertens: „Ackerbau"; „und als der Mann, der diese Fragen gestellt hatte, anschließend fragte, was Cato vom Geldverleihen (*faenerari*, also gegen Zinsen) halte, antwortete Cato: ,Das wäre dasselbe, wie jemanden umzubringen.'"[45] Das Schmähwort *faenerator* wurde zwar auch häufig im Zug von politischen Auseinandersetzungen auf Personen der höchsten Stände angewandt – dies muss aber im Kontext der oft polemischen, manchmal gar hysterischen politischen Umgangsformen der Republik verstanden und *cum grano salis* aufgenommen werden.[46]

Die Scheu vor *argentarii* und *faeneratores* war indes nicht nur der Angst vor gerichtlichen Prozessen geschuldet. Darlehen waren bei Freunden des gleichen Ranges ganz einfach zu wesentlich besseren Konditionen zu haben. Dabei ist allerdings nicht davon auszugehen, dass solche Freundschaftsdarlehen etwa grundsätzlich zinsfrei gewesen seien – das waren sie nicht. Der bereits erwähnte Q. Caecilius verlieh nur gegen Zinsen; auch auf eine Anfrage von Cicero hin, der gerade Geld für ein neues Stadthaus brauchte, ließ er sich nicht erweichen.[47] Es gab selbstverständlich Ausnahmen, besonders in Fällen größter Not, wo zinslos verliehen wurde – es war aber nie ein Charakteristikum dieser Art von Darlehen. Für einen Senator war es leichter einen niedrigen Zinssatz zu erreichen, wenn er bei einem befreundeten Senatoren lieh. Er konnte sich außerdem relativ sicher sein, dass eine verspätete Rückzahlung keine existenziell bedrohlichen Konsequenzen nach sich zog. Manchmal war es ohnehin für den Gläubiger nützlicher, die materielle Schuld nicht einzufordern, um länger von der immateriellen, ideellen Schuld, der *gratia* und *fides* des Schuldners profitieren zu können.

---

[45] Cic. off. II, 89: A quo cum quaereretur, quid maxime in re familiari expediret, respondit: ,Bene pascere'; quid secundum: ,Satis bene pascere'; quid tertium: ,Male pascere'; quid quartum ,Arare'; et cum ille, qui quaesierat, dixisset: ,Quid faenerari?', tum Cato: ,Quid hominem,' inquit, ,occidere?'

[46] Es gab freilich auch Angelegenheiten, in denen die Bezeichnung als *faenerator* durchaus angebracht war, etwa im Fall des M. Iunius Brutus, der der Stadt Salamis (Zypern) ein Darlehen zu 48 % (anstelle der erlaubten 12 %) Zinsen und Zinseszins ,gewährte'. Da sich hier zwar um ein zugegebenermaßen unlauteres Geschäft handelte, das aber nicht gegen römische Bürger, viel weniger noch gegen römische Senatoren gerichtet war, sondern ,nur' gegen peregrine Griechen, konnte Cicero zwar seine Abscheu in Briefen bezeugen - dem Ansehen des Brutus, der ja bis in unsere Zeit hinein als äußerst ehrenwerter Mann gilt ist, schadete es nicht. Vgl. Cic. Att. 5, 21; 6, 1, 4-7; 2, 7-9 und 3, 6.

[47] Cic. Att. 1, 12, 1.

5   Die politische Bedeutung von *gratia*

Der große Unterschied zwischen Kreditvergabe unter Freunden und dem regel-
rechten Darlehen bei einem Bankier oder einem Wucherer bestand nämlich
darin, dass der Freund zwar nicht auf Geld, aber in jedem Fall auf Gewinn aus
war. Dieser Gewinn, den ein Freund aus einem Darlehen an einen anderen
Freund zog, war immaterieller Natur, bestand aus *gratia* und *fides*, Dank und
Vertrauen. Durch Vergabe wie durch Annahme eines solchen *beneficiums* wurde
ein Band zwischen zwei Personen geknüpft, das nur schwer und nur unter bestimmten Bedingungen wieder gelöst werden konnte. Cicero mochte einen
Unterschied zwischen Diensten (*operae*) und Geldgaben (*pecuniae*) sehen und
behaupten:

> „Das zweite fällt besonders einem Wohlhabenden leichter; das erste ist anständiger
> und schöner und eines tatkräftigen und vornehmen Mannes würdiger. Obwohl näm-
> lich in beiden Fällen der edle Wille zu helfen (*gratificandi liberalis voluntas*) zum
> Ausdruck kommt, wird er doch im zweiten Fall mit Hilfe des Geldschranks, im
> ersten Fall durch persönliche Leistung verwirklicht [...].“[48]

Das Entscheidende aber war der Wille zu helfen, die *gratificandi liberalis
voluntas*, die vergolten werden musste und, als Teil der Dankesschuld, die Ad-
härenz an einen festgelegten Verhaltenskodex. Ebenso wie das Freundschaftsdarlehen an sich gehörte das Vergelten des guten Willens zum *ius amicitiae*, war
Teil der moralischen und sozialen Pflichten eines *bonus vir*. Der Gläubiger ver-
ließ sich auf *gratia* und *fides* und auf die normative Kraft alter Konventionen, die
die Mitglieder der Oberschicht auf spezifische Formen sozialen Benehmens
festlegte. Seneca warnt daher:

> „Immer und immer wieder bedenke, wem du eine Wohltat erweisen willst: kein
> Klagerecht wird es geben, kein Rückforderungsrecht. Du irrst, wenn du meinst,
> helfen werde dir ein Richter; kein Gesetz wird dich in den alten Stand versetzen,
> allein auf die Vertrauenswürdigkeit des Empfängers (*accipientis fidem*) sieh. Auf
> diese Weise behalten Wohltaten ihren inneren Wert und sind großartig; beschmutzen
> wirst du sie, wenn du sie zum Gegenstand von Rechtsstreitigkeiten machst.“[49]

---

[48] Cic. off. II, 52: Facilior est haec posterior locupleti praesertim, sed illa lautior ac splendidior et viro
forti claroque dignior. Quamquam enim in utroque inest gratificandi liberalis voluntas, tamen altera
ex arca, altera ex virtute depromitur [...].

[49] Sen. ben. 3, 14, 2: Etiam atque etiam, cui des, considera: nulla actio erit, nulla repetitio. Erras, si
existimas succursurum tibi iudicem; nulla lex te in integrum restituet, solam accipientis fidem specta.
hoc modo beneficia auctoritatem suam tenent et magnifica sunt; pollues illa, si materiam litium
feceris.

Aus diesem Grund gab es gewisse Rücksichten, auf die laut Seneca geachtet werden musste. Cicero schlägt eine regelrechte ‚Ehrenauswahl' (*dilectus dignitatis*) vor:

> „Man muss nämlich erstens darauf achten, dass die gute Tat (*benignitas*) denen selbst, denen sie zuteil werden soll, und anderen nicht schadet, zweitens dass die gute Tat die zur Verfügung stehenden Möglichkeiten nicht übersteigt, und drittens, dass sie jedem, wie er es verdient, gewährt wird [...]."[50]

Wirkliche Großzügigkeit erfolgte nur nach solchen Überlegungen und war eben dadurch wahre *liberalitas*, als dass sie quasi als moralisches Anrecht jenen zustand, von denen man auch selbst am meisten geschätzt wurde (*ut ei plurimum tribuamus, a quo plurimum diligamur*).[51] Großzügigkeit gegenüber Freunden, Verwandten und *adfines* war moralische Pflicht, doch wurden auch hier die Bedürfnisse gestuft und hierarchisiert: *Beneficia* gegenüber Freunden waren negativ zu bewerten, wenn sie eher und dringender der eigenen *familia* zugestanden hätten. In einem solchen Fall, so Cicero, steckte hinter dem *beneficium* nicht mehr *liberalitas,* sondern Kalkül:

> „Man kann auch sehen, dass die meisten nicht so sehr von Natur aus großzügig sind, wie sie durch ein gewisses Streben nach Anerkennung geleitet sind, und dass sie, um großzügig zu erscheinen, vieles tun, was mehr aus Geltungsbedürfnis als aus guten Absichten hervorzugehen scheint. Doch eine solche Vortäuschung falscher Tatsachen hat mehr mit Eitelkeit als mit echter Großzügigkeit oder Moral zu tun."[52]

Daher warnt auch Seneca davor, unbedarft *beneficia/officia* ohne genaue Überlegung anzunehmen, da man sich damit auf Dauer binde oder binden lasse:

> „Daher muss ich auswählen, von wem ich eine Wohltat entgegennehme; und wirklich muss sorgfältiger gesucht werden einer Wohltat als einer Geldsumme Gläubiger. Diesem nämlich muss ich wiedergeben, wieviel ich erhalten habe, und wenn ich zurückgegeben habe, bin ich ledig und frei; hingegen jenem muss ich erstens mehr zahlen, und zweitens hängen wir nichtsdestoweniger auch dann miteinander zusammen (*cohaeremus*), wenn der Dank abgestattet ist; ich muss nämlich, wenn ich erwidert habe, von neuem beginnen, und es bleibt die Freundschaft; und wie ich in

---

[50] Cic. off. I, 42: Videndum est enim, primum ne obsit benignitas et iis ipsis, quibus benigne videbitur fieri, et ceteris, deinde ne maior benignitas sit, quam facultates, tum ut pro dignitate cuique tribuatur [...].

[51] Cic. off. I, 47.

[52] Cic. off. I, 44: Videre etiam licet plerosque non tam natura liberales quam quadam gloria ductos, ut benefici videantur facere multa, quae proficisci ab ostentatione magis quam a voluntate videantur. Talis autem simulatio vanitati est coniunctior quam aut liberalitati aut honestati.

die Freundschaft nicht aufnähme einen unwürdigen Menschen, so auch nicht in das hochheilige Recht der Wohltaten (*beneficiorum sacratissimum ius*), aus dem die Freundschaft entsteht."[53]

Manetque amicitia, schreibt Seneca, die Freundschaft bleibt, auch wenn die eigentliche Schuld schon abbezahlt wurde – der Gönner blieb *creditor beneficii*.

Der vorbeugende *dilectus*, die Auswahl, funktionierte aber in beide Richtungen: Er sollte sowohl Gläubiger als auch Schuldner schützen. Er hatte zum Ziel, Dienste (*operae*) und Gelder (*pecuniae*) nur denen zuzuführen, die willens und fähig waren, *gratia* zu zeigen, die sich dem gleichen Kodex an Regeln verpflichtet wussten und fühlten wie man selbst. Umgekehrt führte das auch dazu, dass *homines illiberales*, solche also, die gegen die Gepflogenheiten ihrer Schicht verstießen und sich als undankbar (*ingratus*) oder engherzig (*illiberalis*) erwiesen hatten, wesentlich weniger von *beneficia/officia* profitieren konnten: Sie stellten in den Augen ihrer Standesgenossen selbstredend schlechte ,Investitionen' dar. Daher rührt auch Cicero's Ansicht, dass wahre *amicitia* nur unter den ,guten' Menschen, den *boni*, zu finden sei – ein von ihm immer wieder benutztes Epitheton, das nicht nur die Mitglieder der Oberschicht bezeichnet, sondern unter diesen eine kleinere Gruppe tugendhafter und republikanisch gesinnter Nobilitätsangehöriger.[54] Seneca bringt es abseits jeder staatsphilosophischen Aufteilung auf eine kurze und prägnante Formel:

> „Von wem also werden wir entgegennehmen? Um dies kurz zu antworten: von den Menschen, denen wir gegeben hätten."[55]

Es gab auch die Möglichkeit, Hilfsgesuche abzulehnen. Zumindest ein Fall ist bekannt: Als Ciceros Bruder Quintus von Atticus, der sowohl Cicero als auch ihm selbst in enger Freundschaft verbunden war, Geld leihen wollte, um die Aufnahme seines Sohnes unter die *luperci*, ein altehrwürdiges Priesterkolleg, gebührend zu feiern, lehnte Atticus ab. Obwohl er mit Q. Cicero nicht nur befreundet, sondern auch verschwägert war (Quintus hatte eine Schwester des Atticus geheiratet; das Geld sollte demzufolge Atticus' Neffen zugute kommen), konnte er das Darlehen verweigern, ohne dass es daraufhin zu einem Bruch ge-

---

[53] Sen. ben. 2, 18, 5: Itaque eligendum est, a quo beneficium accipiam; et quidem diligentius quaerendus beneficii quam pecuniae creditor. Huic enim reddendum est, quantum accepi, et, si reddidi, solutus sum ac liber; at illi et plus solvendum est, et nihilo minus etiam relata gratia cohaeremus; debeo enim, cum reddidi, rursus incipere, manetque amicitia; utque in amicitiam non reciperem indignum, sic ne in beneficiorum quidem sacratissimum ius, ex quo amiticia oritur.

[54] Vgl. Cic. Lael. 18: nisi in bonis amicitiam esse non posse und 65: amicitiam nisi inter bonos esse non posse. Vgl. auch Sall. Bell. Iug. 31, 15: Inter bonos amicitia, inter malos factio.

[55] Sen. ben. 2, 18, 2f: A quibus ergo accipiemus? Ut breviter tibi respondeam: ab his, quibus dedissemus.

kommen wäre.[56] Darlehen zu ostentativen oder repräsentativen Zwecken waren augenscheinlich schlecht angesehen – nicht ein einziges solches Darlehen ist überliefert.[57]

In einer Gesellschaft, deren obere Schichten in höchstem Maße politisiert waren, hatte jede Annahme und/oder Vergabe von Freundschaftsdiensten oder -darlehen natürlich auch politische Folgen: Der Mimen-Autor Publilius Syrus, ein Zeitgenosse Ciceros, übertreibt nur wenig, wenn er schreibt, dass das Annehmen einer Wohltat dem Verkauf der eigenen Freiheit nahekommt.[58] Egal, auf welcher Seite eines *beneficium* man sich selbst befand: Durch den reinen Akt des *beneficium* entstand ein Treue- und Nahverhältnis, das Empfänger und Spender aneinander band. So fanden sich gerade Mitglieder der römischen Oberschicht, die ihre politische Entscheidungsfreiheit bewahren wollten und auf ihren Ruf bedacht waren, in der wenig beneidenswerten Situation wieder, bedürftig zu sein und zugleich Hilfe ablehnen zu müssen: Standen sie nämlich in der Schuld eines Standesgenossen, so wäre jedes Abweichen von dessen politischer Linie – von aktivem Widerstand ganz zu schweigen – eine Verletzung sowohl von *gratia* als auch von *fides* gewesen, kurzum: ein Benehmen, dass einem *bonus vir* nicht zustand. Selbst wer meinte, den Schaden für das eigene Ansehen (*dignitas*) verkraften zu können, fand sich in der schwierigen Situation wieder, unter Umständen für seine Schulden belangt werden zu können. Genau dies passierte Cicero, als es darum ging, ein stattliches Darlehen, dass Caesar ihm geleistet hatte, zurückzuerstatten. Er sorgte sich in einem Brief an Atticus um seine politische Bewegungsfreiheit:

> „Überleg dir doch bitte die Sache; ich fürchte, wenn ich einmal im Senat unverblümt für den Staat eintrete, sagt Dein Freund aus Tartessus [L. Cornelius Balbus, Caesars Sachverwalter, Anm. des Autors] beim Nachhausegehen zu mir: ,Sei doch so gut und lass das Geld überweisen!'"[59]

Auch der als reichster Mann Roms bekannt gewordene M. Licinius Crassus konnte sein Ansehen und seinen Einfluss dadurch enorm steigern, dass er quasi

---

[56] Vgl. Cic. Att. 12, 5.

[57] Vgl. Ioannatou 2006, S. 282: „En effet, tout porte à croire que ni parents ni amis ne consentent que l'on profite de leur générosité pour la recherche d'un enrichissement pour une ostentation. Il est intéressant de souligner, à ce propos, que la correspondance de Cicéron ne comprend la moindre allusion d'un prêt gratuit consenti à de telles fins."

[58] Pub. Syrus, Nr. 61 (Duff): Beneficium accipere libertatem est vendere. Vgl. auch Nr. 93: Beneficia donari aut mali aut stulti putant.

[59] Cic. Att. 7, 3, 11: Hoc tu tamen consideres velim; puto enim, in senatu si quando praeclare pro re p. dixero, Tartessimum istum tuum mihi exeunti: ,iube sodes nummos curare. Übers. hier und im ff. H. Kasten, 1998.

mit vollen Händen zinslose Darlehen an Standesgenossen vergab.[60] Nirgends
zeigte sich dies deutlicher als bei der Catilinarischen Verschwörung. Die
Zeugenaussage eines gewissen L. Tarquinius belastete Crassus schwer, indem sie
behauptete, er selbst sei der Anstifter der Verschwörung gewesen. Sallust
schildert die Reaktionen des Senats:

> „Sobald jedoch Tarquinius den Namen Crassus genannt hatte [...] hielten die einen
> die Sache für unglaubhaft, andere waren zwar von ihrer Richtigkeit überzeugt,
> schreien aber, weil es unter solchen Umständen gut schien, einen so mächtigen
> Mann eher mild zu stimmen als zu reizen – die meisten waren durch private Geld-
> geschäfte von Crassus abhängig –, trotzdem, der Angeber sei ein Lügner, und be-
> antragen, dass über den Fall beraten werde.“[61]

Bemerkenswert an Crassus war, dass er zwar gerne und bereitwillig Darlehen
gewährte, sie auch in den meisten Fällen zinslos ausgab, dafür aber streng auf die
Einhaltung der Fristen achtete. Plutarch schreibt:

> „Übrigens war Crassus auch gegen Fremde gastfrei. Sein Haus war allen geöffnet,
> und seinen Freunden lieh er Geld ohne Zinsen, forderte es aber nach Ablauf der
> Frist, für die er es geliehen hatte, mit Strenge zurück, so dass die Zinsfreiheit sich als
> lästiger erwies als hohe Zinsen.“[62]

Ein solches Verhalten widerspricht sowohl Ciceros als auch Senecas Forderungen an einen *bonus vir*. Um in Senecas Sprachgebrauch zu bleiben, scheint
Crassus in seinen Geldgeschäften weniger die Götter, als die Wucherer nach-
geahmt zu haben. Es stellt sich hier allerdings das Problem, dass wir nicht
wissen, wer die Empfänger von Crassus' Darlehen waren. Ein einziges Mal ist
eindeutig bekannt, dass Crassus einem spezifischen Standesgenossen – keinem
geringeren als Caesar selbst – finanziell unter die Arme gegriffen hat, als er nämlich für dessen enorme Schulden Bürgschaft leistete.[63] Aus dem Wortlaut
Sallusts ist zwar herauszulesen, dass ein Teil der Senatoren aufgrund ihrer Geschäfte in seiner Schuld standen (*ex negotiis privatis obnoxii*), doch muss es sich

---

[60] Vgl. Israel Shatzman, Senatorial Wealth and Roman Politics, Bruxelles, 1975, S. 117: „It is well
known that Crassus regarded money lending as a means of obtaining political power."; sowie
Ioannatou 2006, S. 285: „Sa politique avouée, pour augmenter son influence et contrecarrer le
pouvoir de ses adversaires, consistait précisément à prêter sans intérêt à ses pairs."
[61] Sall. Cat. 48: Sed ubi Tarquinius Crassum nominavit [...] alii rem incredibilem rati, pars tametsi
verum existimabant, tamen quia in tali tempore tanta vis hominis magis leniunda quam exagitanda
videbatur, plerique Crasso ex negotiis privatis obnoxii, conclamant indicem falsum esse, deque ea re
postulant uti referatur.
[62] Plut. Crassus, 1, 3.
[63] Ebd. 7, 6.

bei dieser Schuld nicht unbedingt um Kredite handeln. Crassus besaß große Ausdauer, wenn es darum ging, sich Leute zu verpflichten. So berichtet Plutarch, dass Crassus auch dann die Verteidigung von Fremden und Freunden vor Gericht übernahm, wenn selbst Pompeius, Caesar und Cicero – die allesamt im Ruf standen, eifrige und vielbeschäftigte Advokaten zu sein – es ablehnten.[64] Auch auf diese Weise konnte Crassus sich viele Leute, auch Standesgenossen, verpflichten.

Das Netzwerk an Verpflichtungen und Schulden, das Crassus gesponnen hatte, ermöglichte es ihm, die Aussage des L. Tarquinius praktisch ohne eigenes Zutun zu entkräften. Ein beträchtlicher Teil des Senats war Crassus verpflichtet, sei es durch Kredite, sei es durch andere Liebesdienste: Im Detail lässt sich das nicht mehr rekonstruieren. Es ist auch insofern irrelevant, als nicht die konkrete Art des *beneficium* wichtig war, sondern der reine Akt selbst. Die Senatoren waren Crassus verpflichtet, weil er ihr *creditor beneficii* war: ein Gläubiger nicht in Geldsachen, sondern in Gefälligkeiten.

So erklärt sich auch die auf den ersten Blick verwirrende Eigenart des Crassus, streng auf die fristgerechte Rückzahlung seiner Darlehen zu achten. Man sollte eigentlich annehmen, dass gerade Crassus, dessen Macht zu diesem Zeitpunkt nicht auf alten Feldzügen (wie bei Pompeius) oder der Unterstützung der stadtrömischen *plebs* (wie bei Caesar) beruhte, sondern auf einem Geflecht aus Verpflichtungen und Obligationen, darauf bedacht gewesen wäre, sich seine Schuldner so lange wie möglich zu bewahren, um das ständige Druckmittel einer Forderung nach Rückzahlung in der Hand zu haben. Es ist wenig wahrscheinlich, dass ein so großer Teil des Senats, wie ihn Sallust beschreibt, ihm gleichzeitig konkrete Geldsummen schuldig gewesen ist. Das war aber auch gar nicht nötig: Die Tatsache, dass Crassus ihnen im Bedarfsfall Darlehen gewährt hatte, die schon abbezahlt waren, würde ausreichen, um die Unterstützung dieser Senatoren zu garantieren. Das System, das Cicero moralphilosophisch definiert und beschrieben hatte, funktionierte. Es war, wie Seneca schrieb: Eine Wohltat war eine unlösliche Schuld. Ein besseres Beispiel als die Episode um Crassus' Beteiligung an der Catilinarischen Verschwörung lässt sich schlecht dafür finden, dass man neben finanziellen auch konkret politischen Nutzen aus den Freundschaftsverbindungen zu Standesgenossen schlagen konnte.

---

[64] Ebd. 1, 3.

6   Senatorische Unterstützungsnetzwerke

Die Bedeutung von *amicitia* für das römische Finanzsystem kann nicht über-
bewertet werden. In Abwesenheit von regulierenden staatlichen und/oder
öffentlichen Institutionen oblag es dem Einzelnen, den Privatpersonen, dafür zu
sorgen, dass gewisse Regeln und Normen Bestand hatten. Als Beispiel mag das
Prinzip der bargeldlosen Überweisung dienen: Die einzige Möglichkeit, Geld
ohne den physischen Transport von Münzen über größere Strecken zu überweisen, bestand in den so genannten *permutationes*. Der Begriff steht an sich nur
für die Übertragung von Schuldsummen an andere – nicht umsonst findet sich im
Wort der Begriff des *mutuum* (Darlehen) wieder.

Über die genaue Funktionsweise oder rechtliche Definition von *permutationes* herrscht Uneinigkeit. Der italienische Jurist Aldo Petrucci geht davon
aus, dass dem Akt der Permutation ein *depositum irregulare* zugrund lag: Dabei
wurde ein gewisser Betrag, etwa in Münzgeld, einbezahlt, musste aber, im
Gegensatz zu einem *depositum regulare*, nicht in Form der spezifischen ein-
bezahlten Münzen wieder ausbezahlt werden, sondern nur im gleichen Gegenwert.[65] In der Zwischenzeit konnte der Empfänger der Geldsumme über die Einzahlung nach eigenem Gutdünken verfügen, musste aber der Forderung des Ein-
zahlers nach Rückzahlung sofort und in voller Höhe Folge leisten. Es sprach
nichts dagegen, dass die Rückzahlung an einem anderen Ort erfolgen konnte.

Abgesehen davon, dass sich die Forschung nicht einig darüber ist, ob solche
deposita in der Späten Republik bereits üblich waren,[66] gibt es Fälle von Permutationen, in denen keine Geldsumme einbezahlt wurde. Als Cicero im Jahr 51
v. Chr. zu seiner ungeliebten Statthalterschaft in Kilikien, im äußersten Südosten
der heutigen Türkei, aufbrach, vereinbarte er mit Atticus eine *permutatio*. Atticus
hatte geschäftliche Verbindungen nach Ephesus, wohin Cicero reiste, um die
Geldsumme von Philogenes, dem dortigen Sachverwalter des Atticus, einzufordern.[67] In Ephesus angekommen, stellte Cicero fest, dass er das Geld doch
nicht benötigte und verlieh es seinerseits an Philogenes, damit es „arbeiten"

---

[65] Aldo Petrucci, Mensam exercere. Studi sull'impresa finaziaria romana (II secolo a.C. - metà del III
secolo d.C.), Napoli, 1991, S. 119. Zu *depositum regulare* vgl. Jean Andreau, La vie financière dans
le monde romain. Les métiers de manieurs d'argent (IVe siècle av. J.-C. – IIIe siècle ap. J.-C.), Rom,
1987, S. 529: „Le dépositaire doit restituer l'objet [sic], et il n'a pas le droit de s'en servir. C'est
pourquoi les monnaies se trouvent dans un sac *signatus*: la ficelle qui le ferme est cachetée de cire; la
cire est marquée de l'empreinte d'un «anneau sigillaire»."
[66] Das *depositum irregulare* ist vor allem in der nachklassischen Jurisprudenz belegt. Vgl. Andreau,
Vie financière, S. 538ff.
[67] Cic. Att. 5, 13, 2.

konnte. Vierzehn Monate später zahlte Philogenes das Geld an Cicero zurück.[68] Aus Laodicea in Kleinasien schrieb er anschließend an Atticus:

> „Du fragst, was ich hier treibe? So wahr ich lebe, meine Verschwendung kennt keine Grenzen, und das macht mir wahnsinnigen Spaß. Dabei bin ich von einer Uneigennützigkeit, die aller Achtung wert ist – Deine Schule! – ; fast fürchte ich, meine Wechselschuld bei Dir (*illud, quod tecum permutavi*) durch eine neue Anleihe abdecken zu müssen."[69]

Cicero hatte also kein Geld an Atticus übertragen, um es an anderem Ort abheben zu können. Stattdessen hatte Atticus das Geld vorgestreckt und Cicero sollte es später – wahrscheinlich, nachdem er mit Beute beladen aus seiner Provinz heimkehrte – in Italien zurückzahlen. Das ursprüngliche *mutuum* des Atticus wurde also im wahrsten Sinne ‚per-mutiert'. Es diente aber nicht nur Cicero; auch für Atticus war das Geschäft von Vorteil, denn er konnte auf diese Art die Erlöse aus seinen Geschäften in Ephesus nach Italien „überweisen".

Diesem Fall lag ganz offensichtlich kein vorhergegangenes *depositum irregulare* zu Grunde. Ch. T. Barlow vermutet daher hinter den Permutationen das Prinzip der Umschuldung, der so genannten *delegatio debitoris*.[70] Es handelt sich hierbei um einen rechtlich abgesicherten Prozess, der es einem Schuldner (A) ermöglichte, die Schuld gegenüber seinem Gläubiger (B) abzubezahlen, indem er seinen eigenen Schuldner (C) anwies, seine Schuld statt an ihn selbst an den Gläubiger (B) zu bezahlen. Auch hier stellt sich ein Problem: Diese Definition der *permutatio* trifft auf einige Fälle zu, auf andere nicht. Im März 45 v. Chr. etwa erkundigt sich Cicero bei Atticus, ob es möglich wäre, seinem Sohn eine Permutation in Athen auszustellen, oder ob es nicht ratsamer wäre, das Geld selbst mitzuführen. Die Permutation erscheint hier als Alternative zum Transport von physischem Geld (*ipsi ferre*), es muss sich also um eine wirkliche ‚Überweisung' gehandelt haben, und nicht um ein Darlehen.[71] Der Transfer kam zustande; Xeno, ein Freund des Atticus, zahlte Ciceros Sohn die Summe in Raten aus.[72]

---

[68] Cic. Att. 7, 7, 2.

[69] Cic. Att. 5, 15, 2: Quaeris, quid hic agam. Ita vivam, ut maximos sumptus facio. Mirifice delector hoc instituto; admirabilis abstinentia ex praeceptis tuis, ut verear, ne illud, quod tecum permutavi, versura mihi solvendum sit. Ähnliche Formulierungen tauchen auch in Att. 11, 24, 3 (Gleichstellung von permutare und mittere) und 15, 15, 4 (ut permutetur Athenas, also „nach Athen") auf.

[70] Vgl. Ch. T. Barlow, Bankers, Moneylenders and Interest Rates in the Roman Republic, Ann Arbor (Mi.), 1978, S. 161f.

[71] Cic. Att. 12, 24, 1: Sed quaero, quod illi opus erit, Athenis permutarine possit an ipsi ferendum sit.

[72] Vgl. Cic. Att. 12, 24, 1; 27, 2; 32, 2; 13, 37, 1; 14, 16, 4; 15, 15, 4; 17, 2; 16, 1, 5.

Eine *permutatio* konnte also auf vielfältige Art abgeschlossen werden. Es handelt sich im Übrigen auch nicht um einen juristischen Begriff: In juristischen Quellen wird er nicht erwähnt. Es ist vielmehr ein Oberbegriff, unter dem Vorgehensweisen wie die *delegatio debitori*, das *depositum irregulare*, das *mutuum* oder die *solutio debiti alieni* (das Abbezahlen einer Schuld durch Dritte) zusammengefasst wurden, da sie alle den gleichen Effekt, nämlich die virtuelle ‚Überweisung‘ einer Geldsumme an einen geographisch entfernten Ort, erzielen konnten.[73]

Der reine Organisationsaufwand, der nötig war, um eine Permutation quer durch den Mittelmeerraum zu bewerkstelligen, war beträchtlich: Er erforderte eine Vielzahl von Kontakten mit Finanzleuten in den Provinzen. Mit den damaligen Kommunikationsmöglichkeiten war das beileibe keine einfache Aufgabe, die nur entweder einer Gruppe von brieflich regelmäßig miteinander verkehrenden und viel reisenden Individuen, oder aber gut ausgebauten und strukturierten „Bankgesellschaften" mit einer Reihe von Dependancen in den Provinzen möglich gewesen wäre. Für Letzteres gibt es keine Anhaltspunkte und so bleibt nur Ersteres übrig: Eine Gruppe global – oder richtiger: mediterran – denkender Finanzmagnate, die Zeit und Ressourcen genug hatten, um ihre Kontakte in allen Winkeln der bekannten, oder zumindest römischen Welt zu pflegen.[74] Es spricht nichts dagegen, dass Bankiers (*argentarii*) zwischen zwei ‚Konten' innerhalb ihrer ‚Bank' Überweisungen vornahmen.[75] Solche Kontakte zwischen zwei Provinzen, zwei Städten oder auch nur zwei unterschiedlichen Banken sind aufgrund des enormen Organisationsaufwandes praktisch ausgeschlossen.[76]

---

[73] Vgl. Verboven, S. 132-140.

[74] Eine solche Betätigung war den meisten berufsmäßigen Bankiers (*argentarii*) nicht möglich. Sie verfügten nicht über genügend Ressourcen und waren meist nur lokal tätig. Vgl. Andreau, Vie financière, S. 61-177. Andreau gesteht aber zumindest für das Prinzip des Schecks (Zahlungsanweisung) zu, dass einzelne solche Fälle vorgekommen sein mögen, wenn sich die Betroffenen (nicht der *argentarius*!) besonders gut gekannt haben – mit anderen Worten, wenn ein enges Treue- und Nahverhältnis bestand: „Mais de tels cas, s'ils se sont présentés, ne permettent pas de parler de chèques. Il ne faut pas confondre l'application souple d'un usage avec l'institution d'un nouvel usage." (S. 563)

[75] Man muss sich auch hier über Begrifflichkeiten klar werden: Die 'Banken' der *argentarii* sind oft genug wörtlich zu verstehen: eine Sitzbank und ein Tisch, entweder im Freien oder in einer *taberna* an öffentlichen Orten wie dem Forum. Die griechischen Bezeichnungen für Bank bzw. Bankier leiten sich von *trápeza* (Tisch) ab und noch heute trägt die griechische Nationalbank den Namen "*Trapeza tês Hellados*". In diesem Kontext müssen auch 'Überweisungen' innerhalb einer Bank gesehen werden: Nichts spricht dagegen, dass ein *argentarius* im wahrsten Sinne des Wortes Geld von einem Sack in den nächsten 'überweisen' konnte.

[76] Zwischen zwei Banken in der gleichen Stadt mögen solche Kontakte noch theoretisch möglich gewesen sein. Darüber hinaus waren sie aber "à la plus forte raison exclus." Vgl. Andreau, Vie financière, S. 564.

Es kann sich also bei den Organisatoren von *permutationes* nur um Senatoren und Ritter gehandelt haben. Das Funktionieren eines solchermaßen komplexen Prozesses erforderte ein weit verzweigtes Netzwerk an Leuten, die untereinander durch *amicitia* verbunden waren und sich an dem Begriff der *fides* ausrichteten.[77] Ohne *fides* wäre die Transaktion nicht durchführbar, da es keinen legalen Rekurs gab, um einen Schuldner zur Rückzahlung einer Schuld an einen Dritten zu zwingen, der nicht am ursprünglichen Darlehen beteiligt war. *Amicitia* und *fides* bildeten die Basis, dank der ein solch komplexes Finanzsystem überhaupt erst möglich war.

7   Fazit und Ausblick

Die *fides* eines einzelnen Senators, im Sinne der Kreditwürdigkeit, Solvabilität und Verlässlichkeit, war in der römischen Welt nie nur die Charaktereigenschaft eines Einzelnen: Sie war die Summe aller Beziehungen, aller bisherigen Geschäfte, aller potenziellen Verbindungen. Sie war auch die Summe all jener Freunde, die im Falle des Falles Bürgschaft stellen konnten und würden, die vielleicht sogar die Schuld auf sich nehmen würden (*aes alienum suscipere*, wörtlich „fremde Bronze/fremdes Geld auf sich nehmen"), wie es Cicero als Pflicht eines Freundes beschreibt.[78] Kurzum: *Fides* war gleichbedeutend mit dem Unterstützungsnetzwerk des einzelnen Senators. Das Netzwerk war das Fundament, auf dem jedes Kreditgeschäft stehen musste. Bezog man die Parallelinstitution der Patronage mit ein, so erstreckte sich ein solches Netzwerk von der Senatorenschicht bis hin zu den einfachen Bürgern, von ehrenamtlichen Politikern bis hin zu den Geschäftsleuten. Auf diesem Weg erlaubten die Netzwerke den Senatoren unter anderem auch die Beteiligung an Spekulationsgeschäften in den Provinzen, die ihnen eigentlich per Gesetz verboten waren. *Amicitia* war dabei unerlässlich, da durch sie die *fides*-Beziehungen überhaupt erst eintraten: „Amicitia was all the more crucial in an economic context in

---

[77] Solche Permutationen, die von staatlicher Seite unternommen wurden, bilden dabei eine teilweise Ausnahme. Als Cicero 51 v. Chr. in Laodicea eintrifft, nimmt er dort auch die offiziellen, von der Staatskasse gebilligten Gelder für seine Amtsführung in Empfang (vgl. Cic. fam. 3, 5, 4) - nicht etwa in Italien! Es lässt sich auch argumentieren, dass die Verpachtung von Steuereinnahmen in den Provinzen an die großen Publikanengesellschaften nach dem Prinzip einer Permutation erfolgte: Die Gesellschaften ‚überwiesen' quasi im Voraus die Einnahmen aus den Provinzen nach Rom - sie handelten dabei ähnlich wie Atticus im Jahr 51 mit einem gewissen Risiko, da sie das Geld ja vorstreckten. Eine ähnliche Rolle nahmen sie dabei für Cicero ein, als der die 2,2 Millionen Sesterzen Gewinn, die er in seiner Provinz erwirtschaftet hatte, an die Publikanen in Ephesus mit der Bitte übergab, eine Permutation nach Rom zu unternehmen. Vgl. Cic. Att. 11, 1, 2.
[78] Vgl. Cic. off. II, 55.

which the system of contracts, justice and police offered insufficient stability or security to support credit transactions."[79]

Unterstützungsnetzwerke gab es zweifellos in der Späten Republik – sie waren unerlässlich für das ökonomische Miteinander der Oberschicht. Sie bestanden nicht nur im Hintergrund und ermöglichten im Bedarfsfall alternative Lösungswege unter Umgehung der öffentlichen Institutionen, sondern hatten, in Abwesenheit regelrechter öffentlicher Einrichtungen, die Geld- und Kreditfluss regelten, tatsächlich essenzielle Bedeutung. Ohne sie hätten Senatoren und Ritter ihre Spekulationsgeschäfte in den Provinzen nicht durchführen können, ja: die weitaus meisten hätten die enormen Ausgaben, die ihre Position erforderte, alleine nicht mehr decken können. Da die Netzwerke nicht alleine durch pekuniäre Verknüpfungen entstanden, sondern im Rahmen der *amicitia* zu vielfältigen Verpflichtungen führten, waren sie ein wertvolles Geschäftsinstrument. Ein großzügig gewährtes Darlehen an die richtige Person öffnete Türen zu gut dotierten Stellungen, politischer Beihilfe und Wahlspenden. Besonders für die Kreditspekulanten in den Provinzen war das Freundesnetzwerk wichtig: Auch wenn sie selbst keine Kontakte in den Regionen hatten, in denen sie Geschäfte machten, so konnten sie sich darauf verlassen, dass über gemeinsame Freunde oder Freundesfreunde schnell ein Band gegenseitiger Verpflichtungen mit den Verantwortlichen in der Provinz gesponnen werden konnte. Das war besonders dann wichtig, wenn es darum ging, Schulden in den Provinzen einzutreiben: Hierfür war oft die Hilfe des Statthalters, manchmal auch die bewaffnete Hilfe seiner Truppen von Nöten.

Solche Vermittlerrollen gehörten zu den Pflichten eines *amicus bonus*: Das 13. Buch von Ciceros Briefen an seine Freunde besteht ausschließlich aus solchen Empfehlungsschreiben, in denen er die finanziellen Interessen seiner Freunde Statthaltern, Legaten oder bedeutenden Vertretern der lokalen Aristokratie empfiehlt. Der Tatsache, dass solchen Liebesdiensten im Rahmen des *ius amicitiae* die gleiche Bedeutung zukam wie Geldkrediten, ist es auch zu verdanken, dass eine regelrechte Netzwerkanalyse in diesem Fall überhaupt vollzogen werden kann. Denn über die rein finanziellen Verbindungen der Oberschicht zu- und untereinander sind wir leider schlecht informiert. Ciceros Briefe an seinen Sachverwalter und Freund Atticus sowie an einige seiner besseren Freunde sind praktisch die einzige detaillierte Quelle, die wir zu diesem Thema besitzen. Ansonsten finden sich Informationen größtenteils nur anekdotisch verstreut wieder, wenn etwa Plutarch über die Schulden Caesars den Kopf schüttelt, oder Plinius von denen des C. Scribonius Curio als einem Wunderwerk des menschlichen Geistes spricht. Der Historiker ist bei der Analyse antiker Netz-

[79] Verboven 2002, S. 343.

werke, wie Koenraad Verboven sagt, „left with the familiar tools of his trade, relying heavily on prosopography, textual exegesis and infamous empathy."[80] Das alleine ist freilich kein Grund, es nicht zu versuchen.

Bei der Analyse der zur Verfügung stehenden Quellen zu finanziellen Transaktionen ergibt sich ein Bild, dass bereits auf den ersten Blick unvollkommen ist. Da Cicero den weitaus größten Teil der Quellen stellt und sich bekannterweise am liebsten über sich selber unterhalten hat, ist das entstehende Bild der Kreditbeziehungen stark auf ihn konzentriert. Von 57 bekannten Fällen, in denen Senatoren oder Ritter als Teilhaber an spezifischen Kreditgeschäften erwähnt sind, ist in 49 von ihnen Cicero der jeweilige Partner. Es lässt sich, anders gesagt, lediglich ein – dazu noch unvollständiges – Ego-Netzwerk Ciceros konstruieren. Wenn man aber die spezifischen Bedingungen eines römischen Freundschaftsverhältnisses in die Untersuchung mit einbezieht, ergibt sich ein anderes Bild. Setzt man anstelle von rein finanziellen Verbindungen den gesamten Katalog an akzeptierten Liebesdiensten als Maßstab, stehen wesentlich mehr Quellen zur Verfügung, die, nach einer traditionellen Exegese und der prosopographischen Absicherung, in die Netzwerkuntersuchung mit aufgenommen werden können – denn zwischen einem Kredit und einem Empfehlungsschreiben, zwischen der Verteidigung eines Freundes vor Gericht oder dem Angebot einer Legatenstelle in einer Provinz, machte der römische Senator keinen Unterschied: es waren *beneficia/officia* und als solche wurden sie auch betrachtet und entgolten.

Unter diesen Bedingungen ist es möglich, über das Erstellen eines reinen Ego-Netzwerkes hinauszugehen und zu versuchen, eine Art Gesamtnetzwerk der römischen Oberschicht des ersten vorchristlichen Jahrhunderts zu erstellen. Eine vorläufige, noch nicht abgeschlossene[81] Neusichtung der zur Verfügung stehenden Quellen zeigt eine eindeutige Tendenz: Anstelle von rund 74 Personen, die als Teil von gesicherten, finanziellen Transaktionen bekannt waren, konnten mit Hilfe der neuen Kriterien bereits 219 neue Personen als Teil des Netzwerkes ausgemacht werden, die nicht nur über eine Vielzahl von unterschiedlichen Arten miteinander verbunden waren, sondern auch einen hohen Grad an ‚Quervernetzung' aufweisen, also nicht ausschließlich auf Cicero bezogen sind.

Ermöglicht wird diese Ausweitung der Untersuchung alleine durch die spezifisch römische Ausformulierung des *amicitia*-Gedankens. Eben gerade weil eine römische Freundschaft alle Aspekte des gesellschaftlichen Umgangs einbezog, von emotionaler Bindung über die Bereitschaft, Gutes zu tun, bis hin zur Rücksicht auf den gegenseitigen Nutzen, ist sie der geeignetste Einstiegspunkt,

---

[80] Verboven 2002, S. 348.
[81] Es bleiben noch rund 60 % des Quellenmaterials auszuwerten.

um die Verbindungen der römischen Oberschicht untereinander zu untersuchen –
selbst in solchen Fällen, in denen man nach heutigen Maßstäben kaum von einer
echten Freundschaft sprechen würde. In Rom, unter Senatoren und Rittern, war
es hingegen scheinbar nicht verwunderlich, wenn man sich über den Tod eines
Mannes öffentlich freute, den man stets – und durchaus ehrlich – als *amicus*
bezeichnet hatte. In einem Brief an seinen Bruder Quintus schrieb Cicero, seine
Freundschaft zu Caesar und dessen Wohlergehen komme für ihn unmittelbar
nach dem seines Bruders und seiner Kinder[82] und dennoch gratulierte er noch am
Tag Caesars Ermordung den Mördern zu ihrer „großen" Tat. Cicero und Caesar
waren „keine Freunde in unserem Sinne gewesen; sie waren Politiker und als
Politiker Gegner [...]. Aber auch solche politischen Gegensätze konnte die
römische Freundschaft, die *amicitia* zumindest teilweise überbrücken."[83] Es ist
gewiss kein Zufall, dass eines von vielen Synonymen für *amicitia* die
necessitudo ist: Ein Wort, das sowohl „Freundschaft" als auch „Notlage" bedeutet und sich von der *necessitas* ableitet, der „Notwendigkeit", „Ver-
pflichtung" und der „verbindenden Kraft". Die Nuancen des Begriffes waren
wohlverstanden, seine Implikationen ebenso, auch wenn Cicero sich manchmal
bemüßigt sah, es noch zusätzlich zu betonen: Eines seiner vielen Empfehlungsschreiben, in dem er einen jungen Freund dem Statthalter einer Provinz
empfiehlt, beginnt er mit der Bitte, seinem Ansinnen doch nachzukommen, *cum
omnis meos aeque ac tuos observare pro necessitudine nostra debeas.* – „Da Du,
aufgrund unserer Freundschaft, alle meine Freunde in gleicher Achtung wie
Deine halten musst."[84] Eine bessere Umschreibung des römischen Ober-
schichtennetzwerkes lässt sich kaum geben.

---

[82] Cic. Q. fr. 3, 1, 18.
[83] Fritz Lossmann, Cicero und Caesar im Jahre 54. Studien zur Theorie und Praxis der römischen
Freundschaft, Wiesbaden 1962, S. 1.
[84] Cic. fam. 13, 49.

Vertrauen und Kredit in der frühneuzeitlichen Stadt

Thomas Wirtz

Das Teilprojekt I.3 mit dem Titel „Schuldner- und Gläubigernetzwerke in frühneuzeitlichen Städten" untersucht das kommunale Trierer St. Jakobshospital als wirtschaftspolitisches Instrument der Ratsherrschaft in Trier von 1450 bis 1600. Dabei liegt das besondere Augenmerk auf der Kreditvergabe des Hospitals, welche Stellung es innerhalb des städtischen Kreditmarktgefüges einnahm und welche wirtschaftspolitischen Implikationen sich daraus ableiten lassen. Der in den Titel des Symposiums aufgenommen Begriff des „Vertrauens" soll vor dem Hintergrund des Projekts im Folgenden näher beleuchtet werden.

Die Frage, welche Rolle das Vertrauen bei der Darlehensvergabe spielte, steht dabei zunächst einmal vor dem Problem der Quellenlage. Die im Projekt untersuchten Urkunden, Rechnungsbücher und Register sagen naturgemäß wenig über ein persönliches Verhältnis der Vertragspartner aus. Abgesehen von einigen wenigen direkt nachweisbaren Verwandtschaftsbeziehungen, sowie der Zugehörigkeiten von Schuldner und Gläubiger zur selben Zunft, ergeben sich wenige Anhaltspunkte, die auf ein persönliches Vertrauensverhältnis schließen lassen. Auch sind Verwandtschaft und Zunftzugehörigkeit keineswegs eindeutige Garanten, dass Vertrauen zwischen Kreditgeber und -nehmer bestand.

Wie lässt sich also ein wie auch immer geartetes Konzept des Vertrauens in die Quellen der Wirtschaft jener Zeit hineinarbeiten?

Der folgende Artikel will in drei Versuchen darstellen, Vertrauen in dieser Zeit und auf der besonderen Quellengrundlage beschreibbar zu machen. Zunächst sollen einige Vorüberlegungen zum Hypothekenkredit angestellt werden, welche besonderen Merkmale diese Kreditform aufweist und wie dies im Bezug auf Vertrauen einzuordnen ist.

In einem zweiten Schritt wird anhand von Karten die räumliche Nähe zwischen Kreditgeber und Pfandobjekt herausgestellt, welche als Basis des Vertrauens im Hinblick auf den Gläubigerschutz gelten kann. Im dritten Abschnitt soll das Beispiel einer Wirtschaftskrise aufzeigen und welche Auswirkungen diese auf den städtischen Kreditmarkt und das Vertrauen hatte. Am Ende muss das Konzept des Vertrauens auf Basis der vorgestellten Ergebnisse hinterfragt werden. Wie ist Vertrauen aufzufassen, um es als sinnvolles Konzept in die historische Analyse einzubeziehen?

1   Vorüberlegungen zum Hypothekenkredit in Bezug auf Vertrauen

Die in unserem Projekt untersuchten Kreditverhältnisse basieren auf einer Erb-
rentenbasis, die als Hypotheken auf einer oder mehreren Liegenschaften lasten.
Diese Kredite stellen eine Reallast auf ein Haus, Feld oder Weinberg dar und
sind nicht an die Person des Schuldners selbst gebunden. Dies muss vorab in
Erinnerung gerufen werden, wenn es im Folgenden um die Frage des Vertrauens
bei dieser Art von Schuldverhältnissen gehen soll. Denn im Gegensatz zu
Krediten z. B. zwischen Kaufleuten, die sich auf Messen gegenseitig Schuldscheine ausstellten, Waren- oder Rohstoffkäufe kreditierten, oder aber den Vor-
schüssen, die Handwerkern „auf Arbeit" geliehen wurden, hatte der Gläubiger
beim Rentenkauf eine Immobilie zum Pfand und den Gegenwert seines Kredits
im wörtlichen Sinne vor Augen. Der Rentenkredit galt als sicherste Darlehensform für einen Anleger.[85] Zum Gläubigerschutz und dem Vertrauen auf die
Rückzahlung der geliehenen Summe kam es bei dieser Art Schuldverhältnis also
weniger auf die Reputation des Schuldners an (was bei den Händlern der „Kauf-
mannsglaube" genannt wurde), sondern in höherem Maße auf die angemessene
Taxierung des Pfandes und das Vertrauen auf die rechtliche Durchsetzung der
Zinsansprüche bzw. im ärgstem Fall der Pfändung. Zwar spielten soziale
Kontakte bei der Kreditvergabe, besonders des Kreditbedürftigen auf der Suche
nach einem Darlehensgeber eine Rolle, aber dies ist nicht automatisch gleichbedeutend mit Vertrauen.

Vertrauen bezieht sich hier vor allem auf das Pfand selbst und nur mittelbar
auf den Schuldner, dem es obliegt seine belastete Liegenschaft in gutem Zustand
zu halten. Die Gefahr des Verfalls ist dabei allerdings auch nicht zu unter-
schätzen. Aus Frankfurt ist bekannt, dass im 15. Jahrhundert wegen der ge-
waltigen Zinslast eine regelrechte Häuserflucht einsetzte und die Bürger es vor-
zogen, an anderer Stelle neue Häuser zu errichten als alte mit zum Teil hohen
Hypotheken zu übernehmen.[86] Erst die Ablösbarkeit der Ewigrenten, also die
einseitige Kündbarkeit des Kredits durch den Schuldner, sollte die Situation
verändern. Diese ursprünglich nicht vorgesehene Kündbarkeit der Ewigrenten
taucht bereits 1240 in Lübeck auf, wurde aber noch 1417 auf dem Konstanzer
Konzil verhandelt[87] und schließlich 1425 und 1455 vom Papst approbiert. Erst

---

[85] Hans-Peter Baum: Hochkonjunktur und Wirtschaftskrise im spätmittelalterlichen Hamburg.
Hamburger Rentengeschäfte 1371-1410 (Beiträge zur Geschichte Hamburgs Bd. 11), Hamburg 1976,
S. 36f. und S. 112.
[86] Wilhelm Lühe: Die Ablösung der ewigen Zinsen in Frankfurt a. M. in der Jahren 1522-1562.
Beitrag zur Wirtschaftsgeschichte in der Reformationszeit, in: Westdeutsche Zeitschrift für
Geschichte und Kunst (67), Trier 1904, S. 42.
[87] Heinrich Finke: Acta Concilii Constanciensis, Bd. IV, 1982, Unveränd. photomechan. Abdr. d.
1928 in Münster erschienenen Ausg., S. 709f. Vgl hierzu auch Clemens Bauer: Wirtschaftsgeschicht-

nach dem letztgenannten Datum lassen sich beim Trierer Hospital auch tatsächlich Ablösen nachweisen. Diese Regelung aber machte die Erbrente erst zum eigentlichen Hypothekenkredit.

Es bedurfte bei dieser Art Krediten nicht eines Vertrauens in einen erst in der Zukunft einzulösenden Anspruch, denn der Gegenwert, das Pfand, das konkrete Haus sind materiell bereits vorhanden und (banal zwar, aber doch ganz entscheidend) es ist unbeweglich und kann sich somit dem Gläubiger nicht entziehen.

So tauchen auch auf Seiten der Schuldner zunächst einmal nur die städtischen Gruppen auf, die über Grundbesitz verfügten. Richard Laufer gibt zum Beispiel das Immobilien- und Kapitalvermögen der Mitglieder der Trierer Weberzunft für das Jahr 1624 auf etwas über 11 % des städtischen Gesamtvermögens an.[88] Dies entspricht mit nur leichter Abweichung auch deren Auftreten als Schuldner am städtischen Liegenschaftsmarkt im 16. Jahrhundert, sie stellten etwa 11 % der Kreditnehmer, an die ca. 12 % der Gesamtsumme an Darlehen floss. Einzig die Krämerzunft fällt aus dieser Korrelation Grundbesitz-Kreditaufnahme heraus. Ihre Mitglieder besaßen ca. 19 % des Vermögens, nahmen aber nur etwa 7 % der Kreditsummen in Anspruch. Hier bestätigt sich, dass die Rentenkredite, auf die z. B. die Kölner Kaufleute im 12. Jahrhundert noch zurückgriffen, für den Handel am Ende des Mittelalters einen Bedeutungsverlust erfuhren, da die Leistungsfähigkeit des Rentenmarktes auch schnell an seine Grenzen stoßen konnte.[89] Die Belastung einer Liegenschaft überschritt in der Regel dessen Wert nicht, was diese Kreditform zur Geldbeschaffung für den Handel unattraktiv werden ließ.

---

liche Probleme des 15. Jahrhunderts, in: Theodor Mayer (Hrsg.): Die Welt zur Zeit des Konstanzer Konzils, Konstanz/Stuttgart 1965, S. 83-97. Eine Kommission des Konzils legte damals 4 Bedingungen fest, um eine Rente (resp. den Kredit) ablösbar zu gestalten: (1) Der Preis für den Rückkauf der Rente durfte den ursprünglichen Kredit nicht überschreiten, (2) der Kaufpreis der Rente (= Kredit) durfte wegen der Rückkaufklausel nicht geringer sein als ohne die Klausel, d.h. der Zins durfte nicht erhöht werden auf Grund der Ablösbarkeit, (3) der Rentkäufer (=Kreditgeber) durfte keine baldige Ablöse (=Rückzahlung des Kredits) erwarten, d.h. seine Motivation sollte einer langfristigen Absicherung durch eine Rente entsprechen und (4) durfte die Rente nicht auf eine Person konstituiert sein.

[88] Wolfgang Laufer: Die Sozialstruktur der Stadt Trier in der frühen Neuzeit (Rheinisches Archiv Bd. 68), Trier 1973, S. 237, Tabelle 3.

[89] Franz Irsigler: Kreditgewährung und Formen der Kreditsicherung im Mittelalter, in: Gabriele Clemens (Hrsg.): Schuldenlast und Schuldenwert. Kreditnetzwerke in der europäischen Geschichte 1300-1900 (Trierer Historische Forschungen Bd. 65), Trier 2008, S. 72. Rolf Sprandel: Der städtische Rentenmarkt in Nordwestdeutschland im Spätmittelalter, in: Hermann Kellenbenz (Hrsg.): Öffentliche Finanzen und privates Kapital im späten Mittelalter und in der ersten Hälfte des 19. Jahrhunderts (=Forschung zur Sozial- und Wirtschaftsgeschichte Bd. 16), Stuttgart 1971, S. 18f.

Wegen der genannten Gefahr der Wertminderung bzw. des Totalverlustes des Pfandes wurde zum Schutz der Gläubiger die Zinslast auf mehrere Güter des Schuldners verteilt, verfiel das eine, so hatte er immer noch Zugriff auf das oder die anderen. Dieses Vorgehen war beim Hausrentenkauf sogar die Regel, bei der ein Teil des Kaufpreises einer Immobilie kreditiert wurde. Diese vertragsrechtliche Festlegung zum Schutz des Gläubigers wurde ordnungspolitisch flankiert durch die Bestellung geschworener „Werkmeister", die das belastete Gut taxierten. In Folge dessen entstand das neue Gewerbe der Auktionatoren, die verfallene Pfänder schätzten und öffentlich versteigerten.[90]

Vertrauen hatte nicht nur bei dieser Darlehensform aus Sicht des Gläubigers ganz stark mit der materiellen und rechtlichen Absicherung seines Kredites zu tun. Dabei stellte die Erbrente respektive der Hypothekenkredit die sicherste aller Darlehensform dar, was die Bedeutung eines persönlichen Vertrauensverhältnisses zwar nicht überflüssig machte, es aber doch in den Hintergrund treten ließ. Der Hypothekenkredit bedurfte das geringste Maß an persönlichem Vertrauen, um abgeschlossen zu werden.

Nach diesen Vorüberlegungen werden einige Karten verdeutlichen, wie sich das angesprochene Vertrauen in das Pfandobjekt bzw. in dessen Wert in einer räumlichen Nähe zum Kreditgeber äußerte.

2   Räumlich-soziale Nähe als Basis des Vertrauens

Auf den folgenden Karten finden sich die mit einer Hypothek belasteten Häuser eingezeichnet, wie sie in den Liegenschaftsregistern der Stadt Trier im 15. und 16. Jahrhundert eingetragen wurden. Sie sind entsprechend der Farbe des jeweiligen Kreditgebers bunt markiert.[91] Die Karten beinhalten nur die Darlehen, die von institutionellen und korporativen Kreditgebern vergeben wurden, also von Kirchen, Klöstern, Hospitälern und Bruderschaften, die zusammen einem Marktanteil von etwa 67 % aufwiesen.

---

[90] Bruno Kuske: Die Entstehung der Kreditwirtschaft und des Kapitalverkehrs (Kölner Vorträge I), 1927, ND, in: Bruno Kuske (Hrsg.), Köln, der Rhein und das Reich, Köln 1956, S. 61-67.

[91] Die Karte im Hintergrund stammt von Richard Laufner aus dem Jahr 1958, basierend auf einer Karte der Stadt von 1706 und der Steuerliste von 1363/64. Sie ist (ganz mittelalterlich) geostet. Richard Laufner/ Hans Eichler: Hauptmarkt und Marktkreuz zu Trier. Eine rechts- und wirtschaftsgeschichtliche Untersuchung, Trier 1958.
Aus Gründen einer plastischen Darstellung sind die belasteten Häuser einzeln eingezeichnet, auch wenn ihre exakte Lage nicht immer zu bestimmen ist, sondern nur nach Straßennamen zu verorten sind. Die Häuser auf der Karte, die in direkter Nachbarschaft liegen, standen auch den Quellen gemäß nebeneinander. Ansonsten wurden die Liegenschaften auf die genannten Straßen und Gassen gleichmäßig verteilt, um eine ungewollte Ballung zu vermeiden. Die großen und dick umrahmten Objekte markieren die Lage des jeweiligen Kreditgebers aus der genannten Gruppe.

Als Beispiel für die Pfarrkirchen soll hier St. Laurentius dienen (Abbildung 1). Es ist unschwer zu erkennen, dass die Kredite hauptsächlich innerhalb des Pfarrsprengels im Südost-Teil der Stadt vergeben wurden und bis auf einen Ausreißer nicht die Nord-Süd Achse in Richtung Westen überschritten.

Abbildung 1:   Kreditsphäre von St. Laurentius

Ähnlich verhielt es sich mit den anderen Pfarrkirchen wie z. B. St. Gangolf am Hauptmarkt (Abbildung 2).
Die Pfarrkirchen bildeten für den Kreditsuchenden im jeweiligen Sprengel also einen ersten Anlaufpunkt. Dabei ist jedoch zu beachten, dass die Pfarrorganisation für Trier kaum vollständig rekonstruiert werden kann und sich Pfarrzugehörigkeit nicht rein räumlich erfassen lässt.[92] Eventuell erklärt dies auch die wenigen Ausreißer von dem ansonsten recht eindeutigen Bild, nämlich dass ein in einem anderen Viertel wohnendes Mitglied einer Gemeinde sich in seiner Pfarrkirche Kredit verschaffte. Dies kann jedoch nicht im Einzelnen nachgewiesen werden und bleibt nur eine nahe liegende Vermutung. Diese räumliche

---

[92] Hirschmann spricht in diesem Zusammenhang von einem "Mischsystem aus Territorial- und Personenverbandspfarrei"; vgl. Hirschmann, Frank G.: Civitas Sancta Religiöses Leben und sakrale Ausstattung im hoch- und spätmittelalterlichen Trier, in: Anton/Haverkamp (Hrsg.): 2000 Jahre Trier, Bd. 2: Trier im Mittelalter, Trier 1996, S. 438.

Nähe ist über die Pfarrkirchen als Zentrum der Gemeinden auch als soziale Nähe anzusprechen.

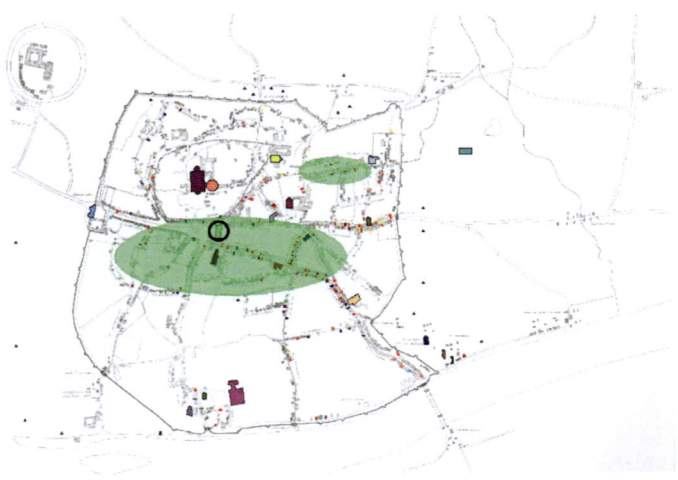

Abbildung 2:   Kreditsphäre von St. Gangolf

Aber neben diesen Kirchen als Kreditgeber treten auf dem Rentenmarkt auch die Klöster und Hospitäler auf, die inmitten der Sprengel lagen. Auch bei ihnen ist eine räumliche Nähe zu den belasteten Grundstücken unverkennbar, wie z. B. das Kloster St. Agneten und der Konvent der Karmeliter (Abbildung 3).

Abbildung 3:   Kreditsphären des Klosters St. Agneten (rechts oben) und der
                 Karmeliter (Mitte)

Das größte Einflussgebiet hatte jedoch das kommunale St. Jakobshospital
(Abbildung 4), was dessen Bedeutung als gesamtstädtischer Kreditgeber unter-
streicht.

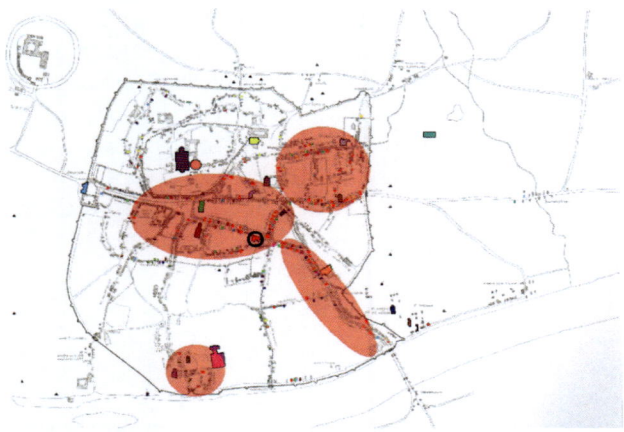

Abbildung 4:   Kreditsphäre des St. Jakobshospitals

Bei diesen Beispielen lässt sich die räumliche Nähe nicht mehr zwingend als auf sozialem Kontakt beruhende Kreditvergabe begründen, wie bei den zuvor genannten Pfarrgemeinden. In der Enge der damaligen Städte lässt sich „sozialer Kontakt" und „räumliche Nähe" natürlich nicht auseinander dividieren. Meines Erachtens nach spielt der Raum aber die größere Rolle, wie die inmitten der Pfarrsprengel gelegenen Beispiele gezeigt haben und mag letztlich auch bei den Pfarreien entscheidender sein als die Mitgliedschaft in der Gemeinde.

Das am meisten Kredite anziehende Gebiete stellten die Weberbach und die Neugasse dar (in etwa dem Einflussgebiet von St. Agneten in Abb. 3 entsprechend). Hier überschnitten sich die Sphären der Kreditgeber, namentlich St. Laurentius, St. German, St. Agneten, die Franziskaner und das St. Jakobshospital. Die Kreditnehmer hatten also die Wahl zwischen mehreren Anbietern. Dabei ist zu beobachten, dass es eine relative Bindung an denselben Kreditgeber gab. Ende des 15. Jahrhunderts wiesen bereits 22 % der Liegenschaften auf die eine neue Hypothek aufgenommen wurde, eine bereits bestehende, ältere Schuld auf. Im 16. Jahrhundert stieg die Zahl der bereits vorher belasteten Häuser auf ca. 35 %. Diese zweiten oder schon dritten Hypotheken wurden nun zu 30 bis 50 % beim selben Kreditgeber aufgenommen. Dies muss auch unter dem Aspekt der Kreditsicherung und des Gläubigerschutzes gesehen werden, da bei einer Pfändung des Hauses Streitigkeiten über den Anteil verschiedener Gläubiger bei der Fixierung auf nur einen einzigen vermieden wurde. Das Bemühen am Ende des 16. Jahrhunderts, im Insolvenzverfahren klare Regelungen für die Abstufung verschiedener Gläubiger festzulegen, legt davon Zeugnis ab.[93]

Zusammenfassend lässt sich Vertrauen also in sozialem Bezug auf die Pfarrgemeinden feststellen. Meiner Meinung nach war aber die räumliche Nähe zum Darlehensgeber von größerer Bedeutung bei der Vergabe eines Hypothekenkredits. Die relative Bindung an denselben Kreditgeber bei Zweit- oder Dritthypotheken mag zwischen diesen beiden nicht voneinander zu trennenden Aspekten vermitteln. Alle drei Punkte zusammen ergeben aber ein Bild der Kreditvergabe, das vor allem vom Gläubiger im Hinblick auf Kontrolle und Absicherung seines Darlehens gestaltet wurde.

Wie war es aber um dieses Vertrauen bestellt, wenn es zu wirtschaftlichen Krisen kam? Dieser Frage will ich nun im Folgenden nachgehen.

---

[93] Hofer, Sibylle: "So haben Wir zur Beförderung des Credits vor nöthig befunden (...)". Kreditsteuerung durch Konkursrecht in der frühen Neuzeit, in: Zeitschrift für Neuere Rechtsgeschichte, 2004, S. 177-188.

3 Wirtschaftliche Krise – Krise des Vertrauens

Studien der letzten 10 Jahre über die Grundlagen der Kreditbeziehungen in der frühen Neuzeit nennen als eine der wichtigsten Quellen für Darlehen immer wieder Institutionen und Korporationen wie Kirchen, Klöster, Hospitäler und Bruderschaften, wie sie im vorigen Abschnitt für Trier knapp vorgestellt wurden.[94] Der Marktanteil der genannten Korporationen bei der Kreditvergabe lag in Trier von 1450 bis 1600 im Durchschnitt bei 67 %, allein das Trierer St. Jakobshospital stellte in diesem Zeitraum über 17 % aller Kredite auf Immobilien bereit und war damit der größte Marktteilnehmer, in großem Abstand gefolgt von den Pfarrkirchen St. Laurentius und St. Gangolf mit jeweils ca. 5,5 %. Der hohe Anteil dieser Korporationen ist durchaus nicht ungewöhnlich. In Kiel betrug er Mitte des 15. Jahrhunderts ca. 40 %, in Buxtehude 1490 etwa 62 %.[95]

In wirtschaftlichen Krisenzeiten konnte sich der Anteil dieser Gläubiger-gruppe auf 80 oder 90, in manchen Jahrgängen sogar auf 100 % erhöhen, ein deutliches Zeichen dafür, dass sich private Anleger ganz vom Hypotheken-kreditmarkt zurückzogen.

Für Trier lässt sich dabei folgende Tendenz beobachten:

Zu Beginn der Krisenzeit steigt die Zahl der Kreditnehmer stark an, die durchschnittlichen Kreditsummen sinken und werden fast nur noch von Institutionen und Korporationen bereitgestellt.

Als Beispiel sollen hier die beiden Jahrzehnte vor und nach 1500 angeführt werden, als zunächst eine Seuche in Trier grassierte, mit deren Folgen die städtische Wirtschaft aber noch 1520 zu kämpfen hatte.[96] Dass es zu massiven Problemen gekommen ist, zeigt sich deutlich an den stärksten Einbrüchen bei den Zinszahlungen im gesamten Untersuchungszeitraum,[97] den Klagen des Hospitals an den Bischof darüber, sowie dessen Unterstützung bei der Ein-treibung der Schulden.[98] Begleitet wurde die Zahlungsunfähigkeit der Schuldner

---

[94] Mark Häberlein: Kreditbeziehungen und Kapitalmärkte vom 16. bis zum 19. Jahrhundert, in: Jürgen Schlumbohm (Hrsg.), Soziale Praxis des Kredits. 16.-20. Jahrhundert, (Veröffentlichungen der historischen Kommission für Niedersachsen und Bremen, Bd. 238), Hannover 2007, S. 43f.

[95] Eberhard Isenmann: Die deutsche Stadt im Spätmittelalter 1250 bis 1500. Stadtgestalt, Recht, Stadtregiment, Kirche, Gesellschaft, Wirtschaft, Stuttgart 1988, S. 386.

[96] Michael Matheus: Trier am Ende des Mittelalters. Studien zur Sozial-, Wirtschafts- und Ver-fassungsgeschichte der Stadt Trier vom 14. bis 16. Jahrhundert (= THF Bd. 5), Trier 1984, S. 284ff.

[97] auch Kentenich konstatiert einen wirtschaftlichen Niedergang um das Jahr 1500 und berichtet auch von Zinsausfällen der Pfarrei St. Gangolf. Gottfried Kentenich: Geschichte der Stadt Trier. Von ihrer Gründung bis zur Gegenwart, Trier 1915, S. 288.

[98] Johann Christian Lager: Regesten der Urkunden des ehemaligen St. Jakobshospitals in Trier bis 1769 (Trierisches Archiv Ergh. 14), Trier 1914,Regest Nr. 394 (1502 XII 6) und Nr. 433 (1512 I 2).

des Hospitals von mehreren Häuserpfändungen. Im Jahre 1503 wurde gegen knapp 80 Schuldner allein des Hospitals ein gerichtliches Verfahren angestrengt, 23 davon erfolgreich.[99] In dieser Zeit stieg die Nachfrage nach Krediten sprunghaft an von durchschnittlich 12 Schuldnern auf nun 24 im Mittel dieser Jahre, die nachgefragten bzw. gewährten Darlehen fallen im Schnitt von 100 auf 50 Gulden. Die Kreditvolumina wurden demnach kleiner und auch nur noch in 10 % der Fälle für eine Immobilienfinanzierung verwendet (sonst im Mittel des 15. und 16. Jahrhunderts etwa 20 %). Diese Darlehen sind somit als Überbrückungskredite in einer Krisenzeit anzusprechen. In dieser Zeit nun machen die Kirchen, Klöster, Bruderschaften und die Hospitäler über 85 % der Kreditgeber aus.

An dieser Stelle lässt sich Vertrauen dort greifen, wo es verlustig geht. Der erhöhten Nachfrage stehen auf der Angebotsseite fast keine privaten Kreditgeber mehr gegenüber. In so fern erfüllen die von den geistlichen Institutionen und dem Hospital gewährten Darlehen durchaus sowohl eine soziale als auch wirtschaftspolitische Funktion. Die lange Dauer der Krise jedoch überforderte langfristig auch diese, wie die massiven Pfändungen und der 1512 erneut gewährte Rechtsbeistand der Bischofs zugunsten des Hospitals belegen. Im Jahr 1511/12 sank denn auch der Umsatz der Kredite auf nur noch 532 Gulden und damit auf eine der niedrigsten Stände im Untersuchungszeitraum.

Vor allem der Rückgang der privaten Kredite deutet auf ein mangelndes Vertrauen in den Rentenmarkt an sich hin. Aber es lässt sich auch beobachten, wie sich zwischen Gläubigern und Schuldnern ein Misstrauen ausweitet. Einer der angeklagten Schuldner, der Eidam des Nikolaus Schlosser, verweigerte 1503 seine seit 3 Jahren überfälligen Zinsen mit der Begründung, dass er mit Brief und Siegel bestätigt sehen wolle, dass er überhaupt einen Zins schulde. Der Zinsmeister des Hospitals konterte damals mit der Vorlage mehrer Register.[100] Bereits 1463/64, in einer ähnlich angespannten Situation mit etlichen Gerichtsverfahren, nutzten einige Schuldner den Tod des Zinsmeisters aus und verweigerten dem neuen Amtsträger die Zahlungen mit dem Hinweis, sie hätten ihren Teil bereits bei seinem verstorbenen Vorgänger abgeliefert.[101] Die Aufgabe des Zinsmeisters war generell eine recht undankbare, da er persönlich für die Zinszahlungen haftete. Dies erhöhte indirekt natürlich den Verfolgungsdruck auf die Schuldner und machte den Zinsmeister mit Sicherheit zu einer der unbeliebtesten Personen in der Stadt. Dem Rat musste er jedes Jahr das gesamte

---

Darin wird angeordnet, dass der Stadtschultheiß dem Hospital einen Gerichtsboten zur Verfügung stellen soll, um die ausstehenden Schulden innerhalb von 6 Wochen einzutreiben.

[99] Stadtarchiv Trier, DVH Nr. 17, Zinsmeistereirechnung (ZMR) 1503/04, folio 7r-10v.

[100] Ebd., ZMR 1503/04, folio 8r.

[101] Ebd., ZMR 1463/64, folio 10r.

Zinsregister verrechnen, ob er die Zinsen eingenommen hatte oder nicht. Die so aufgelaufenen Schulden wurden üblicherweise jedes Jahr weitergeführt, jedoch in der angesprochenen Krise wurde der Zinsmeister 1505 vom Stadtrat dazu gezwungen, selbst eines seiner Häuser wegen der Zinsschuld in den Registern zu verpfänden.[102] Eine Rechnung von 1567/68 belegt, dass er zum Teil erst nach Jahren die Zinsen eintreiben konnte. Für das genannte Jahr lieferte er die letzte Rate erst 1573 ab, wobei ihm der Rat sogar einen Teil erlassen hatte, wegen seiner „vilfaltig gehapter arbet".[103] Auch der Mensch des ausgehenden Mittelalters, so schrieb Bruno Kuske (und die frühe Neuzeit bildete keine Ausnahme) „überforderte, fälschte, schwor Meineide, hinterzog Steuern und Zölle, – er nahm leichtsinnig Kredit und suchte seinen Gläubiger zu benachteiligen, und er wucherte".[104]

Weniger wegen betrügerischer Absichten, sondern bei besonders schweren Fällen von Armut, setzte der Stadtrat ein Gremium aus Schöffen und Schultheiß zur Überwachung des Schuldners ein. So saß die Witwe des Messerschmieds Bartholomäus von Saarburg bei dessen Tod auf einer Schuld von 50 Gulden, die auf ihrem Haus in der Neugasse lastete und aus der Zeit vor 1530 stammte. Sie bekundete, dass ihr Mann lange Zeit krank gewesen und schließlich verstorben sei, weshalb sie nun mit ihren vielen minderjährigen Kindern in Schulden und Armut lebe. Nur mit Zustimmung der Schöffen durfte sie 1530 einen weiteren Kredit von 25 Gulden aufnehmen, gefolgt von weiteren 50 Gulden im Jahre 1533 und nochmals 25 Gulden zwei Jahr später, stets unter besonderer Zustimmung der „ordinarien in diesem fall".[105] Ihr weiteres Schicksal ist leider nicht bekannt, aber im nächsten überlieferten Zinsregister 1539 taucht das Haus bereits als Eigenbesitz des Hospitals auf, wo es für 8 Gulden jährlich vermietet wurde. Der Mietpreis überstieg also den zuletzt gezahlten Kreditzins von 6 Gulden. Daher kann man davon ausgehen, dass dieses Haus weit mehr wert war, als die zuvor geleisteten Darlehen. Das auf den ersten Blick karitative Verhalten kann man so auch als gesteuerte Überschuldung interpretieren. Der Kreditgeber konnte nicht verlieren, solange das Gut seinen Wert behielt und dies war mit Sicherheit eine der Aufgaben des eingesetzten Gremiums in diesem Fall. Auf eine ähnliche Weise gelangte das Hospital zum Beispiel auch in den Besitz einer für seinen Betrieb wichtigen Badestube oder aber zum umfangreichen Grundbesitz des Hofes Geißberg außerhalb der Stadt.

---

[102] Ebd., ZMR 1505, folio x1r.
[103] Stadtarchiv Trier, DVH Nr. 20, ZMR 1567, folio 52v.
[104] Kuske, Kreditwirtschaft, S. 53.
[105] Lager, Regesten SJH, Nr. 447 (1517 VII 13), Nr. 534 (1530 VI 25), Nr. 550 (1533 VIII 25) und Nr. 563 (1535 VI 26), sowie Stadtarchiv Trier, TA 1/3, Liegenschaftsregister 1532/33, 51v ("pauperitate") und 1534/35, 82r ("penuria pressa"); Stadtarchiv Trier, HS 2344/2286 "Schwarzes Buch", folio 495r und 544r.

Vertrauen in der Krise offenbart sich also vor allem durch dessen Abwesenheit. Auf der einen Seite schwindet das Vertrauen der privaten Anleger auf dem Kreditmarkt, was zu Beginn der eben vorgestellten Krise noch ein Mal durch Kirchen und Hospital abgefedert werden konnte. Auf der anderen Seite ist ein Vertrauensverlust im Verhältnis von Gläubiger und Schuldner zu konstatieren, auf die das Hospital bzw. die Stadt zum Teil rigoros und repressiv reagierte, auf jeden Fall aber einen Nutzen daraus zog.

Auch hier wird deutlich, wie sehr die Kreditbeziehung letztlich doch nur vom Kreditgeber diktiert wird. Es handelt sich um eine Beziehung, die vielleicht wie keine andere Machtverhältnisse sichtbar werden lässt. In so fern teile ich auch die Kritik von Dorothea Weltecke und ihr Unverständnis darüber, „dass Vertrauen sozialwissenschaftlich selten im Zusammenhang mit Macht, sondern stattdessen als eine Alternative zur Machtausübung betrachtet wird".[106]

Zwar hebt schon Niklas Luhmann die „Vertrautheit der Vertrauensperson" als wichtigen Faktor hervor, schränkt aber ein, dass man diesen Aspekt auch nicht überschätzen dürfe. Vielmehr stelle vor dem Hintergrund der Gewinn- und Verlustrechnung beider Partner die Rechtsordnung „eine unentbehrliche Grundlage [...] dar und entlastet damit das Risiko der Vertrauensgewähr".[107] Und für Rolf Sprandel hängt sogar das „ganze Rentenwesen, vor allem die [...] Gläubigersicherung dieser Kreditform mit dem Aufkommen der öffentlichen Schriftlichkeit in den Städten und des öffentlichen Glaubens der Stadtbücher [...] zusammen. Gerade „der städtische Rentenmarkt [war] tief eingefügt in das Funktionieren der staatlichen und gesellschaftlichen Ordnung des Spätmittelalters".[108]

Wo bleibt also angesichts der vorgestellten Ergebnisse und dieser kritisch herangezogenen Stimmen Platz für das Vertrauen? Dazu will ich jetzt in meinem letzten Punkt versuchen eine Antwort zu geben.

4   Ausblick

Zunächst sollten wir uns mit Mark Granovetter vor der Gefahr einer über-, aber auch einer untersozialisierten Betrachtungsweise hüten.[109] Von Faktoren wie der

---

[106] Dorothea Weltecke: Gab es "Vertrauen" im Mittelalter? Methodische Überlegungen, in: Ute Frevert (Hrsg.): Vertrauen. Historische Annäherungen, Göttingen 2003, S. 89.
[107] Niklas Luhmann: Vertrauen. Ein Mechanismus der Reduktion sozialer Komplexität, Stuttgart ⁴2000, S. 40f.
[108] Sprandel, Rentenmarkt (wie Anm. 5), S. 16 und S. 23.
[109] Mark Garnovetter: Ökonomisches Handeln und soziale Struktur. Das Problem der Einbettung, in: Hans-Peter Müller / Steffen Sigmund (Hrsg.): Zeitgenössische amerikanische Soziologie, Opladen

Zugehörigkeit zu einer Pfarrgemeinde oder zur selben Zunft, ja sogar Verwandt-schaft sollte nicht automatisch auf Vertrauen geschlossen werden. Umgekehrt handeln die Menschen aber auch nicht blind nach Marktgesetzen, also voll-kommen untersozialisiert.

Die Grenzziehung zwischen beiden Extremen gestaltet sich aber sehr schwierig. Um dieses Problem zu umgehen und gleichzeitig dem Konzept des Vertrauens einen Platz zuzuweisen bietet sich das an, was Luhmann das „Systemvertrauen" genannt hat, „wo Menschen sich mit der Verbindlichkeit für Dritte über ein Selbes verständigen können".[110] Der Dritte das ist hier die von beiden Vertragspartnern (wohl oder übel) respektierte Rechts- und Gesell-schaftsordnung. Der eben erwähnte zahlungsunwillige Schuldner ist dafür ein gutes Beispiel: Man solle ihm Brief und Siegel für seine Schuld vorlegen, d.h. er misstraute zwar dem Zinsmeister des Hospitals, nicht aber den rechtlichen Rahmenbedingungen. Hier kann auch der bisher vernachlässigte Faktor Macht mit ins Spiel gebracht werden, der diese Bedingungen schafft, ohne gleichzeitig auf Faktoren wie „Soziales Kapital" zu verzichten. Vor diesem Hintergrund lohnt sich die Beschreibung zum Beispiel eines Kreditmarktes im Sinne der Neuen Institutionen Ökonomik (NIÖ)[111], die sich vom klassischen Wirtschafts-modell á la Adam Smith und der „unsichtbaren Hand" des Marktes vor allem darin unterscheidet, dass er die Rolle der institutionellen Rahmenbedingungen hervorhebt, die gerade das Vertrauen schaffen, welches den Markt erst möglich macht. Dieser Ansatz wurde bereits von Stefan Gorißen vorgeschlagen, der Ver-trauen in drei Dimensionen differenzierte: Vertrauen in die übergreifenden Normen und ihrer formalen Institutionen, gefolgt von dem Vertrauen in den erweiterten Institutionenbegriff der NIÖ, der auch informelle Verhaltensmuster wie Sitten und Gebräuche erfasst und schließlich das persönliche Vertrauen zwischen den Vertragspartnern.[112] Das Verhältnis zwischen diesen drei Di-mensionen gestaltet sich je nach untersuchtem Markt und dessen Teilnehmern immer wieder anders. Wie bereits angedeutet hatte das persönlichen Vertrauen bei Hypothekenkrediten (zumal innerhalb derselben Stadt) einen geringeren

---

2000, S. 175-207, besonders S. 181; Original in: American Journal of Sociology, 91 (1985), S. 481-510.

[110] Luhmann, Vertrauen, S. 66.

[111] Hier seien einige Beispiele angeführt. Stefan Voigt: Institutionenökonomik. München 2002; Rudolf Richter / Eirik G. Furubotn: Neue Institutionenökonomik. Eine Einführung und kritische Würdigung, 3. überarb. u. erw. Auflage, Tübingen 2003; Clemens Wischermann / Anne Nieberding: Die institutionelle Revolution. Eine Einführung in die deutsche Wirtschaftsgeschichte des 19. und frühen 20. Jahrhunderts (Grundzüge der modernen Wirtschaftsgeschichte Bd. 5), Stuttgart 2004.

[112] Stefan Gorißen: Der Preis des Vertrauens. Unsicherheit, Institutionen und Rationalität im vor-industriellen Fernhandel, in: Ute Frevert (Hrsg.): Vertrauen. Historische Annäherungen, Göttingen 2003, S. 112-115.

Stellenwert als beispielsweise die Kredite zwischen Fernhandelskaufleuten, was sich aus der besonderen Pfandsetzung einer Immobilie ableiten lässt. Für eine Stadt am Übergang zur frühen Neuzeit gewinnt aber die Frage nach dem Vertrauen in die formalen Institutionen und ihrer Legitimität an Gewicht, da es immer wieder zu innerstädtischen Machtkämpfen, Autonomiebestrebungen und Konfessionskonflikten kommen konnte. Dass solche Ansätze der NIÖ nicht nur in der Auseinandersetzung „industrielle" vs. „institutionelle" Revolution für das 19. Jahrhundert fruchtbar sein können, sondern auch zur Analyse vorindustrieller Epochen herangezogen werden können (wie Clemens Wischermann es vorschlägt)[113], soll hier nur in einigen Fragen als Anregung angedeutet werden.

Stellte nicht zum Beispiel die Einführung der Liegenschaftsregister eine Informationsquelle für Gläubiger dar, welches das Risiko vor einer Überschuldung des Schuldners zumindest minimierte? Was sind die bei diesen Eintragungen anfallenden Gebühren anderes als Transaktionskosten zur Marktnutzung? Oder die Ende des 16. Jahrhunderts immer differenzierter werdenden Regelungen zum Gläubigerschutz bei Insolvenzverfahren? Information, Risikominimierung, Transaktionskosten, externe Institutionen, Marktkontrolle usw. Mit solchen Begriffen verbindet die Neue Institutionen Ökonomik die immer noch allzu oft getrennt wahrgenommen Bereiche von Staat und Wirtschaft. Stärkten die genannten Maßnahmen nicht das Vertrauen der Marktteilnehmer auch und gerade im Hinblick auf die Kreditvergabe?

An dieser Stelle lässt sich meines Erachtens ein Konzept von Vertrauen erarbeiten, weniger als ein letztlich nur vermutetes Vertrauen auf Grund von überbewerteten Attributen wie Verwandtschaftsbeziehungen, sondern verstanden als ein Prozess vertrauensbildender Maßnahmen. Ich denke wir können Vertrauen nicht wirklich und ernsthaft messen, weder heute und schon gar nicht in vergangenen Jahrhunderten, aber wir können menschliches Handeln beobachten, das darauf ausgerichtet ist, Vertrauen zu schaffen.

---

[113] Clemens Wischermann: Vom Gedächtnis und den Institutionen. Ein Plädoyer für die Einheit von Kultur und Wirtschaft, in: Eckart Schlemmer (Hrsg.): Wirtschafts- und Sozialgeschichte. Gegenstand und Methode, Stuttgart 1998, S. 21-33.

Rheingraf Carl Magnus von Grehweiler – Ein hochadliger Verschwender des 18. Jahrhunderts

Franz Irsigler

Dass es mit den finanziellen Grundlagen der Landesherrschaft in den großen, mittleren und kleinen Territorien des Reiches trotz bemerkenswerter Anstrengungen zur Wirtschaftsförderung im Rahmen merkantilistischer Politik nicht zum Besten stand, ist allgemein bekannt, auch wenn es bei der Aufarbeitung der Wirtschaftsgeschichte der mittleren und kleinen Territorien für die Zeit nach dem langen kriegerischen 17. Jahrhundert noch sehr viel zu tun gibt.[114] Besonders negativ musste sich auswirken, wenn zu strukturell schwachen Rahmenbedingungen – etwa Randlage, schlechte Verkehrswege, geringer Bodenertrag, fehlende Bodenschätze, unzureichende Landes- und Wirtschaftsverwaltung, Kleinheit und fehlende Geschlossenheit des Territoriums – auch Unfähigkeit und persönliches Versagen auf der Ebene der Regierenden und ihres Hofes kam, vor allem eine den Ressourcen des Landes nicht entsprechende und damit seine Substanz gefährdende Lebensweise. Gefährdet waren offenbar vor allem kleine reichsfreie Grafschaften, deren Inhaber sich wegen ihres Ranges als Reichsstand zu demonstrativem Konsum, Luxus und verschwenderischer Lebensweise gedrängt sahen.

Zu diesen „Fürsten im Duodezformat" zählte auch Rheingraf Carl Magnus (1718-1793), der von 1740/46 bis 1775 die Reste der Rheingrafschaft regierte; sein Kleinterritorium bestand nur noch aus acht Dörfern im Nordpfälzer Bergland zwischen Kirchheimbolanden und Bad Kreuznach: Grehweiler (heute Gaugrehweiler), Wendelsheim, Münsterappel, Obersaulheim, Stein-Bockenheim, Eichloch (heute Rommersheim), Oberhausen und (Bad) Münster am Stein. Dazu kam Streu- und Teilbesitz in etwa 30 weiteren Orten an der mittleren und oberen Nahe sowie der Saar.[115] In der zweiten Hälfte des 18. Jahrhunderts dürfte der

---

[114] Einen immer noch gültigen Überblick bietet *Hassinger*, Politische Kräfte und Wirtschaft 1350-1800, in: Aubin/Zorn, Handbuch der deutschen Wirtschafts- und Sozialgeschichte, Bd. 1, 1971, S. 608-657. Für den rheinischen Raum vgl. *Braubach*, Vom Westfälischen Frieden bis zum Wiener Kongreß (1648-1815), in: Petri/Droege, Rheinische Geschichte, Bd. 2: Neuzeit, 1976, S. 219-365, bes. S. 311 (negative Wirkungen der territorialen Zersplitterung).

[115] *Brandt*, Einleitung zu Friedrich Christian Laukhard, Leben und Thaten des Rheingrafen Carl Magnus, 1798, Nachdruck 2006.

Reinertrag der Grafschaft bei ca. 60.000 rhein. Gulden gelegen haben. Die von den im Hochmittelalter mächtigen Grafen des Nahegaus hergeleitete Familie der Wild-, Rau- und Rheingrafen hatte dem Druck der mächtigen Nachbarn Kurmainz und Kurpfalz nicht standhalten können. In der Neuzeit war sie aufgeteilt in die Linien Salm, Kyrburg, Dhaun, Grumbach und Rheingrafenstein. Nach der Zerstörung der namengebenden Burg Rheingrafenstein 1699, die nicht wieder aufgebaut wurde, residierte die Linie Rheingrafenstein in Grehweiler.[116]

Der letzte Rheingraf von Grehweiler hätte es in den Geschichtsbüchern allenfalls zu einer Fußnote gebracht, hätte er nicht einen sehr gut informierten, aber von tiefer Abneigung gegen ihn erfüllten Biographen gefunden, den aus Wendelsheim stammenden, vor allem in Halle tätigen Universitätsdozenten Friderich Christian Laukhard (1757-1822). Er veröffentlichte 1798, also wenige Jahre nach dem Tod des Grafen, die historisch-satirische Schrift: „Leben und Thaten des Rheingrafen Carl Magnus, den Joseph II. auf zehn Jahre ins Gefängnis nach Königstein schickte, um da die Rechte der Unterthanen und anderer Menschen respectiren zu lernen. Zur Warnung für alle winzige Despoten, Leichtgläubige und Geschäftsmänner geschildert". Soweit Laukhard nicht eigene Erfahrungen aus seiner Schüler- und Studentenzeit verarbeiten konnte, dienten ihm als Gewährsleute sein Vater, ein tüchtiger und hoch gebildeter lutherischer Pfarrer in dem nur wenige Kilometer von Grehweiler entfernten Wendelsheim, und über die Vorgänge am Hof der gräfliche Hofrat Kremer und der Archivrat Dautel, dessen Tochter Laukhards Mutter war. Unser Autor bezeichnete seine Quellen als „testimonia omni exceptione majora".[117] Dennoch wird man auch bei seinem Vater, der durch einen von Bediensteten des Grafen 1764 gegen ihn angestrengten Prozess schwere wirtschaftlichen Schaden erlitt und zu den schärfsten Kritikern seines Landesherrn gehörte,[118] ein hohes Maß an Voreingenommenheit annehmen müssen und daher Laukhards Bericht nur mit der gebotenen kritischen Vorsicht lesen.

Andererseits besteht kein Zweifel, dass der Rheingraf Carl Magnus bis zum Beginn der 1770er Jahre sein Land so heruntergewirtschaftet und so hoch durch Kredite belastet hatte, dass die Hauptgläubiger beim Reichskammergericht in Wetzlar ein Konkursverfahren gegen ihn einleiteten und sich auch der Reichshofrat in Wien mit seinen Verfehlungen befasste, was schließlich zur Absetzung des Grafen und der Verhängung der Festungshaft führte. Die von Laukhard be-

---

[116] *Fabricius*, Erläuterungen zum Geschichtlichen Atlas der Rheinprovinz, Bd. 2: Die Karte von 1789. Einteilung und Entwicklung der Territorien von 1600 bis 1794, 1898, S. 464-479; *Schneider*, Geschichte des Wild- und Rheingräflichen Hauses, Volkes und Landes auf dem Hundsrücken, 1854, Buch 10.6: Tolle Wirthschaft des Rheingrafen Karl Magnus von Grehweiler in Grehweiler, S. 268-270. Conrad Schneider war Pfarrer und Rektor in Kirn.

[117] *Laukhard* (Fußn. 2), An die Leser! (unpaginiert).

[118] Ebenda und S. 97; Laukhard hat auch eine Biographie seines Vaters verfasst.

nutzten „Regensburger Merkwürdigkeiten" für das Jahr 1775 zitierten aus dem Ultimatum Kaiser Joseph II. vom 21. Juli 1775: „Daß der Rheingraf wegen seiner groben Verbrechen die höchste Strafe zwar verdient habe, daß aber der Kaiser in Rücksicht seines alten und ehrwürdigen Hauses die Strafe dahin mildern wolle, daß derselbe wegen eingestandener schändlicher Betrügereyen, unverantwortlichen Misbrauchs der landesherrlichen Gewalt, und vielfältig begangener, befohlner und zugelaßner Fälschungen zehn Jahre lang auf einer im römischen Reiche gelegenen Festung in peinlichen Haften zu halten, der bisher genossenen Competenz gänzlich zu priviren und statt derselben ihm nichts als der höchst nothwendige Unterhalt aus seiner Concursmasse abzureichen sey."[119] Das skandalöse Verhalten des Rheingrafen und das ohne Zustimmung der übrigen Reichsstände ergangene und auch vollstreckte Urteil des Kaisers waren also reichsbekannt. Laukhard konnte sich an das halten, was um 1775 in den mittleren Rheinlanden Tagesgespräch war.

Es spricht – bei aller Neigung zu höhnischem Spott und satirischer Übertreibung – für das Bemühen Laukhards um Objektivität, dass er die Schuld für den Ruin der Rheingrafschaft nicht allein in der Person des Grafen suchte, sondern in erheblichem Maße unzureichende Ausbildung zum Regierungsamt und skrupellose, nur auf den eigenen Vorteil bedachte Ratgeber für die Fehlentwicklung verantwortlich machte.[120] Resümierend schrieb er im letzten Kapitel des Buches: „Das Unglück wollte, daß er einen Herrenhuterischen Vater hatte, und einen schlechten Hofmeister, daß also seine Erziehung erbärmlich ausfiel, seine Einsicht beschränkt blieb, und seine Sinnlichkeit herrschend ward, endlich über alle Gränzen des Rechts und der Pflicht hinaus. Dazu kamen schlechte Leute, die bei seiner Prachtliebe, seine Ratgeber in seiner Regierung und Verschwendung wurden. Ohne diese hätte er immer ein erträglicher Regent werden können."[121]

Immerhin, der 1718 zu Grehweiler geborene Sohn des Rheingrafen Johann Karl Ludwig lernte bei einer am Hof als Gouvernante beschäftigten französischen Hochstaplerin mit ausnehmend hübscher Tochter[122] – später eine der Mätressen des Carl Magnus – doch mehr als jenes „winzig Bissel Französisch",

---

[119] *Laukhard* (Fußn. 2), S. 174f.
[120] Ähnlich urteilte auch *Schneider* (Fußn. 3), S. 268: „Der … Rheingraf Karl Magnus stand vor seiner Volljährigkeit unter der Vormundschaft seines mütterlichen Oheims. Hätte er, zur Herrschaft gekommen, unter einem kräftigen, umsichtigen Manne stehen müssen, oder hätte er weniger Leichtsinn gehabt, der mit welscher Liederlichkeit in ihm gepaart vorkam, es wäre für ihn und das Land besser gewesen. […] Die Cameralbeamten waren selbstsüchtig und gewissenlos genug, dem Aufwande des verschwenderischen Rheingrafen volle Zügel schießen zu lassen."
[121] *Laukhard* (Fußn. 2), S. 200.
[122] Ebenda, S. 4-7; die angebliche Marquise war die Witwe eines Fleischers bei einem Invaliden-Korps in Frankreich. Zur Tochter Gogo auch S. 22-25 und 126.

das, so Laukhard, neben den Hauptkennzeichen Impertinenz, Unwissenheit, Grobheit und Zügellosigkeit[123] einen hochadeligen jungen Herrn von einem Bürgerlichen unterschied. Diese Französischkenntnisse und mitgebrachte Geldmittel erlaubten Carl Magnus den Eintritt in den französischen Militärdienst. Anders als sein draufgängerischer Bruder Ludwig, der es im aktiven Dienste Frankreichs bis zum Maréchal de Camp brachte, erhielt er zwar eine Offiziersstelle und eine Kompanie beim Régiment Royal Allemand; im Feldzug Frankreichs gegen Karl VI.[124] verdrückte sich der höchstens 17jährige Jungoffizier zunächst in die Bäder von Spa, um seine Gicht zu kurieren;[125] wenig später erwies er sich bei neuen Kampfhandlungen als so feige und pflichtvergessen, dass ihn Feldmarschall Graf von Sachsen inhaftieren ließ und Rheingraf Johann Karl Ludwig die unehrenhafte Entlassung seines Sohnes aus dem französischen Dienst nur durch Zwangsrekrutierung eines Trupps rheingräflicher Untertanen abwenden konnte. Der „Verkauf" von Soldaten war in den Kleinterritorien des Südwestens gängige Praxis. Der Preis lag nach Laukhard bei 40-50 Gulden pro Person.[126]

Bis 1740, als sein Vater am Schlagfluss starb, durfte oder musste Carl Magnus bei der französischen Armee bleiben. Als inaktiver Offizier erhielt er aber weiterhin Sold und wurde regelmäßig befördert; um 1778 – er saß schon drei Jahre in der Haft zu Königstein – verlieh ihm Ludwig XVI. gnadenhalber auch noch den Titel eines Maréchal de Camp samt der damit verbundenen Pension.[127] Aus der kurzen Begegnung mit dem französischen Militärwesen stammte wohl Carl Magnus' Wertschätzung des Chausseebaus und der Kartographie. Aus der Konkursmasse des Grafen kam 1775 auch ein umfangreiches Atlaswerk für wenige Gulden unter den Hammer.

Unmittelbar nach seinem Regierungsantritt[128] ließ Carl Magnus das alte Grehweiler Schloss, in dem sein Vater einen angemessen kleinen Hofstaat unterhalten hatte, abreißen und für mehr als 180.000 Gulden, das Dreifache der herrschaftlichen Jahreseinkünfte, ein neues großes Schloss bauen, das, so Laukhard, an Eleganz sogar die Residenzschlösser des Landgrafen von Hessen-Darmstadt und des Kurfürsten zu Mainz übertraf. Den Baumeister nennt er leider nicht. Ob er übertrieben hat, lässt sich nicht mehr nachprüfen; denn das Schloss wurde kurz nach 1795 von den französischen Truppen zerstört und zur „Eulen-

---

[123] Ebenda, S. 3.
[124] Es handelte sich wohl um den Polnischen Thronfolgekrieg von 1733-35.
[125] *Laukhard* (Fußn. 2), S. 10-13.
[126] Ebenda, S. 14f. mit Fußn.
[127] Ebenda, S. 16 u. 186.
[128] *Laukhard* (Fußn. 2), S. 25, gibt hierfür das Jahr 1744 an, ist sich aber nicht sicher. Das Jahr 1740 nennt der zuverlässige *Fabricius* (Fußn. 3), Stammbaum nach S. 466.

Residenz" gemacht.[129] Dabei dürften auch Baupläne und Rechnungen mit dem gräflichen Archiv verloren gegangen sein.

Der Schlossbau entsprach dem im Barockzeitalter weit verbreiteten Grundsatz: „Le luxe est une chose très très nécessaire". Eine Residenz, die den Glanz eines hochadeligen Hauses repräsentierte, konnte neben dem Ansehen auch die Kreditwürdigkeit seines Besitzers steigern. Das erlaubte dem Rheingrafen neben Baumaßnahmen in Grehweiler, Oberhausen und Wendelsheim auch die teure Anlage eines französischen Gartens mit Wasserkünsten und Werken der Bildhauerkunst auf einem Stück Ödland in der Nähe des Schlosses und schließlich den Bau einer sehr gut ausgestatteten Orangerie im Wert von etwa 20.000 Gulden.[130] Finanzierbar waren – zu Lasten der Untertanen – die Ausgaben des Grafen für den Chaussee-Bau im Grehweilerischen, mit dem hier früher begonnen wurde als in den rheinischen Kurfürstentümern. Aber, so kritisiert Laukhard, es sei unrecht gewesen, „daß der Graf zur Verbesserung der Wege, und zur Anlage einer Chaussee von seinen Unterthanen erst Geld forderte, und hernach eben diese Unterthanen dennoch zwang, die Wege obendrein selbst zu machen."[131]

Minderung der in kurzer Zeit beträchtlich angewachsenen Schuldenlast erhoffte sich Carl Magnus durch die Heirat mit der nicht gerade hübschen – als „herzlich garstig von Angesicht" bezeichnete sie Laukhard[132] – , aber reichen lothringischen Gräfin Jeannette von Püttlingen. Die selbstbewusste und in Finanz- und Haushaltsdingen dem Grafen weit überlegene Jeanette überließ ihrem Gatten tatsächlich eine beträchtliche Summe, jedoch nur als Darlehen zu 6 % Zinsen, hypothekarisch abgesichert durch die Mehrzahl der Domänen des Grafen. Diese Sicherung ihres Vermögens, vor allem als Heiratsgut für die beiden aus der Ehe hervorgegangenen Töchter, gelang der Gräfin auch beim Konkurs und der Absetzung des Grafen 1775.[133]

Dass der Rheingraf trotz des innerfamiliären Darlehens weiter über seine Verhältnisse lebte und daher immer auf der Suche nach neuen Geldquellen war, wird man Laukhard abnehmen können. Ob der Verzicht auf den Vollzug der öffentlichen Kirchenbuße gegen ein „gewisses Geld an die gräfliche Kammer" und die Beibehaltung des Bastard-Fallzinses auf Häuser, in denen uneheliche Kinder geboren wurden, viel einbrachten,[134] wissen wir nicht. Nicht überprüfbar ist auch der Vorwurf Laukhards, Carl Magnus habe eine von der Rheingrafschaft

---

[129] *Laukhard* (Fußn. 2), S. 25f.
[130] Ebenda, S. 27; zum Wert der Orangerie S. 124.
[131] Ebenda, S. 28.
[132] Ebenda, S. 28; zum Kredit S. 29.
[133] Ebenda, S. 169.
[134] Ebenda, S. 32.

aus in den Nachbarterritorien tätige Räuberbande begünstigt, in seinem Herr-
schaftsgebiet aufgegriffene Räuber nach Konfiskation eines Teils ihres Vermögens wieder freigelassen und „auf diese infame Art einen offenbaren Antheil
an ihrem Rauben" genommen.[135]

Als Beweis für die „unsinnige Verschwendung" des Rheingrafen nennt
Laukhard die mit hohen Ausgaben verbundene Aufblähung des früher recht
bescheidenen Hofstaates: „Sollte man glauben, daß ein Graf, wie der Unsrige,
der nur 60,000 Gulden Einkünfte hatte, einen Marstall von hundert zwanzig
Pferden, eine Bande Hofmusikanten, Husaren, Heiducken, ein Marionettenspiel,
worauf sechs Personen besoldet wurden, die auch zu Zeiten Schön-Schattenspiel
an der Wand machen mußten, Laufer, Mohren und was solcher Leute mehr ist,
wie ein großer Fürst unterhielt?"[136] Man muss die Zahl von 120 Pferden nicht
glauben, aber dass der Hof zu Grehweiler seinen Gästen eine Menge Unter-
haltung bot, scheint sicher zu sein.

Um 1750 ließ sich Carl Magnus von einem Betrüger namens Fuchs ein-
reden, dass einige Berge seines Ländchens Erz, Silber und Gold führten, was
nicht ganz unwahrscheinlich war, weil in Hunsrück und Nordpfalz tatsächlich
Eisen, Kupfer und Quecksilber gewonnen wurden[137] und der Rheingraf zumindest aus dem Quecksilberbergwerk zu Münsterappel, unweit von Grehweiler,
reiche Zehnteinkünfte erzielte.[138] Nach der überstürzten Flucht des Herrn Fuchs
ließ der Graf „die Idee, aus Bergwerken Geld zu gewinnen", durch den Projekt-
fabrikanten Haberkorn als Bergmeister des Ländchens weiterführen, der, obwohl
alle Probegrabungen erfolglos waren, durch die Hofjuden des Grafen Berg-
werksanteile (Kuxen) zum Preis von 4-600 Gulden an reiche Kauflustige in

---

[135] Ebenda, S. 33f.

[136] Ebenda, S. 36. Zum Luxus der rheinischen Fürsten, die Carl Magnus nachahmte, vgl. *Braubach*
(Fußn. 1), S. 285: „Daß das rauschende höfische Leben, das von großen und kleinen Potentaten am
Rhein nach dem bewußten Vorbild des Sonnenkönigs in Versailles verwirklicht wurde, seine bösen
Schattenseiten hatte, kann nicht bestritten werden. [...] Immer wieder staunten Besucher und Be-
obachter über das Gepränge und den Luxus, der hier entfaltet wurde, und wenn manche sich in
unterwürfiger Bewunderung nicht genugtun konnten, so regte sich bei andern doch die Kritik, daß die
Staatseinkünfte und Steuern vergeudet wurden, die besser zum Aufbau von Verwaltung und Wirtschaft, zum Nutzen der Untertanen eingesetzt worden wären."

[137] Zum Eisen s. *Braun*, Das Eisenhüttenwesen des Hunsrücks, 15. bis Ende 18. Jahrhundert, 1991, S.
44-79; zum Quecksilberbergbau an der Wende zur Neuzeit s. *Schlundt*, „Und hat sich das ertz wol
erzaiget". Nordpfälzer Bergbau der Herzöge von Zweibrücken-Veldenz im 15. und 16. Jahrhundert,
1982.

[138] Darauf hat schon *Schneider* (Fußn. 3), S. 276 hingewiesen. Er kritisierte aber S. 269: „... es ging
am Hofe zu Grehweiler so glänzend, locker und verschwenderisch her, als ob dem Rheingrafen aus
den reichhaltigen Bergwerken des Münster-Thales nicht eitel Quecksilber, sondern Barren von Gold
und Silber in Menge zu Tag gefördert würden. Er hielt täglich offene Tafel für die ihn heim-
suchenden Gäste und Schmarotzer, gab glänzende Feste, füllte seinen Marstall und leerte seine
Keller."

Frankfurt, Mannheim, Straßburg. Mainz, Trier, Köln und anderen Städten ver-
kaufen ließ, was mehrere tausend Gulden nach Grehweiler brachte. Als die
Klagen der Betrogenen ankamen, beförderte der Graf den Haberkorn zum
Kammerrat,[139] was Mitwisserschaft und Beteiligung am Kuxenerlös nahe legt.
    Weitgehend legal und viel einträglicher als der kurze Schwindel mit den
Bergwerksaktien war ein anderes Projekt, bei dem man fast zwangsläufig an den
bösen Satz von Bertolt Brecht denken muss: „Was ist schon ein Einbruch in eine
Bank gegen die Gründung einer Bank!" Unternehmen wie die unsterbliche Hypo
Real Estate mit der irischen Tochterbank Depfa führten uns die Richtigkeit
dieses Satzes heute eindrucksvoll vor Augen. Tatsächlich wurde in der Rheingrafschaft 1764 eine landesherrliche Hypothekenbank gegründet, die Landkasse.
    Die Idee zu dieser erstaunlich innovativen Einrichtung – ich könnte kein
früheres Beispiel einer Landesbank nennen[140] – stammte von dem umtriebigen
Benedict Häfner, der es vom einfachen Schreiber zum Oberfeldmesser der Grafschaft und schließlich zum Oberschultheißen zu Wendelsheim gebracht hatte, wo
er dem Grafen immer wieder Dirnen und hübsche Bauersfrauen zuführte. Als
sich Gräfin Jeannette bei ihm beklagte, sie sei um einige Kapitalsummen be-
trogen worden, die sie im Ausland verliehen hatte, riet er ihr, das Geldvermögen
im Lande selbst anzulegen, und zwar in einer mit gräflicher Genehmigung einzu-
richtenden Kasse, der er gern als ‚Curator' vorstehen würde. Als Landesherr und
damit über die Gesetze erhaben sei der Graf nicht an den nach Reichsrecht
gültigen Höchstzinssatz von 5 % gebunden, er könne den Zins frei festsetzen.
Für die Sicherheit des in der Kasse angelegten Kapitals, so gibt Laukhard die
Argumentation Häfners absolut korrekt wieder, „ließe sich dadurch sorgen, daß
man nur denen borgte, welche liegende Gründe zum Pfande hätten. Aber gesezt
auch, die Aecker und Häuser der Borgenden wären als Hypothek schon verschrieben: das könnte der Landkasse keinen Eintrag thun, sobald ein Gesetz sie
über jede andere Schuldforderung erhöbe. Andere Schuldner müßten alsdann im
Falle eines Concurses nachstehen; und die Landkasse bliebe gesichert."[141]
    Häfners Konzept überzeugte. Die Gräfin lieferte ein hinreichend hohes
Startkapital, der Graf verbot seinen Untertanen, ihre Grundstücke im Ausland zu
beleihen, und verwies sie auf die Landkasse, wo sie zu „leidlichen Zinsen"
Kredit bekommen würden. Tatsächlich war die Landkasse teuer, was den ersten
Kreditnehmern offenbar nicht bekannt war; denn 12 % Zinsen – 6 % für die

---

[139] *Laukhard* (Fußn. 2), S. 38-40.
[140] Vergleichbar ist wohl die 1765 gegründete Braunschweiger Herzogliche Leihhauskasse, aus der
später die Braunschweigische Staatsbank entstand. Sie gilt als ältestes deutsches Bodenkreditinstitut.
Vgl. *Kellner*, Das Fürstliche Leyhaus zu Braunschweig, in: Vierteljahrschrift für Sozial- und Wirtschaftsgeschichte 51, 1964, S. 302-369; *Zorn*, Gewerbe und Handel 1648-1800, in: Aubin/Zorn
(Fußn. 1), S. 566.
[141] *Laukhard* (Fußn. 2), S. 55-61, Zitat S. 56.

Gräfin, 4 % für den Grafen und 2 % für den Administrator Häfner – hätten die Wenigsten akzeptiert. Der Zeitpunkt der Bankgründung unmittelbar nach dem Siebenjährigen Krieg war gut gewählt, der Kreditbedarf und damit der Zulauf in der Anfangsphase groß. Auch Häfner legte sein Bargeld in der Landkasse an, schrieb sich dafür aber die vollen 12 % gut.[142]

Als die ersten Insolvenzen erfolgten und man die Höhe der Zinslast erkannte, wurde aus der Landkasse im Volksmund die „Landkatze", von der man sagte: „Die Katze spauzt, die Katze krazt, beißt, stiehlt und reißt Alles an sich." Die Bank musste nach wenigen Jahren geschlossen werden. Laukhard schätzte den durch die Landkasse verursachten Vermögensschaden bei den Untertanen auf mindestens 100.000 Gulden.[143]

Für den Grafen und seine Verwaltung wurde es nun immer schwieriger, die Mittel für die hohen Ausgaben und Zinszahlungen aufzubringen. Der Zugriff auf das Weinschankmonopol zu Lasten der Gemeinden,[144] die Einrichtung einer Lotterie, die von den Kanzeln als „sehr heilsame, wohlthätige Einrichtung" empfohlen werden musste,[145] der Zugriff auf das Vermögen des Waisenhauses und der Feuerkasse[146] brachten zu wenig; es brauchte neue, ergiebige Geldquellen. Im Lande und bei der eigenen Gattin gab es keinen Kredit mehr, aber im benachbarten Ausland war die missliche Lage des Rheingrafen noch nicht überall bekannt. Zumindest in Adelskreisen war man noch bereit, ihm Geld zu leihen, aber die Standesgenossen sollten sich als besonders hartnäckige und letztlich gefährliche Gläubiger erweisen.

Zunächst vermittelten Carl Magnus' Hofjuden Salomon und Nathan eine Anleihe von 50.000 Gulden bei dem reichen Grafen von Solms-Rödelheim, der 6 % Zins nahm. Als Hypothek wurde ihm ein „Wald" zwischen Bockenheim und Wonsheim verschrieben, der nichts wert war, was ihm sein Diener Breckenfeld, der mit der Prüfung des Geschäfts beauftragt war, verschwieg, weil ihm der Rheingraf das Amt eines Rentmeisters nebst ansehnlicher Besoldung versprach und diese Zusage auch einhielt. Zusammen mit dem findigen Häfner, dem Kammersekretär Arnoldi und dem Kammerrat Schad gelang es ihm, zum eigenen Vorteil die Finanzen des Grafen endgültig zu zerrütten.[147] Weitere 50.000 Gulden borgte in der pfälzischen Residenzstadt Mannheim der kurfürstliche Lehnpropst, ein Freiherr von Kunzmann, bei dem auch Breckenfeld 10.000 Gulden leihen konnte.[148] Aber diese Summe reichte ebenfalls nicht lange

---

[142] Ebenda, S. 57.
[143] Ebenda, S. 61.
[144] Ebenda, S. 61f.
[145] Ebenda, S. 67-69, Zitat S. 69.
[146] Ebenda, S. 66f.
[147] Ebenda, S. 62-64, vgl. auch S. 123f.
[148] Ebenda, S. 69f.

und es sprach sich herum, dass jeder, der „dem Grafen zu Grehweiler Geld borgte, selbiges in einen durchlöcherten Sack werfe."[149] Beim Grafen von Solms-Rödelheim waren die nicht bezahlten Zinsen bald auf 7800 Gulden gestiegen.[150] Schon im September 1768 betrug die Schuldenlast, die auf der Rheingrafschaft ruhte, „316.100 Gulden an Capitalien und 22.398 Gulden an verfallenen Zinsen".[151]

Schließlich kamen Breckenfeld, Häfner und Arnoldi auf die Idee, man könne auch Geld auf die Gemeinden aufnehmen, also den Allmendebesitz durch Hypotheken belasten. Die Gemeindevertreter wurden unter Druck gesetzt: falls sie die Zustimmung verweigerten, hat man auch Unterschriften gefälscht. Die Aktion sollte 200.000 Gulden erbringen;[152] davon gelangte aber nur ein Teil in die gräfliche Kasse, weil sich die Verwalter des Grafen schamlos bereicherten,[153] was im Prozess vor dem Reichskammergericht bestätigt wurde. Zu den Kreditgebern auf Kosten der Gemeinden zählten auch der Graf von Lamberg in Mainz, der kurmainzische Kanzler Freiherr von Bentzel und ein Herr von Reineck in Frankfurt.[154] Als der Rheingraf keine Anstalten machte, die Kredite zurückzuzahlen, hielten sie sich an die Gemeinden und erwirkten einen Vollstreckungsbefehl beim Reichskammergericht. Aber auch die Untertanen wandten sich nun nach Wetzlar und fanden dabei die Unterstützung des Fürsten Dominik von Salm-Kyrburg und des Grafen von Grumbach – beide waren nahe Verwandte des Rheingrafen, die es nicht zulassen konnten, dass der Weiterbestand der Grafschaft gefährdet wurde. Schließlich teilte man den adligen Gläubigern als Urteil mit, „daß nicht die belangten Gemeinden, sondern der Rheingraf ihr Schuldner sey, und daß sie sich an die kaiserliche Commission, die zu seiner Zeit zu Grehweiler eintreten würde, ganz allein zu halten hätten."[155]

Die Appellation der geprellten Gläubiger an den Reichshofrat in Wien nutzte nichts. Auch Joseph II. verwies sie an den Grafen und ließ zur Durchführung des Konkursverfahrens durch das Reichskammergericht eine kaiserliche Debit-Kommission einrichten.[156] Die Versuche des Rheingrafen, durch Sparmaßnahmen – Reduzierung des Hofpersonals und des Marstalls – den Gang der Dinge aufzuhalten und den Verlust von Regierungsgewalt und Finanzhoheit

---

[149] Ebenda, S. 75.

[150] Ebenda, S. 124.

[151] *Schneider* (Fußn. 3), S. 269.

[152] *Laukhard* (Fußn. 2), S. 76-82.

[153] Ebenda, S. 80.

[154] Ebenda, S. 79, 133 und 135.

[155] Ebenda, S. 140f.; Graf Lamberg, Kanzler von Bentzel und der Herr von Reineck hielten sich aber nicht an das Urteil und ließen neun rheingräfliche Untertanen in Wöllstein festnehmen und zur Schuldhaft nach Neubamberg führen. Ebenda, S. 146f.

[156] Ebenda, S. 152f.

abzuwenden,[157] schlugen fehl. Zum Kommissar wurde der angesehene Fürst von Nassau-Weilburg bestimmt,[158] der als Exekutoren eine „subdelegierte Administrations-Commission" einrichtete, die aus mehreren Adeligen bestand. Sie scheint ihre Arbeit im Winter 1775 aufgenommen zu haben, machte diese aber zum Schaden des Grafen und seiner Gläubiger schlecht,[159] beschlagnahmte und verschleuderte allen mobilen Besitz im Schloss, soweit nicht die Gräfin Ansprüche darauf erhob: Pferde, Kutschen, Möbel. Tapeten, eine „zwar kleine, aber ausgesuchte Bibliothek", die Sammlung der Kupferstiche und Karten,[160] Musikinstrumente und Noten. Die kälteempfindliche Orangerie ließ man mitten im Winter ausräumen; gesunde Zitronen- oder Granatapfelbäume konnte man für 5-6 Batzen kaufen. Die Kommission schloss sogar das einzige erfolgreiche Wirtschaftsunternehmen im Lande, die gräfliche Baumwollmanufaktur zu Grehweiler.[161]

Für den „höchst nothwendigen" persönlichen Unterhalt hatte der Reichshofrat dem Grafen jährlich 3600, der Gräfin 1800 und den beiden Töchtern je 1000 rhein. Gulden aus den Einkünften der Grafschaft zugewiesen;[162] der Rest sollte an die Gläubiger gehen, die aber wegen der nachlässigen Arbeit der Subdelegierten auf ihren Forderungen sitzen blieben. Die dem Grafen bewilligte Summe, mit der er nicht zufrieden war, mag ihm zusammen mit der unpfändbaren französischen Offizierspension die Haft auf Königstein erträglich gemacht haben. Die Gräfin Jeannette rettete ihr Vermögen und konnte die ältere Tochter Christiane für die Heirat mit dem Grafen von Ortenburg in Bayern – die einzige protestantische Enklave in Altbayern! – sehr gut ausstatten.[163] Und durch die Heirat der jüngeren Tochter Louise mit ihrem Vetter, dem Grafen Carl von Grumbach, gelang es dem immer noch funktionierenden Netzwerk der rheingräflichen Agnaten, die Grafschaft Grehweiler wenigstens bis zum Ende des

---

[157] Ebenda, S. 124f.: „Nun ging's ans Reformiren. Zuerst mußten die Husaren und die Heiducken fort, dann die Hofmusikanten, welche, wie Kenner versicherten, sehr geschickt waren, und eben darum an andern Höfen bald wieder Brod fanden. Von da gings an den Marstall, welcher bis auf zwölf Pferde reducirt wurde. Auch die Bedienten wurden herabgesetzt, so daß jede gräfliche Person nur einen zurückbehielt. Aber zur Abschaffung der schönen Orangerie war der Rheingraf auf keine Weise zu bewegen, ob man ihm gleich von Munheim [Mannheim] aus 20,000 Gulden baar dafür zahlen wollte. Diese Orangerie war gewiß einzig in Deutschland, wie denn überhaupt alles, was der Graf anlegte, von einem Geschmack im Großen zeugte."
[158] Ebenda, S. 153.
[159] Ebenda, S. 158-161, 169-171.
[160] Ebenda, S. 169: „Ein überaus vollständiger Atlas von mehr als 20,000 Stück Karten, wurde für sechs Gulden verkauft!"
[161] Ebenda, S. 125f,
[162] Ebenda, S. 171.
[163] Ebenda, S. 169, 182f., 186.

Alten Reiches zu retten.[164] Da Carl von Grumbach die Schulden des Carl Magnus übernahm, konnte die Arbeit der kaiserlichen Kommission in aller Stille beendet werden. Nach sechs Jahren und drei Monaten Haft wurde der abgesetzte Rheingraf begnadigt. Sein Schwiegersohn erlaubte ihm sogar, wieder im Schloss Grehweiler zu wohnen, das aber ziemlich übel zugerichtet war.[165]

Laukhard betonte mit Recht, den Grafen habe nicht der wirtschaftliche Ruin, sondern der Verlust der Herrschaftsrechte am stärksten getroffen.[166] Und er legte der klugen, aber hartherzigen Gräfin Jeannette, die ihn während der Haft nicht ein einziges Mal besucht hatte, den wahren Spruch in den Mund: „Wie man's treibt, so geht's, oder, Geld verloren, viel verloren; Ehre verloren, alles verloren."[167]

---

[164] Ebenda, S. 193-195.

[165] Ebenda, S. 196f.

[166] Ebenda, S. 175: „Hätte er damals [1774/75] nur von ferne befürchtet, daß man ihn so ganz außer aller Thätigkeit versetzen und so arg beschränken würde: er hätte Himmel und Erde aufgebothen, um sich in seinem Posten als regierender Herr zu behaupten. Denn auch er war einen von denen, welchen nichts weher thut, als der Verlust der Herrschaft, so klein und gering sie auch seyn mag. Wie sehr also mußte es ihn schmerzen, da er auf einmal von der Höhe eines Regenten zum Nichts eines Privatmanns herabsank!"

[167] Ebenda, S. 82.

Finanzielle Verhältnisse als kriminologischer Indikator sozialer Einbindung

Michael Bock, Matthias Rau

1 Theoretische Vorklärungen

Verschuldung ist im wirtschaftlichen und sozialen Miteinander akzeptiert, üblich und sogar notwendig, bezeichnet also einen Status „finanzieller Verhältnisse", aus denen sich kein „Druck" im Hinblick auf die Begehung von Straftaten ergibt. Im Falle von Überschuldung oder völliger Zahlungsunfähigkeit ändert sich dies jedoch radikal. Wie Straffällige gelten auch Zahlungsunfähige als Personen, die an den Anforderungen des sozialen Lebens gescheitert sind. In einer Gesellschaft, in der Konsum und Wohlstand Leitprinzipien der Kultur sind, ist soziale Exklusion im Falle einer Zahlungsunfähigkeit vorprogrammiert. Es leuchtet unmittelbar ein, dass hier Lebensverhältnisse vorliegen, bei denen auch Kriminalität wahrscheinlicher wird.

Entsprechend ist die Relevanz der finanziellen Verhältnisse für Kriminalität ein in der Kriminologie in vielfältiger Weise diskutierter und bestätigter Zusammenhang. Dies gilt vor allem für die so genannten Anomie-Theorien, nach denen Kriminalität mit beschleunigtem sozialem Wandel[168], limitierten Zugangschancen zu den kulturell als wertvoll geltenden Gütern[169] und altersbedingten Verschärfungen des sozialen Drucks einhergeht, sich mit bestimmten Status-Insignien auszustatten[170]. Die relativ höhere Kriminalitätsbelastung von finan-

---

[168] *Durkheim,* Die Regeln der soziologischen Methode, 3. Aufl. 1995 (zuerst 1895); *Durkheim,* Der Selbstmord, 5. Aufl. 1995 (zuerst 1897); *Durkheim,* Über soziale Arbeitsteilung, 2. Aufl. 1996 (zuerst 1893); s. a. *Göppinger-Bock,* Kriminologie, 6. Aufl. 2008, § 10 Rn. 23 ff.

[169] *Merton,* Social Theory and Social Structure, 1968, S. 185 ff.; *Merton,* Sozialstruktur und Anomie, in: Sack/König (Hrsg.), Kriminalsoziologie, 3. Aufl. 1979, S. 283–313; s. a. *Göppinger,* Kriminologie, 6. Aufl. 2008, § 10 Rn. 30 ff.

[170] *Greenberg,* Delinquency and the Age Structure of Society, in: Messinger/Bittner (Hrsg.), Criminology Review Yearbook, 1979, S. 586-620; *Greenberg,* Age, Crime and Social Explanation, AJS 1985, S. 1-21; *Agnew,* Foundation for a General Theory of Crime, Criminology 1992, S. 47-87; *Agnew,* Strain and Subcultural Theories of Criminality, in: Sheley (Hrsg.), Criminology: A Contemporary Handbook, 2. Aufl. 1995, S. 305-327; *Agnew,* Stability and Change in Crime Over the Life-Course: A Strain Theory Explanation, in: Thornberry (Hrsg.), Developmental Theories of Crime and Delinquency, 1997, S. 101-132; *Agnew/White,* An Empirical Test of General Strain Theory, Criminology 1992, S. 475-499; Überblick bei *Göppinger-Bock,* Kriminologie, 6. Aufl. 2008, § 10 Rn. 41 ff.

ziell schlechter gestellten Bevölkerungsgruppen wie etwa jungen Menschen, Unterschichtangehörigen und Migranten erklärt sich auf diese Weise ebenso wie der Umstand, dass Arbeitslosigkeit ein häufiger Grund für eine Verschuldung ist.

Die ökonomischen Kriminalitätstheorien fassen legale und illegale Verhaltensalternativen „wertfrei" als Gegenstände des rationalen Wahlverhaltens (rational choice) eines auf Gewinnmaximierung ausgelegten homo oeconomicus auf.[171] Wegen des Geldes als universalem Zugangsmittel zu den erstrebten Gütern ergibt sich in dieser Perspektive bei Geldknappheit Kriminalität als eine Handlungsoption, sofern nicht auf soziale Beziehungen zurückgegriffen werden kann und/oder Schulden gemacht werden. Allerdings sind diese Zusammenhänge insofern trivial, als die interessanten Fragen nach den Gründen für die unterschiedlichen Präferenzstrukturen der Individuen einerseits und die Gründe für die ggf. vorliegende Geldknappheit hier gerade nicht thematisiert werden.[172]

Es geht jedoch beim finanziellen Gebaren nicht nur um die finanziellen Verhältnisse. Ersteres ist vielmehr regelmäßig ausschlaggebend für letzteres. Solche komplexeren Zusammenhänge erschließen sich beispielsweise über die Subkulturtheorien. So sieht etwa Miller[173] als „focal concerns" der delinquenten Subkultur u. a. an, unter keinen Umständen durch harte Arbeit Geld zu verdienen oder die „soziale Kausalität" von Tun und Ergehen zugunsten eines angeblich für die Lebensentwicklung entscheidenden „Schicksals" zu negieren.[174] Zum finanziellen Gebaren gehören Wertorientierungen und Kontrollüberzeugungen, die bei einer Ausprägung, wie Miller sie uns vorführt, mit innerer Konsequenz zu desolaten finanziellen „Verhältnissen" führen, die wiederum für Kriminalität prädestinieren.

---

[171] Exemplarisch *Becker*, An Economic Approach, in: Becker/Landes (Hrsg.), Essays in the Economics of Crime and Punishment, 1974, S. 1–54; *Becker*, A Theory of Social Interactions, Journal of Political Economy, Band 82, 1974, S. 1063–1091; *Ehrlich*, Participation in Illegitimate Activities. An Economic Analysis, in: Becker/Landes (Hrsg.), Essays in the Economics of Crime and Punishment, 1974, S. 68–134; *Ehrlich*, The Deterrent Effect of Capital Punishment. A Question of Life and Death, The American Economic Review 1975, S. 397–417.

[172] *Kunz*, Kriminologie, 4. Aufl. 2004, § 21 Rn. 27 f.

[173] *Miller*, Die Kultur der Unterschicht als ein Entstehungsmilieu für Bandendelinquenz, in: Sack/König (Hrsg.), Kriminalsoziologie, 3. Aufl. 1979, S. 339–359.

[174] *Göppinger-Bock*, Kriminologie, 6. Aufl. 2008, § 10 Rn. 18.

Tabelle 1:   „focal concerns" der Unterschichtkultur nach Miller

	positiv bewertet	negativ bewertet
„Schwierigkeiten"	gesetzwidriges Verhalten	gesetzkonformes Verhalten
Härte	physische Tapferkeit, „Maskulinität", Furchtlosigkeit Mut, Wagemut	Schwäche, Angepasstheit, Weiblichkeit, Schüchternheit, Feigheit, Vorsicht
Geistige Wendigkeit	Fähigkeit, zu übervorteilen, hereinzulegen, durch Gewitztheit Geld verdienen, Cleverness, Schlagfertigkeit	Gutgläubigkeit, Vertrauensseligkeit, durch harte Arbeit Geld verdienen, Langsamkeit, Beschaulichkeit, verbale Hilflosigkeit
Erregung	Spannung, Risiko, Gefahr, Abwechslung, Aktivität	Langeweile, Apathie, Sicherheit, Gleichförmigkeit, Passivität
Schicksal	vom Schicksal begünstigt sein, Glück haben	vom Schicksal benachteiligt sein, Pech haben
Autonomie	Freisein von äußerem Zwang, Freisein von übergeordneter Autorität, Unabhängigkeit	Vorhandensein von äußerem Zwang, Vorhandensein starker Autorität, umsorgt werden

Die andere Seite der Medaille erscheint in den Bindungstheorien, die erklären, dass bei „belief in social rules" und einer konventionellen Zielen verpflichtenden Lebensweise („commitment to conventional goals," „involvement in conventional activities") Kriminalität unwahrscheinlich wird, vor allem auch mit Rücksicht auf die nächsten Kontaktpersonen („attachment to meaningful persons"), die man nicht verprellen oder verlieren will.[175] Hier sind es langfristige Planungen und die Antizipation von empfindlichen Verlusten emotionaler und finanzieller Art, die dem finanziellen Gebaren eine Gestalt geben, dass die finanziellen Verhältnisse solide sind und bleiben.

Insgesamt wird deutlich, dass finanzielles Gebaren in einer breiteren biographischen Perspektive sowohl mit den sozialen Bindungen eines Menschen in einem engen und komplexen System von wechselseitigen Bedingungen steht, als auch in vielfältiger Weise mit der gesamten Lebensorientierung zusammenhängt, bei welcher dann Aspekte wie Zeithorizont, Wertorientierung, Kontrollüberzeugungen u. ä. von Bedeutung sind.[176]

---

[175] *Göppinger-Bock*, Kriminologie, 6. Aufl. 2008, § 9 Rn. 18 ff.
[176] Aus diesem Grund sind auch die Ausführungen von *Breuer/Bender* (Verhaltensrelevante Einflussfaktoren auf die finanzielle Handlungskompetenz, ZVI (Sonderheft 8) 2009, S. 8-16) zu den nicht im

2   Entwicklungskriminologie

Solche Überlegungen erfahren in den letzten 20 Jahren einen erheblichen Zuwachs an Plausibilität und empirischer Geltung durch eine neue Generation von Fortschreibungen, in denen besser als bisher die biographische Verortung der Kriminalität sichtbar gemacht werden konnte.[177] So wird dadurch beispielsweise plausibel, warum die Adoleszenz eine besondere Anfälligkeit für Schulden und Kriminalität mit sich bringt. In dieser Lebensphase lassen nämlich die alten (schicksalhaften) Bindungen an die Herkunftsfamilie nach, die neuen (selbst gewählten) zu *peers* sind selten belastbar und erst mit der eigenen Familie oder einer stabilen Partnerschaft entsteht wieder soziales Kapital.[178] Vor allem konnte in großen nationalen[179] und internationalen Längsschnittuntersuchungen[180] gezeigt werden, dass sich sowohl der Einstieg als auch der Ausstieg aus der Kriminalität einschließlich jener intermittierenden (und den ganz seltenen persistierenden) Kriminalitätsverläufe in Korrespondenz mit den genannten Veränderungen in den Bindungen (oder umgekehrt dem anomischen Druck, dem die Betreffenden ausgesetzt sind) vollzieht. Dass auch hier der dem finanziellen Gebaren im allgmeinen und dem Umgang mit Schulden eine zentrale Rolle zukommt, zeigt exemplarisch die Studie von Stelly und Thomas, aus der hier die Szenarien einer weiteren Chancenverschlechterung bei anhaltender Kriminalität und ein Ausstiegsszenario kontrastiert werden sollen:

---

engeren Sinn kognitiven Aspekten des Umgangs mit Geld hier unmittelbar einschlägig bzw. kriminologisch „anschlussfähig".

[177] *Göppinger-Münster*, Kriminologie, 6. Aufl. 2008, § 12 Rn. 27 ff.

[178] *Moffitt*, Adolescence-Limited and Life-Course-Persistent Antisocial Behavior: A Development Taxonomy, Psychological Review 1993, 674, 685 ff.

[179] *Meier*, Kriminologie, 3. Aufl. 2007 m. w. N.

[180] *Sampson/Laub*, Crime in the Making. Pathways and Turning Points through Life, 1993; *Sampson/Laub*, A Life-Course Theory of Cumulative Disadvantage and the Stability of Delinquency, in: Thornberry (Hrsg.), Developmental Theories of Crime and Delinquency, 1997, S. 133-161; *Farrington*, Developmental and Life-Course Criminology: Key Theoretical and Empirical Issues – the 2002 Sutherland Award Adress, 2003; *Farrington/Coid/Harnett/Jolliffe/Soteriou/Turner/West*, Criminal Careers up to Age 50 and Life Success up to Age 48: New Findings from the Cambridge Study in Delinquent Development, Home Office Research Study 299, 2006; *Farrington/West*, The Cambridge Study in Delinquent Development (a Long-Term Follow-up of 411 London Males), in: FS Göppinger, 1990, S. 115-138; *Moffitt*, Adolescence-Limited and Life-Course-Persistent Antisocial Behavior: A Development Taxonomy, Psychological Review 1993, S. 674-701; *Moffitt*, Natural Histories of Delinquency, in: Weitekamp/Kerner (Hrsg.), Cross-National Longitudinal Research on Human Development and Criminal Behavior, 1994, S. 3-61; *Moffitt*, Life-Course-Persistent and Adolescence-Limited Anti-social Behavior. A Ten-Year Research Review and a Research Agenda, in: Lahey/Moffitt/Caspi (Hrsg.), Causes of Conduct Disorder and Juvenile Delinquency, 2003, S. 49-75.

Tabelle 2:   Wege aus schwerer Jugendkriminalität (Stelly/Thomas 2004)

Steigende Kosten des bisherigen Lebensstils	Aufgaben, um den Ausstieg zu meistern
▪ die Gefahr des **sozialen Abstiegs** bei fortgeführter Straffälligkeit ▪ **längere** und unangenehmere **Haftstrafen** bei fortgesetzter Straffälligkeit ▪ die Angst vor der **Abschiebung** ▪ die **materiellen Kosten** (Schulden, Geldstrafen, Gerichtskosten) ▪ **verpasste Chancen** (v.a. fehlenden Bildungs- und Berufsabschlüsse) ▪ die **emotionalen Kosten** (v.a. negative Peererfahrung, Dissoziation von Herkunftsfamilie) ▪ durch die **Wiederentdeckung** der Wichtigkeit der **Herkunftsfamilie** und damit verbunden die ▪ Entdeckung der **Scham**	▪ Sich in den **Leistungsbereich integrieren** und einer Arbeit nachgehen, die ein relatives Maß an Zufriedenheit und ein Minimum an finanzieller Gratifikation garantiert. ▪ **Schulden abbauen.** Dies setzt voraus, dass die Probanden ein Konsumverhalten praktizieren, das sich an ihren finanziellen Möglichkeiten orientiert ▪ Stabile **soziale Beziehungen aufbauen**, die eine befriedigende, straffreie Freizeitgestaltung ermöglichen und emotionale Bedürfnisse nach Nähe, Freundschaft, Geborgenheit etc. aber auch nach Statuszuschreibung erfüllen ▪ Fortbestehende **Verhaltensauffälligkeiten** auf ein durch die Instanzen der formalen sozialen Kontrolle „tolerierbares" Maß reduzieren.

3   Angewandte Kriminologie

Ein eigenständiges Problem liegt darin, solche Erklärungspotenziale für die Belange der Einzelfallbetrachtung fruchtbar zu machen. Dieser Aufgabe stellt sich die so genannte Angewandte Kriminologie[181], die dazu die kriminalitätstheoretischen Annahmen in einer verfeinerten und differenzierten Weise verarbeiten muss. Vor allem aber ist sie darauf angewiesen, dass sich in der indi-

---

[181] *Bock*, Kriminologie, 3. Aufl. 2007, Teil III.

viduellen Gestalt eines Falles bewährt, was entweder theoretisch oder statistisch
erwartet wird. Dafür müssen Kriterien vorgehalten werden, die in einer
relationalen Betrachtungsweise das Individuum in *seinem* sozialen Kontext zu
beschreiben erlauben, worauf jede Einzelfallbeurteilung angewiesen ist.[182] Als
Beispiel einer gruppenstatistischen Darstellungsweise soll hier die Häufigkeit der
Überschuldung nach allgemeinen Gründen wiedergegeben werden, die jedoch
für die Einzelfallbeurteilung nicht herangezogen werden kann:

Tabelle 3:   Hauptgrund der Überschuldung im Jahr 2006 in %

Arbeitslosigkeit	29,6
Trennung, Scheidung, Tod des Partners/ der Partnerin	13,1
Erkrankung, Sucht, Unfall	8,6
Unwirtschaftliche Haushaltsführung	8,5
Gescheiterte Selbstständigkeit	10,3
Zahlungsverpflichtung aus Bürgschaft, Übernahme oder Mithaftung	1,5
Gescheiterte Immobilienfinanzierung	3,8
Unzureichende Art der Kredit- oder Bürgschaftsberatung	3,4
Sonstige	21,1

Quelle: Statistisches Bundesamt Deutschland 2007

Für den Einzelfall folgt daraus allerdings nichts. Die konkrete, praktische Beschäftigung mit finanziellem Gebaren und finanziellen Verhältnissen trifft nämlich stets auf Einzelumstände, die vieldeutig sind und schon deshalb nicht zu
einer vollständigen Erklärung verhelfen. So sind es im Einzelfall weder allein der
Verlust des Arbeitsplatzes oder das Zerbrechen der Ehe[183], die das Erkenntnisinteresse umfassend befriedigen. Arbeitslosigkeit beispielsweise gilt nach den
Zahlen des Statistischen Bundesamtes in etwa 30 % der Fälle als Ursache einer
Überschuldung. Sie ist damit zwar überwiegender Grund einer Zahlungsunfähigkeit, diese jedoch stellt sich zugleich nur bei einer Minderheit der insgesamt etwa
3,6 Millionen Arbeitslosen[184] ein.

Es bleibt die Frage, warum die einen nach dem Verlust des Arbeitsplatzes
zahlungsunfähig werden und die anderen nicht. Anders gesagt genügt der Um-

---

[182] Vgl. zum diesbezüglichen Diskussionsstand in der Kriminologie Göppinger-Brettel, Kriminologie,
6. Aufl. 2008, § 14.
[183] *Hergenröder*, DZWIR 2001, 397, 400 m. w. N. zur Analyse der Ursachen von Schulden.
[184] Zahlen der Bundesagentur für Arbeit für Januar 2008.

stand des Arbeitsplatzverlustes allein nicht, um Überschuldung zu erklären oder vorauszusagen. Auch alle weiteren Wirklichkeitsumstände, die als Ursache von Überschuldung oder Kriminalität gehandelt werden, liefern keine hinreichenden Bedingungen. Jeder der erfassten oder auch andere denkbare Einzelumstände veranlasst im Übrigen stets die Frage nach seiner eigenen Herkunft (warum also beispielsweise ein suchtartiges Kaufverhalten an den Tag gelegt wird). Kriterien wie Armut, Unterschichtzugehörigkeit oder Arbeitslosigkeit treffen also nicht den Kern der Dinge und beinhalten überdies eine aus kriminologischer Sicht unsachgemäße Diskriminierung der „kleinen Leute".

Demgegenüber gibt es nämlich einige relativ leicht feststellbare, in der Angewandten Kriminologie seit langem eingeführte Kennzeichen der Lebensführung und des Lebensstils, durch die mit innerer Notwendigkeit beim Betreffenden Geldknappheit entsteht und sich verstärkt.[185] Zu ihrer Behebung müssen dann verschiedene funktionale Äquivalente herhalten: Eltern, Verwandte, Freunde oder Partner, die immer wieder einspringen, bis diese selbst ruiniert sind und auch das „soziale Kapital"[186] der entsprechenden Beziehungen verbraucht ist, aber eben auch Schuldenmachen oder die Begehung von Straftaten. Es gibt also quasi eine allgemeine Vulnerabilität, die sowohl für Kriminalität als auch für Schulden anfällig macht. Im Referenzsystem der Angewandten Kriminologie stehen hierfür Beschreibungskriterien für die *Einzelfallbeurteilung* bereit, die einerseits Defizite in der Bewältigung der Anforderungen des sozialen Lebens verkörpern, andererseits besondere Stärken in der Bewältigung dieser Anforderungen, bei deren Vorliegen Überschuldung und/oder Kriminalität unwahrscheinlich sind.[187] Die so genannten K-Kriterien implizieren ausnahmslos einen Lebensstil, der entweder direkt oder indirekt über das Scheitern sozialer Beziehungen oder Arbeitsverhältnisse Geldknappheit (viele führen außerdem auch noch zu riskantem Verhalten in Bezug auf Drogen, Verkehr, Gewalt, Sexualität) erzeugen, die D-Kriterien immunisieren gegen Überschuldung und Kriminalität, weil sich hier realistische Einstellungen und Ansprüche mit intakten beruflichen und privaten Bindungen zusammenfinden.

---

[185] S. dazu exemplarisch *Bock*, Kriminologie, 3. Aufl. 2007, Rn. 502 ff.

[186] Vgl. *Coleman*, Social Capital in the Creation of Human Capital, AJS 1988, S. 95-120; *Coleman*, Foundations of Social Theory, 1990; *Coleman*, Grundlagen der Sozialtheorie (Bd. 1: Handlungen und Handlungssysteme), 1991.

[187] *Bock*, Kriminologie, 3. Aufl. 2007, Rn. 428 ff. und Rn. 446 ff. Beide Kriterienreihen sind allerdings nur ein Ausschnitt aus dem begrifflichen Instrumentarium, das die Angewandte Kriminologie für die Beurteilung von Fällen zur Verfügung stellt.

Tabelle 4:   Kriminologische Kriterien für die Einzelfallbeurteilung

K-Kriterien	D-Kriterien
▪ Vernachlässigung des Arbeits- und Leistungsbereichs sowie familiärer und sonstiger sozialer Pflichten ▪ Fehlendes Verhältnis zu Geld und Eigentum ▪ Unstrukturiertes Freizeitverhalten ▪ Fehlende Lebensplanung ▪ Inadäquat hohes Anspruchsniveau ▪ Mangelnde Realitätsbezug ▪ Geringe Belastbarkeit ▪ Paradoxe Anpassungserwartung ▪ Forderung nach Ungebundenheit ▪ Unkontrollierter, übermäßiger Alkoholkonsum	▪ Erfüllung der sozialen Pflichten ▪ Adäquates Anspruchsniveau ▪ Gebundenheit an eine geordnete Häuslichkeit (und an ein Familienleben) ▪ Reales Verhältnis zu Geld und Eigentum ▪ Arbeitseinsatz und Befriedigung bei der Berufstätigkeit ▪ Produktive Freizeitgestaltung ▪ Persönliches Engagement für personale und Sachinteressen ▪ Anpassungsbereitschaft ▪ Tragende menschliche Bindungen ▪ Hohe Belastbarkeit bei großer Ausdauer ▪ Verantwortungsbereitschaft und Eigenverantwortung ▪ Gute Realitätskontrolle ▪ Lebensplanung und Zielstrebigkeit

Beispielhaft seien hier für 2 Kriterien die Kommentierungen wiedergegeben, welche die Angewandte Kriminologie vorhält, um eine einheitliche Beurteilungsgrundlage sicherzustellen:

„Bei der Beurteilung des Kriteriums **„fehlendes Verhältnis zu Geld und Eigentum"** geht es vor allem um den Umgang des Probanden mit seinen **eigenen Sachwerten,** also mit seinem *eigenen* Geld und Eigentum. Hingegen bleibt das Verhältnis zum *abstrakten Rechtsgut* „Eigentum" stets unberücksichtigt, insbesondere darf nicht schon aus der Tatsache der Begehung eines Eigentumsdelikts auf die hier in Frage stehende Beziehung geschlossen werden. Im Vordergrund stehen vielmehr solche Fälle, in denen der Proband gewissermaßen „von der Hand in den Mund lebt", sein Geld also ausgibt, wie es hereinkommt, und in keiner Weise zu „wirtschaften" und mit seinem Geld umzugehen vermag. Auch im Umgang mit seinen Sachen lässt er jegliche Sorgfalt vermissen und kümmert sich in keiner Weise um sein Hab und Gut."[188]

---

[188] *Bock,* Kriminologie, 3. Aufl. 2007, Rn. 433.

„Das **inadäquat hohe Anspruchsniveau** bezieht sich auf rein materielle Ansprüche, z. B. viel zu verdienen, sich einen in materieller Hinsicht (verhältnismäßig) hohen Lebensstandard zu leisten usw., oder aber auf unmittelbare Annehmlichkeiten und Vorteile. Entscheidend für das Vorliegen des Kriteriums ist, dass diese Ansprüche in keinem Verhältnis stehen zu den eigenen (wirtschaftlichen) Voraussetzungen und den eigenen Möglichkeiten und (beruflichen) Fähigkeiten oder auch zum eigenen Beitrag im zwischenmenschlichen Umgang. Meist findet sich nicht einmal die grundsätzliche Bereitschaft, die entsprechenden Voraussetzungen durch (sozial adäquate) Leistungen (also nicht durch Delikte, Glücksspiel usw.) oder durch entsprechendes Verhalten im zwischenmenschlichen Bereich zu schaffen. Das Kriterium lässt sich beispielsweise daraus erschließen, dass der Proband mit jeder Arbeit und jeder Bezahlung unzufrieden ist, ohne einzusehen, dass andere, an deren beruflicher Position und deren Lebensstandard er sich orientiert, bessere Voraussetzungen mitbringen, höhere Qualifikationen aufweisen und weit mehr Leistung erbracht haben, als er zu erfüllen bereit ist. Geradezu bezeichnend ist, dass solchen inadäquat hohen materiellen Ansprüchen durchweg recht dürftige immaterielle Ansprüche an das Leben (z. B. Interessen im kulturellen oder auch im zwischenmenschlichen Bereich) gegenüberstehen."[189]

Die in diesen Beschreibungen zutage tretenden Fehlanpassungen an Regelerwartungen des sozialen Lebens sind offensichtlich. Beim fehlenden Verhältnis zu Geld und Eigentum mangelt es an einer Einordnung der Dinge, die einem gehören, in einen längeren Zeithorizont und eine Gesamtschau der eigenen Mittel im Sinne eines „Budgets", das für eine bestimmte Zeitspanne reichen muss. Es fehlt oft schon an der kognitiven Leistung, die abstrakte Funktion von „Geld" als eines universellen Tauschmittels zu erkennen. Im Vordergrund steht der sinnlich wahrnehmbare und die unmittelbar drängenden Bedürfnisse befriedigende Charakter des Geldes als Zugang zu diesem Handy, dieser Hose, diesem Auto, dieser Droge, diesem Image als „big spender" und wenn es weg ist, ist es eben weg. Und wenn eine andere Hose cooler ist, vergisst man die alte in der Reinigung oder wirft sie weg, genauso wie man das Auto nicht mehr beachtet, wenn es nicht mehr fährt. Das Wesen von Ratenkäufen oder Kreditverträgen wird ignoriert bzw. gar nicht erfasst, das Kleingedruckte oder die Reden der Verkäufer darüber sind nur ein störendes „Rauschen" auf dem direkten Weg zu den Sachen, denen die ganze Aufmerksamkeit gilt. Deren „Wert" wird im Übrigen gar nicht erfasst, etwa dadurch, dass man „spart" oder sich klarmacht, wie viele Stunden man dafür arbeiten muss, weil die Dinge nur der unmittelbaren Bedürfnisbefriedigung dienen.

---

[189] *Bock,* Kriminologie, 3. Aufl. 2007, Rn. 440.

Beim inadäquaten Anspruchsniveau ist es eine andere, aber auch in erster Linie kognitive Fehlanpassung. Man fühlt sich ja gerade im Recht, dies oder jenes stehe einem „ja wohl" zu, das sei „normal". Es fehlt hier an der Fähigkeit, die richtigen Vergleiche zu setzen, weshalb es auch in dem Modell, das *Schneider*[190] für die Entstehung von Straftaten der Wirtschaftskriminalität entworfen hat, einen prominenten Platz einnimmt.

Zugleich ist nicht nur das Kriterium des *„inadäquaten Anspruchsniveaus"* in der Lage, sehr viele und vor allem sehr unterschiedliche wirtschaftliche und soziale Konstellationen – insbesondere auch solche am oberen Rand der Gesellschaft – im Bezug auf das Risiko der Geldknappheit zu erfassen.[191] Auch das Kriterium einer *„Vernachlässigung des Arbeits- und Leistungsbereichs"* ist etwas anderes und spezielleres als „Arbeitslosigkeit". Jeweils kommt es darauf an, wie jemand sich zu seiner „Armut" oder „Arbeitslosigkeit" stellt.

Eine besondere Eigendynamik in der Entstehung von Geldknappheit ergibt sich aus nahe liegenden Gründen bei Vorliegen mehrerer K-Kriterien, wie am Beispiel der so genannten kriminovalenten Konstellation[192] beispielhaft verdeutlicht werden soll, die aus dem kumulativen Vorliegen der ersten 4 der K-Kriterien bei einer Person besteht:

„Eine **Vernachlässigung sozialer Pflichten**, insbesondere die völlige **Vernachlässigung des Leistungsbereichs**, die finanzielle Einbußen mit sich bringt, ist dann in ihren Auswirkungen viel gravierender, wenn sie bei **fehlendem Verhältnis zu Geld und Eigentum** vorliegt, wohingegen z. B. ein wirtschaftlich überlegtes Verhalten hier Entlastung schaffen könnte. Kommen schließlich aufgrund eines **unstrukturierten Freizeitverhaltens** ständig Gelegenheiten hinzu, zuviel Geld auszugeben, so verstärkt dies wiederum die Bedeutung der anderen Kriterien, und zwar gleichsinnig in Richtung auf die Begehung von (Eigentums- bzw. Vermögens-)Delikten als der – jedenfalls **bei fehlender Lebensplanung** – einzigen Möglichkeit, den diesen Kriterien zugrunde liegenden Lebensstil aufrechtzuerhalten. Denn ein solcher Lebensstil ist allenfalls dann ohne illegal erworbene Mittel zu führen, wenn es sich nur um eine kurze Phase, um ein vorübergehendes Aussteigen aus den zur Existenzsicherung notwendigen Lebensformen, handelt. So schließen sich die verschiedenen Einzelkriterien zu einer Konstellation zusammen, bei der das Geschehen förmlich zur Straffälligkeit, und hier vor allem zu Eigentums- und Vermögensdelikten, hindrängt."[193]

---

[190] *Schneider*, NStZ 2007, S. 555-562; *ders.*, Wirtschaftskriminalität, in: Göppinger, Kriminologie, 6. Aufl. 2008, § 25 Rn. 26 ff.
[191] Dieses Kriterium ist daher auch spezifischer als eine Kategorie wie etwa die (nach welchen Indikatoren auch immer ermittelte) „Armut".
[192] *Bock,* Kriminologie, 3. Aufl. 2007, Rn. 488 ff.
[193] *Bock,* Kriminologie, 3. Aufl. 2007, Rn. 489.

4   Gemeinsame Bedingungen von Schulden und Kriminalität – zwei empirische Beispiele

Die vorangegangenen Ausführungen werden durch zwei aufbereitete anonymisierte[194] Beispielfälle aus dem „Wiesbadener Verlaufsprojekt" des Lehrstuhls ergänzt. Sie sollen exemplarisch verdeutlichen, inwieweit ein Lebenszuschnitt, der vorliegend zur Begehung von Straftaten geführt hat, auch mit finanziellen Problemen und Schulden sowie Belastungen des sozialen Umfelds verbunden sein kann. Das „Wiesbadener Verlaufsprojekt" umfasst insgesamt 40 Teilnehmer in einer Zeitreihenuntersuchung. Die Entwicklung des Einzelnen wird dabei von der Inhaftierung in der Jugendstrafvollzugsanstalt Wiesbaden über die Entlassung hinaus prospektiv begleitet. Jeder Teilnehmer wird insgesamt zu vier Zeitpunkten – zu Beginn und zum Ende der Inhaftierung sowie ein halbes Jahr und drei Jahre nach der Entlassung – interviewt. Daneben werden vorhandene Akten ausgewertet und Gespräche mit Dritten geführt. Die auf diesem Wege gewonnenen Informationen werden sodann unter Einsatz der Methode der idealtypisch vergleichenden Einzelfallanalyse (MIVEA) kriminologisch analysiert, um schließlich zu individuellen prognostischen Folgerungen zu gelangen. Mit Blick auf das Thema des Symposiums wird für beide Beispielfälle der Lebenszuschnitt vor der Inhaftierung und nach der Entlassung mit besonderem Blick auf die relevanten sozialen Kontakte und die Gläubiger dargestellt. Für beide Probanden liegen die Daten bis einschließlich zum dritten Interviewzeitpunkt vor.

Proband 1 weist im Lebenslängsschnitt eine starke Annäherung an die *Verlaufsform der kontinuierlichen Hinentwicklung zur Kriminalität mit frühem Beginn* auf. Er wird 1986 geboren und zeigt bereits in jungen Jahren massive Auffälligkeiten, die aus verschiedensten Gründen keine angemessene Reaktion der Umwelt erfahren. Im Jugendalter, zwischen 12 und 15 Jahren, kommt es zu ersten Diebstählen innerhalb der Familie, bei denen insgesamt über 2.000 Euro von ihm entwendet werden. Auch in der Schule entwendet Proband 1 einen höheren Geldbetrag aus der Tasche einer Lehrerin. Infolgedessen kommt es zum Schulverweis und zum Abbruch der Schulausbildung.

Das erste Untersuchungsintervall erstreckt sich auf den Zeitraum von 2002 bis 2007, das zweite Intervall beginnt mit der Entlassung aus der Haft im Jahr 2008 (vgl. Abbildung 1).

---

[194] Verändert wurden das Geburtsjahr, die Zeitpunkte der Intervalle sowie die exakte Bezeichnung der Anlasstaten, die zur Inhaftierung führten. Alle Schritte zur Anonymisierung stehen der empirischen Gültigkeit der dargestellten Fälle nicht entgegen.

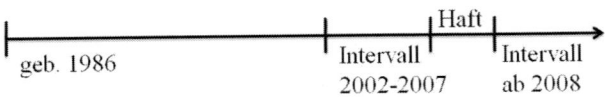

Abbildung 1:   Zeitstrahl Proband 1

Der Lebensquerschnitt, also der Zeitraum unmittelbar vor den Straftaten und der Inhaftierung, ist bei Proband 1 gekennzeichnet durch eine Vernachlässigung des Arbeits- und Leistungsbereichs sowie familiärer und sonstiger sozialer Pflichten, ein fehlendes Verhältnis zu Geld und Eigentum, ein unstrukturiertes Freizeitverhalten und schließlich eine fehlende Lebensplanung. Somit muss die kriminovalente Konstellation, die einen in hohem Maße kriminalitätsträchtigen Lebenszuschnitt beschreibt, bejaht werden.

Das *fehlende Verhältnis zu Geld und Eigentum* sowie das *inadäquat hohe Anspruchsniveau* kommen bei Proband 1 darin zum Ausdruck, dass vorhandenes Geld so ausgegeben wird, wie es hereinkommt. Es wechseln sich Auslandsurlaube, längere Hotelaufenthalte, Restaurantbesuche und regelmäßige Bar- oder Diskothekenbesuche ab, bei denen auch die Champagnerlounge Zuspruch erfährt. Neben dem intensiven Alkoholkonsum wird Wert auf gute Kleidung und entsprechende Accessoires gelegt. Diesen Ausgaben stehen allerdings keinerlei legale Einkünfte gegenüber, womit ein solcher Lebenszuschnitt finanziert werden könnte. Die Straftaten, die aus diesem, unter anderem von ständigem Geldbedarf gekennzeichneten Lebenszuschnitt resultieren, sind hier diverse Beförderungserschleichungen, Diebstahl, (räuberische) Erpressungen, schwerer Raub und vorsätzliche (gefährliche) Körperverletzungen. Nach einer Verurteilung wegen mehrerer Gewalt- und Eigentumsdelikte erfolgt 2007 die Inhaftierung.

Als egozentriertes Netzwerk mit Hilfe der Software „VennMaker"[195] aufbereitet, stellt sich die Situation im ersten Intervall vor der Inhaftierung von 2002-2007, wie in Abbildung 2 gezeigt, dar.

---

[195] Die Software wurde innerhalb des Exzellenzclusters der Universitäten Trier und Mainz neu entwickelt und dient der Erhebung, Darstellung und Analyse egozentrierter Netzwerke. Informationen zum Entwicklungsstand etc. sind unter www.vennmaker.com verfügbar.

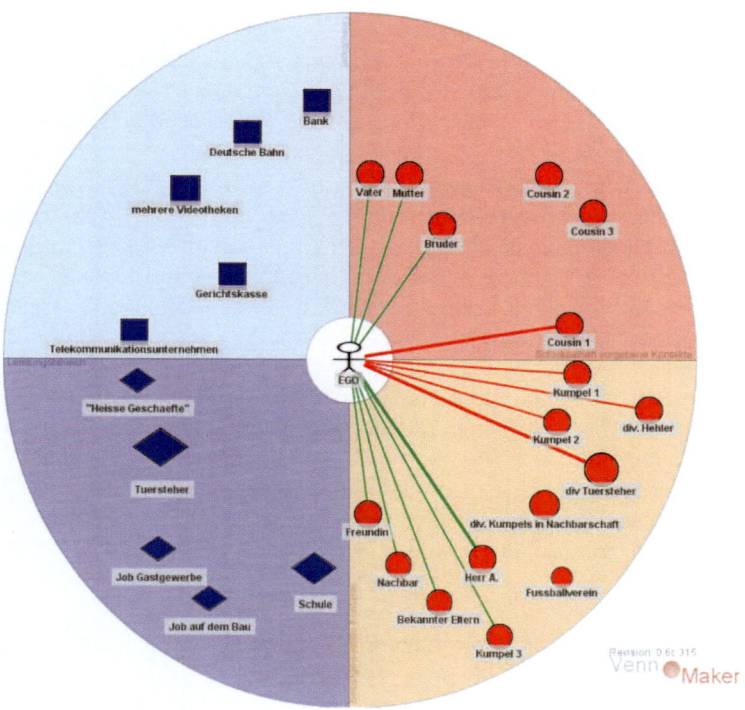

Abbildung 2:   Lebenssituation von Proband 1 vor der Inhaftierung von
2002-2007

Im Zentrum der Darstellung steht der Proband, genannt Ego. Der um Ego erweiterte Kreis ist unterteilt in vier Sektoren, die beginnend von rechts oben, die
schicksalhaft vorgegebenen Kontakte, die selbstgewählten Kontakte, den
Leistungsbereich und die Gläubiger des Probanden zeigen. Während die Personen im Kontaktbereich durch Kreise wiedergegeben werden, sind zur besseren
Unterscheidung die Positionen des Leistungsbereichs mit Rauten und die
Gläubiger mit Quadraten abgebildet. Ego steht qua Definition mit jedem in Verbindung. Auf die Kennzeichnung dieser Tatsache wird zugunsten eines
wichtigeren inhaltlichen Aspekts verzichtet. Die gezogenen Verbindungen zu
den Personen in den beiden Kontaktbereichen zeigen an, ob die Beziehung geeignet ist, kriminelles Verhalten von Ego eher zu hemmen oder zu fördern. Dass
mit sozialen Netzwerken eine gewisse Ambivalenz einhergeht, gehört zum ge-

sicherten Wissen der Netzwerkanalyse.[196] In der Darstellung stehen die roten Beziehungen für einen negativen Einfluss, während die grünen Verbindungen Hilfen für ein Leben ohne Straftaten abbilden. Die zwei Ausprägungen zur Stärke der Linie lassen Rückschlüsse auf die Intensität der Beziehung aus der Akteursperspektive zu.

Für Proband 1 überwiegen sowohl rein quantitativ als auch in der Gewichtung die negativ gepolten Kontakte. Auf zwei Schlüsselbeziehungen ist hierbei näher einzugehen. Im Bereich der schicksalhaft vorgegebenen Kontakte tritt Cousin 1 hervor, der neben einem Gelegenheitsjob als Türsteher auch den Zugang zur einschlägigen Szene vermittelt. Unter ganz anderen Vorzeichen steht dagegen die Bekanntschaft zu Herrn A. innerhalb der selbstgewählten Kontakte, der aus einer christlichen Gemeinde kommend, dem Probanden immer wieder Hilfe anbietet. Er begleitet ihn vor Gericht oder bemüht sich um die schulische und berufliche Qualifizierung. Die dargebotenen Chancen verstreichen jedoch fast immer ungenutzt.

Das fehlende Verhältnis zu Geld und Eigentum sowie das inadäquat hohe Anspruchsniveau mit dem entsprechenden finanziellen Gebaren führen bei Proband 1 in kurzer Zeit zu Schulden in Höhe von ca. 6.000-7.000 Euro. Die Gläubiger sind:

- eine Bank, aufgrund der Nutzung des Dispositionskredits im Rahmen von Einkäufen mit der EC-Karte,
- ein Telekommunikationsunternehmen, aufgrund unbezahlter Rechnungen,
- die Deutsche Bahn,
- mehrere Videotheken, aufgrund von Schadensersatzforderungen für einbehaltene DVDs und Konsolenspiele,
- die Gerichtskasse, aufgrund von Kosten, die aus den Strafverfahren erwachsen sind.

Ob die Zahlungsverpflichtungen bedient werden, bleibt offen. In jedem Fall mangelt es sowohl im Leistungs- als auch im Kontaktbereich an der Bereitschaft, eine tragfähige Perspektive zu entwickeln, um etwa auf legalem Wege Mittel zu erlangen und die Forderungen der Gläubiger zu begleichen. Die fehlende Lebensplanung zeigt sich auch im Verhalten des Probanden nach seinem Schul-

---

[196] vgl. bspw. *Baier/Nauck,* Soziales Kapital - Konzeptionelle Überlegungen und Anwendung in der Jugendforschung, S. 66, in: Ittel/Merkens (Hrsg.), Interdisziplinäre Jugendforschung. Jugendliche zwischen Familie, Freunden und Feinden, 2006, S. 49-71; *Janßen/Polat,* Soziale Netzwerke türkischer Migrantinnen und Migranten, Aus Politik und Zeitgeschichte, 01/2006, S. 11-17; *Portes,* Social Capital: Its Origins and Applications in Modern Sociology, Annual Review of Sociology (24) 1998, S.1-24.

abbruch. Legale und illegale Beschäftigungen wechseln sich ab, jede ange-nommene Arbeit wird nach kurzer Zeit abgebrochen und vorhandene Schu-lungsangebote abgelehnt, ohne dass sich über den weiteren Verlauf Gedanken gemacht wird.

Auch die Zeit nach Entlassung aus der Haft steht ganz im Zeichen der be-schrieben Entwicklung, weshalb nach wie vor eine starke Annäherung an die *Verlaufsform einer kontinuierlichen Hinentwicklung zur Kriminalität mit frühem Beginn* gegeben ist. Zwar liegt aufgrund der Verneinung des unstrukturierten Freizeitverhaltens zu diesem Zeitpunkt die kriminovalente Konstellation nicht mehr vor, dennoch bleibt die Prognose ungünstig, zumal die Strukturierung der Freizeit zu großen Teilen den laufenden „heißen Geschäften" geschuldet ist. Die weiteren relationalen K-Kriterien – Vernachlässigung des Arbeits- und Leis-tungsbereichs sowie familiärer und sonstiger sozialer Pflichten, fehlendes Ver-hältnis zu Geld und Eigentum, fehlende Lebensplanung - sind weiterhin gegeben und lassen auch in Zukunft delinquentes Verhalten erwarten.

Die Analyse des egozentrierten Netzwerks für das Intervall ab 2008 ver-deutlicht weitere Entwicklungen (vgl. Abbildung 3).

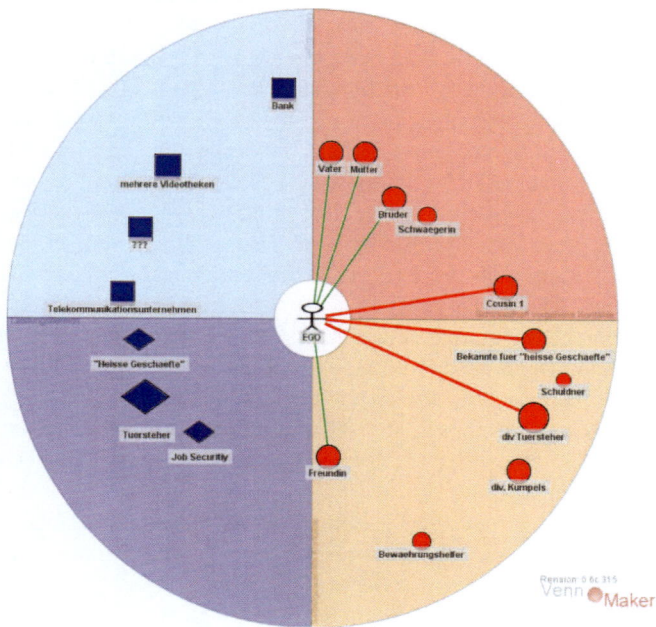

Abbildung 3:   Lebenssituation von Proband 1 nach der Entlassung ab 2008

Auch im Kontaktbereich schlägt sich die ungünstige Entwicklung nieder. Zu
Herrn A. aus der christlichen Gemeinde besteht kein Kontakt mehr, ebenso fallen
weitere kriminalitätshemmende Potentiale, wie etwa der Nachbar oder der Bekannte der Eltern, der eine legale Arbeitsstelle vermittelt hatte, weg. Stattdessen
gibt es neue Bekannte für „heiße Geschäfte". Ureigenste kriminalitätshemmende
Kontakte, wie die Herkunftsfamilie oder die Partnerin, können bei Proband 1
wenig Wirkung entfalten. Gegenüber der Freundin ist kaum Interesse an ihrer
Persönlichkeit oder ihrem Befinden vorhanden, sie ist auswechselbar. Die Hilfe
der Eltern wird bei Bedarf in Anspruch genommen, Auswirkungen auf das Verhalten hat ihre Meinung aber nicht. Auch die Beziehung zum Bruder ist auf
sporadische gemeinsame Freizeitunternehmungen begrenzt.

Bei Betrachtung der Gläubiger ist zu erkennen, dass zwei Gläubiger weg-
gefallen sind. Die entsprechenden Zahlungen wurden von den Eltern übernommen. Dafür ist mindestens ein neuer Gläubiger mit unbekannter Forderungs-
höhe hinzugekommen. Welcher Art diese Verbindlichkeiten sind, war im
Gespräch nicht zu erfahren. Die Bezahlung der Schulden durch die Eltern und
der Lebenszuschnitt des Probanden im zweiten Intervall erinnern auch an die
hohe Belastung der sozialen Beziehungen, die zu den finanziellen Belastungen
hinzutritt.

Der Aspekt, dass Proband 1 eine Person benennt, die bei ihm Schulden hat,
weist auf das wichtige Moment von Schulden hin, die dem üblichen Markt-
geschehen enthoben sind. Wenn es auch nicht außergewöhnlich ist, sich unter
Privatpersonen Geld zu leihen, birgt gerade dies eine im Einzelfall nicht unerhebliche Gefahr delinquenten Verhaltens. So besonders nachvollziehbar, wenn
man sich die Situation illegal eingereister Flüchtlinge vergegenwärtigt, denen der
Weg versperrt ist, über ein Kreditinstitut an finanzielle Mittel zu gelangen.
Ähnlich ausweglos kann sich die Lage auch bei anderen, beispielsweise straf-
fällig gewordenen Menschen gestalten, deren Möglichkeiten der Geldbeschaffung vergleichbar begrenzt sein können und sie auf immer fragwürdigere
„Quellen" mit den entsprechenden „Inkasso"-Praktiken verweisen.

Ein Blick auf den Leistungsbereich von Proband 1 rundet die ungünstige
Prognose für seine Legalbewährung ab. Neben der Arbeit als Türsteher und einer
Stelle im Securitybereich laufen auch nach der Entlassung erneut „heiße Ge-
schäfte".

In Beispielfall 2 zeigt der 1985 geborene Proband eine Annäherung an die
Verlaufsform der Kriminalität im Rahmen der Persönlichkeitsreifung. Die beiden
interessierenden Intervalle liegen zwischen 2004 und 2007 beziehungsweise
zwischen 2008 und dem letzten Erhebungszeitpunkt (vgl. Abbildung 4).

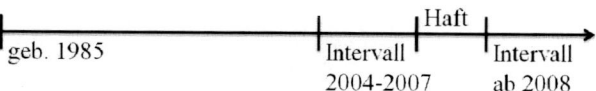

Abbildung 4:   Zeitstrahl Proband 2

Im ersten Intervall erfüllt Proband 2 im Wesentlichen seine Verpflichtungen innerhalb der Ausbildung und am Arbeitsplatz, ohne dabei erhöhtes Engagement erkennen zu lassen. Er wohnt in dieser Zeit bei seiner Schwester. Die K-Kriterien Vernachlässigung des Arbeits- und Leistungsbereichs sowie der sonstigen sozialen Pflichten und unstrukturiertes Freizeitverhalten werden in der kriminologischen Zugangsdiagnostik verneint. Somit liegen zwei der vier K-Kriterien, die die kriminovalente Konstellation ausmachen, nicht vor. Allerdings liegen die beiden anderen K-Kriterien der Konstellation – fehlendes Verhältnis zu Geld und Eigentum und eine fehlende Lebensplanung – vor. Hinzu tritt ein inadäquat hohes Anspruchsniveau. Das Vorliegen dieser K-Kriterien ist zu erheblichen Teilen dem finanziellen Bedarf geschuldet, welcher aus dem intensiven Substanzmittelkonsum des Probanden erwächst. Die Straftaten, die sich in diesem Lebenszuschnitt von Proband 2 finden, *dienen zum einen der Finanzierung der Substanzmittel und erfolgen zum anderen nach dem Konsum derselben.* Es kommt zu mehreren (Wohnungseinbruchs-)Diebstählen, einer Sachbeschädigung, versuchter gefährlicher Körperverletzung, schwerem Raub und mehreren Verstößen gegen das Betäubungsmittelgesetz. Im Jahr 2007 wird er nach einer Verurteilung wegen Raubes inhaftiert.

In der Darstellung des Netzwerks der Jahre 2004-2007 von Proband 2 sind insgesamt drei Gläubiger erkennbar (vgl. Abbildung 5).

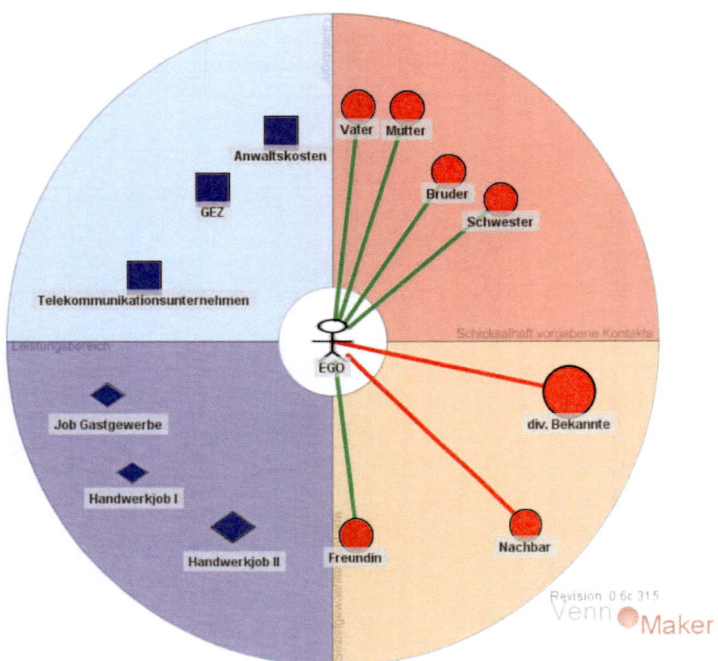

Abbildung 5:   Lebenssituation von Proband 2 vor der Inhaftierung von
                  2004-2007

Lediglich teilweise resultieren die Schulden aus den begangenen Straftaten. Bemerkenswert ist hier, dass zwar Anwaltskosten auflaufen, aber weder Schulden gemacht werden, die für eine Finanzierung von Substanzmitteln nahe-liegend wären, noch für anderweitig georderte Produkte, die aufgrund eines fehlenden Verhältnisses zu Geld und Eigentum in Kombination mit einem in-adäquat hohen Anspruchsniveau in vielen anderen Fällen festzustellen sind. Die Schulden bei der GEZ und bei einem Telekommunikationsunternehmen sind in dieser Hinsicht für sich genommen nichts Ungewöhnliches. Insgesamt belaufen sich die Verbindlichkeiten auf ca. 1.000-1.500 Euro.

Für die Annäherung an die Verlaufsform der Kriminalität im Rahmen der Persönlichkeitsreifung sprechen der Abschluss der Ausbildung und auch die wesentliche Erfüllung der Pflichten in den beiden Beschäftigungsverhältnissen, die dem Leistungsbereich zuzuordnen sind. Die problematischen und der Kriminalität von Proband 2 entsprechend zuträglichen Bekanntschaften finden sich bei den selbstgewählten Kontakten. Eine große Anzahl diverser Bekannter und ein Nachbar, mit dem gemeinsam konsumiert wird, bieten in dieser Konstellation viele Möglichkeiten für Straftaten. Auf der anderen Seite ist aber auch erkennbar, dass die Familie und die Freundin des Probanden sich intensiv um ihn bemühen und ein potentielles Gegengewicht darstellen. Seine Freundin tritt hier mit einer besonderen Konsequenz hervor, indem sie ihn dazu bringt, bereits eingesteckte Ware in einem Geschäft zurück zu legen oder indem sie von ihr entdeckte Drogen in seinem Beisein entsorgt. Anknüpfend an diese positiven Zeichen, stellt sich das soziale Netzwerk von Proband 2 ab dem Jahr 2008 wie folgt dar (vgl. Abbildung 6):

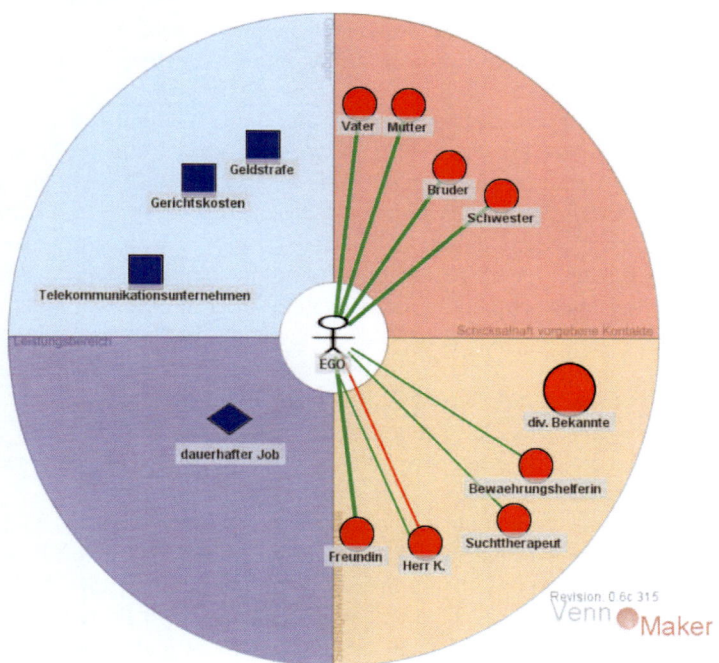

Abbildung 6:   Lebenssituation von Proband 2 nach der Entlassung ab 2008

Nach der Entlassung aus der Haft fehlt bei den negativ gepolten Kontakten der Konsumpartner aus der Nachbarschaft. Auch die zeitlich intensive Begegnung mit den zahlreichen Bekannten wird auf ein lockeres Maß – man grüßt sich noch, verbringt aber keine Zeit mehr miteinander – reduziert, womit ein subkultureller Einfluss wegfällt. Die *tragenden menschlichen Bindungen dagegen bleiben bestehen* und werden durch einen neuen Freund, Herrn K. sowie die Bewährungshelferin und einen Suchttherapeuten ergänzt. Der Proband hat die *Einsicht* und den Willen gewonnen, das *Suchtmittelproblem* anzugehen. Auffällig in der Darstellung der selbstgewählten Kontakte ist die *doppelte Polung von Herrn K.*, der ca. 50-60 Jahre alt ist. Dies rührt aus der Ambivalenz der Beziehung her. Kriminalitätshemmend ist der enge und vertrauensvolle Kontakt zum Probanden und seiner Freundin, der mit einer gewissen väterlichen Attitüde verknüpft ist. Herr K. hilft nicht nur emotional, sondern auch materiell aus. Gleichzeitig ist der Proband für Ideen von Herrn K. offen, die sich in der Grauzone zur Legalität bewegen. Mit Blick auf die Gläubiger kann man erkennen, dass die Forderungen seitens des Anwalts und der GEZ nicht mehr bestehen. Beide sind von der Familie und der Freundin des Probanden beglichen worden. Hier stehen also stabile und zahlungsfähige Kontakte hinter dem Probanden, die auch bereit sind, finanziell zu helfen.

Dies weist auf die wichtige Aufgabe der Schuldenregulierung während und nach einer Haft hin, um eine echte Perspektive entwickeln zu können.[197] Die Integration in den Leistungsbereich gelingt somit eher, wenn am Ende des Monats ein Betrag über der Pfändungsfreigrenze zur Verfügung bleibt. Um die Verstrickungen von Schulden und Delinquenz zu lösen, gibt es in vielen Bundesländern Stiftungen, die sogenannte Umschuldungen anbieten.[198] Ehemals inhaftierten Menschen wird so bei der Regelung ihrer Schuldensituation geholfen. Die Hilfe ist an bestimmte Voraussetzungen geknüpft, vielfach an eine Erklärung zur aktiven Mitarbeit, eine Stellungnahme zu verschiedenen Themen, eine SCHUFA-Selbstauskunft, eine Maximalhöhe der Schulden. Durch die Bereitstellung eines zinslosen Darlehens tritt die Stiftung für die Verpflichtungen des Einzelnen ein, um eine geordnete Entschuldung (nur noch ein Ansprechpartner, keine weiter auflaufenden Zinsen) zu ermöglichen.

Bei Proband 2 hat eine solche Umschuldung nicht stattgefunden. Seine Schulden belaufen sich nach der Entlassung weiterhin auf ca. 1.000-1.500 Euro und zwar nun schwerpunktmäßig *infolge der begangenen Straftaten*. Neu hinzugetreten sind die Gerichtskosten und eine Geldstrafe. Da Proband 2 zusammen mit seiner Freundin in geordneten Verhältnissen lebt und beide einer Beschäftigung nachgehen, können die Schulden auch ohne Umschuldung in monatlichen Raten zurückgezahlt werden.

---

[197] *Stelly/Thomas*, Wege aus schwerer Jugendkriminalität. Eine qualitative Studie zu Hintergründen und Bedingungen einer erfolgreichen Reintegration von mehrfachauffälligen Jungtätern, 2004, S. 115, in: Kerner (Hrsg.), Tübinger Schriften und Materialien zur Kriminologie, Band 5.
[198] In Rheinland-Pfalz wird diese Aufgabe von der „Stiftung Entschuldungshilfe", in Hessen von der Stiftung „Resozialisierungsfonds für Straffällige" übernommen.

Für das Intervall ab 2008 zeigt sich insgesamt, dass keines der *relationalen K-Kriterien der kriminovalenten Konstellation* mehr gegeben ist und auch das inadäquat hohe Anspruchsniveau nicht mehr bejaht werden kann. Proband 2 rechtfertigt gegenüber seinem sozialen Umfeld das in ihn gesetzte Vertrauen. Für den untersuchten Querschnitt ist die Entwicklung sehr positiv, darf aber nicht gleichgesetzt werden mit einem Lebenszuschnitt, der gegen Straftaten völlig immunisiert.

Netzwerkbildung unter Bedingungen von Armut und Migration

Tina Hollstein, Lena Huber, Cornelia Schweppe

1 Theoretischer und methodischer Rahmen

Personen mit Migrationshintergrund sind in Deutschland überdurchschnittlich häufig von Armut betroffen. Dies wurde empirisch vielfach belegt, nicht zuletzt durch die Armuts- und Reichtumsberichte der Bundesregierung (zuletzt Bundesregierung 2008). Welche Bewältigungsanforderungen jedoch aus der Lebenssituation unter Bedingungen der Armut und Migration entstehen und wie diese bewältigt werden, bleibt weitgehend ein Desiderat. Im folgenden Aufsatz werden einige Ergebnisse einer Studie vorgestellt, die diese Frage zu ihrem Gegenstand macht.

Den theoretischen Rahmen der Studie bilden sozialpädagogische Bewältigungskonzepte (Böhnisch/Schefold 1985; Lenz/Schefold/Schröer 2004; Böhnisch 1997). In diesen Konzepten werden Bewältigungsprozesse im Spannungsfeld subjektiver Gestaltung und objektiver Strukturen verortet und als Prozesse verstanden, die sich innerhalb der Ambiguität zwischen vorgegebener Regelhaftigkeit und Emergenz ansiedeln. Denn Bewältigungsanforderungen resultieren aus Problemen oder Problemlagen, die einerseits an spezifische gesellschaftliche und soziale Strukturen, Bedingungen und Prozesse gebunden sind, die aber gleichzeitig subjektiv gedeutet werden und subjektiv unterschiedliche Bedeutungen haben. Auch das Bewältigungshandeln ist von den vorgegebenen gesellschaftlichen und sozialen Strukturen und Bedingungen abhängig, die Optionen und Ressourcen für die Lösung oder Linderung von Problemlagen bereitstellen oder begrenzen. Gleichzeitig ist der Bewältigungsprozess jedoch an den jeweiligen Akteur und dessen persönliche, soziale und materielle Ressourcen und Optionen wie auch akteursbezogene Prozesse, Strategien und Muster des Handels, Denkens und Fühlens gebunden.

In Orientierung an diesen theoretischen Annahmen sollte untersucht werden, welche Problemlagen und Belastungen bei Menschen mit Migrationshintergrund, die in Armut leben, entstehen, warum sie zum Bewältigungsgegenstand des jeweiligen Akteurs werden, welche Wege, Strategien und Mittel entwickelt und eingesetzt werden, um sie zu lindern, mit welchen Zielen sie verfolgt werden und welche Auswirkungen und Bedeutung sie für die Lebenssituation haben bzw. ihnen von den Akteuren für ihre Lebenssituation beigemessen wird.

Obwohl die bisherigen Bewältigungskonzepte die Bedeutung von sozialen Netzwerken nahe legen, hat sie die Bewältigungsforschung bislang nur ansatzweise systematisch zum Gegenstand der Forschung gemacht. Soziale Netzwerke kommen für die Bewältigungsforschung jedoch systematisch in den Blick, wenn die bisherigen Ergebnisse aus der Sozialen Unterstützungsforschung zu eigen gemacht werden.

Soziale Unterstützung meint – allgemein formuliert – „die Mechanismen, durch die Individuen von ihrer sozialen Umwelt gegen bedrohliche und beeinträchtigende Erlebnisse und Erfahrungen abgeschirmt und bei deren Eintreten und Verlauf sie in ihren Bewältigungsanstrengungen gefördert werden können" (Nestmann 2001, S. 1687). Von Beginn an hat die Soziale Unterstützungsforschung einen Schwerpunkt auf zwischenmenschliche Beziehungen und soziale Einbindungen gelegt und ihre positiven Effekte zur Bewältigung und Prävention belastender und einschränkender Lebensereignisse und Lebensverläufe untersucht. Diesbezüglich ist das Konzept des sozialen Netzwerks von grundlegender Bedeutung. Als intermediäre Struktur zwischen der Mikroebene zwischenmenschlicher Beziehungen und der Makroebene sozialer Strukturen und Prozesse ermöglicht das Konzept, sowohl Einflüsse engerer und weiterer Bezüge auf die persönliche Entwicklung und individuelles Erleben und Verhalten zu begreifen als auch die persönlichen Einflüsse auf die engeren und weiteren Beziehungen zu identifizieren. Ebenso verweist das Netzwerkkonzept auf die Dynamik sozialer Beziehungen und Bindungen. In sich verändernden Situationen und gesellschaftlichen Strukturen bleiben soziale Beziehungen des Einzelnen nicht unverändert, sondern sind über die Zeit und in neuen Konstellationen neu herzustellen, aktiv auszuhandeln und immer wieder zu sichern. Damit werden Akteure als aktiv Handelnde betrachtet, sodass insbesondere auch die aktive Seite der Auseinandersetzung mit der sozialen Welt und deren Aneignung wie Gestaltung in den Blick geraten.

Es wurde vielfach belegt, dass soziale Netzwerke sowohl zur Linderung belastender und beeinträchtigender Lebensereignisse, Lebensumstände oder Lebensverläufe beitragen („Puffereffekt") als auch präventive Funktionen haben, indem sie menschliches Wohlbefinden und das Wohlergehen fördern und Störungen verhindern, wenn keine Belastungen vorliegen („Direkteffekt").[199]

---

[199] Die Soziale Unterstützungsforschung unterscheidet bereits seit den 1970er Jahren zwischen den Puffereffekten und den Direkteffekten Sozialer Unterstützung (vgl. z. B. Cobb 1976; Cohen/Wills 1985). Puffereffekte beziehen sich auf Situationen mit spezifisch belastenden Umständen oder Ereignissen. Durch Soziale Unterstützung werden solche Ereignisse und Umstände „abgepuffert", indem einerseits deren Wahrnehmung und Interpretation und andererseits deren Quantität oder Qualität

Um das Bewältigungshandeln von in Armut lebenden Migrantinnen und Migranten zu untersuchen, wurden erzählgenerierende Leitfadeninterviews durchgeführt. Qualitative Interviews geben den Befragten selbst das Wort, sie haben Gelegenheit, über ihre Weltsicht, Erfahrungen und Kontexte zu berichten und machen diese der Forschung zugänglich. Sie sind zugänglich für Situationsdeutungen und Handlungsmotive und können Alltagstheorien und Selbstinterpretationen differenziert erheben. Da Bewältigungshandeln und die zugrunde liegenden Ressourcen, Ziele und Motive den Betroffenen keineswegs immer eigentheoretisch verfügbar sind, und somit kaum direkt abgefragt werden können, erweist sich eine Erhebung mittels qualitativer Interviews als entsprechend indiziert.

Insgesamt wurden 21 Interviews erhoben, die nach dem Verfahren des theoretical samplings (Glaser/Strauß 1967) ausgewählt wurden. Die Auswertung erfolgte nach dem von Fritz Schütze entwickelten sequenzanalytischen Verfahren (Schütze 1983). Den Abschluss der Auswertung bildete in Anlehnung an das „Verfahren der minimalen und maximalen Kontrastierung" die Entwicklung einer Typologie, in welcher sich die in den Einzelfallanalysen deutlich gewordenen Differenzen des Bewältigungsprozesses abzeichnen.

2   Forschungsergebnisse

Als zentrales Ergebnis unserer Studie lässt sich festhalten, dass es nicht die mangelnden finanziellen Mittel sind, die im Vordergrund des Bewältigungshandelns stehen. Vielmehr zeigte sich, dass die zentralen Belastungsgegenstände aus Ausgrenzungsprozessen und mangelnder Anerkennung resultieren, die von Armut betroffene Menschen mit Migrationshintergrund erfahren, und dementsprechend im Mittelpunkt des Bewältigungshandelns stehen (vgl. Hollstein/

---

beeinflusst werden (vgl. Nestmann 1988). Der Direkteffekt Sozialer Unterstützung bezieht sich auf die unmittelbar protektive Wirkung von Unterstützungsbeziehungen auf das Individuum. Soziale Unterstützung wird durch unterschiedliche Formen geleistet, zu deren Kategorisierung in der Regeln auf House (1981) zurückgegriffen wird. Er unterteilt soziale Unterstützung in 1.) emotionale, 2.) informativ-beratende, 3.) praktisch-instrumentelle (auch materielle) und 4.) interpretativ-deutende Hilfen. Soziale Unterstützung kann dabei sowohl durch informelle (z. B. Freunde, Bekannte, Nachbarn, Verwandte), organisierte (z. B. Selbsthilfegruppen) oder professionelle Hilfesysteme (z. B. durch Ärzte, Pädagogen, Psychotherapeuten) (vgl. Badura 1981a; Minnemann 1994) erfolgen. Empirisch konnte die positive Wirkung von Sozialer Unterstützung sowohl als Puffer- als auch als Direkteffekt mittlerweile in vielfältigen Studien in den unterschiedlichsten Feldern krankheitsbezogener, psychischer, psychosozialer und sozialer Problemlagen empirisch nachgewiesen werden. Allerdings wurde bereits relativ früh auch auf mögliche kontraproduktive bzw. negative und belastende Wirkungen Sozialer Unterstützung hingewiesen (vgl. z. B. Antonucci 1985; Laireiter/Lettner 1993).

Huber/Schweppe 2010). Ausgrenzungsprozesse und mangelnde Anerkennung haben ebenso einen zentralen Stellenwert für die Netzwerkbildung. Die Studie ermittelte diesbezüglich vier zentrale Ergebnisse.

1. Die Bildung und Aufrechterhaltung von sozialen Netzwerken ist unter Armuts- und Migrationsbedingungen erschwert und/oder eingeschränkt.

Die Studie zeigt, dass die Bildung und Aufrechterhaltung von sozialen Netzwerken unter Armuts- und Migrationsbedingungen erschwert bzw. eingeschränkt ist. Insbesondere strukturelle Faktoren führen zur Begrenzung von Netzwerken. So wurde deutlich, dass es außerhalb von Freizeit, Schule und Erwerbsleben kaum Gelegenheiten gibt, um Netzwerke zu bilden. Die von Armut betroffenen Migrantinnen und Migranten waren jedoch in der Regel nicht in den allgemeinen Arbeitsmarkt integriert und sie konnten auch in der Freizeit Gruppenaktivitäten und Vereinsmitgliedschaften aufgrund der damit verbundenen Kosten wenig wahrnehmen. Dadurch erfuhren Partizipations- und damit auch Kontaktmöglichkeiten zur Aufrechterhaltung und Bildung von sozialen Netzwerken deutliche Einschränkungen.

Besonders deutlich werden diese Zusammenhänge am Fall Viktor Romanov, der im Alter von Mitte 40 als Kontingentflüchtling aus der Ukraine nach Deutschland migrierte. Herr Romanov hoffte, in Deutschland seinem Beruf als Diplom-Ingenieur unter besseren Bedingungen nachgehen zu können und dadurch soziale und berufliche Verbesserungen zu erzielen. Jedoch scheiterten sämtliche Versuche einer Arbeitsaufnahme auch in unqualifizierten Beschäftigungsbereichen. Da Herr Romanov keinen Anschluss an den deutschen Arbeitsmarkt finden konnte, lebt er von Hartz IV.

Wie andere Teilnehmerinnen und Teilnehmer der Studie thematisiert auch er die mit dieser Lebenssituation verbundenen Schwierigkeiten, soziale Beziehungen herzustellen. Weder hat er die Möglichkeit über Arbeit soziale Beziehungen aufzubauen noch sind die ihm zur Verfügung gestellten finanziellen Mittel ausreichend, um sozio-kulturell partizipieren zu können.

Unter Armuts- und Migrationsbedingungen ist auch die Möglichkeit, in der Schule soziale Netzwerke zu bilden, erschwert. Armutsbedingt eingeschränkt wird die Netzwerkbildung aufgrund der starken Bedeutung, die Statussymbolen in dieser Altersgruppe zuzukommen scheint. So erzählt etwa Asina Barzani, eine 23-jährige Studentin, die als Kind mit ihrer Familie aus Kurdistan nach Deutschland geflüchtet ist, über den fehlenden Besitz spezifischer Konsumgüter:

„Wenn sie sich von Buffalo etwas gekauft haben oder von irgendwelchen Marken und ich immer irgendwelche anderen Sachen getragen habe dann war ich so ja ‚du hast ja eh keine Ahnung, du kannst dir ja eh nicht leisten' das war ein Zeitabschnitt das war grausam das war einfach schrecklich".

Unabhängig von solch finanziellen Aspekten wurden speziell Strukturen des Bildungssystems transparent, welche die Möglichkeiten der Netzwerkbildung für Migrantinnen und Migranten beschränken. So erzählt dieselbe Befragte über so genannte „Ausländerklassen", in die sie an der Grundschule zunächst eingeteilt wurde. Dass der Einsatz eines Lehrers es ihr schließlich ermöglichte, eine Regelklasse zu besuchen, beschreibt sie mit den Worten: „Weil mein Lehrer [...] er hat gesehen ich kann mich nicht entwickeln das war mein Glück". Hier wird deutlich, dass die Akteurin „Ausländerklassen" nicht nur als begrenzend für die eigene Entwicklung erlebt hat und diesen Einschränkungen nur durch „Glück" entgehen konnte. Vielmehr zeigt sich auch, dass solche schulischen Strukturen einen Beitrag zur Begrenzung von sozialen Netzwerken leisten können. Denn Kontakt- und Partizipationsmöglichkeiten sind Bedingungen dafür, soziale Netzwerke bilden zu können. Durch Strukturen wie die Segregation in Ausländerklassen werden jedoch die in der Schule potentiell vielfältig bestehenden Möglichkeiten, Beziehungen zu Peers aufzubauen, auf eine bestimmte Personengruppe (in diesem Fall: Kinder ausländischer Herkunft) beschränkt.

Ebenso verhält es sich mit der räumlichen Segregation in bestimmten, von der Mehrheitsgesellschaft abgetrennten Wohnsiedlungen. Asina Barzani etwa beschreibt ihre anfängliche Wohnsituation und die damit verbundenen Konsequenzen folgendermaßen:

„Ein Platz nur Ausländer in es waren zwei Hochhäuser [...] es gab keine Deutsche unter uns also es war ja auch als ein Ort angesehen die Ausländerecke [...] meine deutschen Freunde zum Beispiel sobald sie vor der Haustür standen wurden sie mit Steinen beworfen (.) von ausländischen Kindern weil sie einfach diese Distanz zwischen uns war (.) deshalb hab ich kaum deutsche Freunde gehabt die mich zuhause besucht haben".[200]

---

[200] In den folgenden Interviewauszügen werden die Äußerungen der Interviewten buchstabengetreu wiedergegeben. Die in den Transkriptionen vorgenommene Interpunktion entspricht nicht grammatikalischen Regeln. So steht z. B. jeder Punkt in einer Klammer für eine Pause (durch Luftholen, Stocken o. ä.) von etwa einer Sekunde. Eine eckige Klammer mit drei Punkten [...] zeigt Auslassungen des originalen Interviewtextes an. Ebenfalls in eckigen Klammern stehen Anmerkungen der Autoren, die der besseren Nachvollziehbarkeit eines Interviewauszuges dienen sollen (wie z. B. „sie [die Kinder]").

Konkret beschrieben wird hier ein Gefühl der sozialen Distanz, das aus der räumlichen Separation hervorgeht und zu psychosozialen Spannungen führt, die den Aufbau positiver sozialer Beziehungen erschweren oder auch verhindern können.

Die Konfrontation mit Vorurteilen und Stigmatisierung von Seiten der Mitglieder der Mehrheitsgesellschaft kann dabei noch potenzierend wirken. So berichten alle Interviewten von Erfahrungen, dass ihnen mit Argwohn, Ablehnung und Abwertung begegnet wurde. Diese negative Haltung gegenüber Zugewanderten, durch welche die Netzwerkbildung negativ tangiert wird, kommt auch in Form von öffentlichen (u. a. politischen) Diskursen zum Ausdruck und wird somit gerade auch durch diese forciert. Asina Barzani stellte sich angesichts solcher Erlebnisse z. B. oft die Frage:

> „Was mache ich hier wenn sie mich nicht akzeptieren (?) […] ich bin ja nicht hier hin gekommen weil ich wollte ich musste hier hinkommen (..) das war ein Argument von mir was ich immer dann vielen gesagt habe wenn die gesagt haben ‚ja ihr seid in unserem Land' oder ‚was macht ihr hier' oder […] wo die Arbeitslosigkeit dann ja ‚die nehmen uns sowieso die ganzen Arbeitsplätze weg' und da muss man ja auch damit klarkommen […] das ist nur Probleme über Probleme und überwältigend."

Neben diesen exemplarisch aufgezeigten strukturellen Hürden für die Netzwerkbildung wurden auch Faktoren deutlich, die mit Versuchen der Betroffenen, ihre prekäre finanzielle Situation zu bewältigen, in Zusammenhang stehen.

So zogen sich die Betroffenen z. B. aus Scham oder Angst aus ihrer sozialen Umgebung zurück, weil sie befürchteten, die Außenwelt könne die prekäre finanzielle Situation bemerken. Dieser Rückzug dient präventiv als Schutz vor Ausgrenzungserfahrungen, bringt aber gleichzeitig Probleme der Netzwerkbildung mit sich. Eine heute 23-jährige Studentin, die als Kind mit ihrer Familie aus der Türkei nach Deutschland migrierte, erzählt z. B. über ihre Schulzeit: „Ich mit meinen Klamotten aus der Türkei […] ich kann mich dran erinnern dass ich auch wirklich viele Pausen so auf der Toilette verbracht habe."

Zudem ist die Bildung und Aufrechterhaltung sozialer Netzwerke meist auch mit finanziellen Kosten verbunden, welche die von Armut Betroffenen nicht aufbringen können. Aufgrund der Notwendigkeit zu sparen werden insbesondere gemeinsame Aktivitäten enorm eingeschränkt. Asina Barzani zählt z. B. u. a. auf: „nicht mit Freunden ausgehen", „nicht ins Kino gehen", „nicht so oft ins Schwimmbad", „nie Essen gehen". Hinzu können auch noch zeitliche Aspekte durch Armutsbelastungen kommen: Dieselbe Befragte begann beispielsweise schon als Schülerin in einem Altenheim zu arbeiten, um ihre Mutter finanziell zu unterstützen. Ihren dadurch extrem belastenden Tagesablauf beschreibt sie wie folgt: „Ich bin nach der Schule nach Hause ich musste kochen für die Kinder dann Hausarbeit mittags bin ich dann meiner Mutter im Geschäft helfen und von fünf bis neun Uhr war ich im Altenheim und dann war ich zu Hause Hausaufgaben machen." Zeit für Freunde blieb dabei kaum.

2. *Soziale Netzwerke sind unter Armuts- und Migrationsbedingungen in besonderem Maße notwendig.*

Während die Entwicklung und der Erhalt von sozialen Netzwerken unter Armuts- und Migrationsbedingungen erschwert sind, werden sie aufgrund ihrer Unterstützungsfunktionen jedoch von den Betroffenen angesichts ihrer erschwerten Lebensbedingungen in besonderem Maße benötigt. Soziale Netzwerke stellen erweiterte Handlungsoptionen zur Bewältigung der vielfältigen Lebens- und Alltagsschwierigkeiten bereit. Z. B. wurde im Alltag im Rahmen sozialer Netzwerke vielfältig informativ-beratende Unterstützung, Hilfe im Umgang mit Behörden, Übersetzungstätigkeiten und kostenlose Kinderbetreuung geleistet.

Speziell die materielle Bedeutung sozialer Netzwerke wurde in den Fallanalysen immer wieder deutlich. In fast allen Fällen bestand mehr oder weniger regelmäßig die Notwendigkeit, sich Geld zu leihen. In diesem Zusammenhang hebt z. B. Sybel Tosun, eine alleinstehende, fünffache Mutter türkischer Herkunft, hervor, dass es unter ihren Landsleuten üblich sei, sich gegenseitig in Notlagen zu unterstützen: „Wenn die nicht haben oder andere braucht sehr dringend wir versuchen ich versuche jemandem zu leihen dann gebe ich ihm verstehen se (?) muss man zusammenhalten weil wir sind in eine fremde Land".

Neben den genannten praktischen und finanziellen Formen sozialer Unterstützung, zeigt sich die Relevanz sozialer Netzwerke in der vorliegenden Studie insbesondere auch auf der emotionalen Ebene. Asina Barzani z. B. beschreibt die Bedeutung sozialer Beziehungen zur persönlichen Entlastung:

> „Ich hab es so gemacht dass ich eben abschalten konnte dadurch dass ich mit meinen Freunden dann zusammen war und (.) dann geflüchtet bin in diese Welt und [...] meine Seele bereinigt habe mit meinen Freunden so also könnt ich das beschreiben (.) weil so die ganze Zeit zu Hause hätt ich`s nicht ertragen (...) wenn man an denen vorbei geht und die sagen ‚ach guck mal da das ausländische Mädchen' oder so dann ignoriert man ja vieles wenn du gute Freunde hast dann sagen sie ‚ach lass die' dann geben sie einem Mut aber wenn man alleine ist ist das nicht gut."

3. Aus dem Konflikt zwischen der Begrenzung sozialer Netzwerke und ihrer gleichzeitigen Bedeutung für die Bewältigung von Armut unter Migrationsbedingungen resultieren verstärkte Bemühungen der Betroffenen, sich soziale Netzwerke zu erschließen.

Von den Betroffenen werden durchweg Versuche unternommen, sich (neue) Netzwerke zu erschließen. Die Entwicklung von sozialen Netzwerken lässt sich als Teil des Bewältigungshandelns von Armut unter Migrationsbedingungen verstehen.

Insgesamt erwiesen sich dabei insbesondere signifikante Andere für die Netzwerkbildung von zentraler Bedeutung. Dies wurde z. B. im Falle von Asina Barzani besonders deutlich. So verhalf hier der Lehrer, ihr soziales Netzwerk zu erweitern, indem er sie aus der separierenden Ausländerklasse herausnahm und damit strukturellen Begrenzungen der Netzwerkbildung entgegenwirkte.

Das Internet spielt ebenso eine nicht unerhebliche Rolle. So erweiterte z. B. Sita Thiruchandran, eine tamilische Studentin, ihr bestehendes primär verwandtschaftliches Netzwerk über ein Internetforum virtuell. Hier erwies sich das Internet von Bedeutung, um sowohl armuts- als auch migrationsbedingte Begrenzungen zu übergehen. Die über diesen Zugang gewährleistete Reichweite und die Möglichkeit einer kostenfreien Nutzung als Studentin, wie vielleicht auch die Anonymität scheinen Faktoren zu sein, die diese Möglichkeit der sozialen Netzwerkbildung entsprechend attraktiv erscheinen lassen.

Dass Bemühungen der Netzwerkbildung jedoch keineswegs in allen Fällen zum gewünschten „Erfolg" führten, verweist erneut auf die Schwierigkeiten, außerhalb von Arbeitsleben und mit Kosten verbundenen Freizeittätigkeiten Netzwerke zu entwickeln. Viktor Romanov z. B. erzählt:

„Ich war hier erste Mal und dachte wo kann ich kennen lernen (?) ich war im Wald und zu alte Leute gegangen und wollte etwas sagen und sie waren erschrocken (…) dann ging ich im Real einkaufen […] das macht auch kein Sinn im Supermarkt mit jemanden sprechen (…) und so weiter und auf die Straßen sind leer alle fahren Fahrrad oder Auto und […] ich bin nicht kontaktscheu oder so umgekehrt trotzdem finde ich keinen Kontakt hier und das ist fast alle erzählen gleich auch diese attraktive Frau hat gesagt sie findet hier fast kaum Kontakt und dann höre ich Radio eine Frau erzählt begeistert von einer Amerikareise und wie kann man in Amerika ‚hallo hallo wie heißt du (?)' und dann denke ich kommt sie nach Deutschland und wenn ich sage ‚hallo' dann sagt sie ‚bist du bescheuert (?)' oder so ja so".

Obwohl Herr Romanov intensiv um sozialen Anschluss bemüht war, befindet er sich in der Situation, dass er keine engeren, vertrauten Beziehungen, sondern – wie er sagt – nur „ein zwei drei Bekannte" hat. Daran änderte sich auch durch die

Wahrnehmung von kostenlosen Gruppenaktivitäten in der Freizeit (wie Wanderungen oder Veranstaltungen der jüdischen Gemeinde) wenig. Da er sich kein seinen Bedürfnissen entsprechendes soziales Netzwerk aufbauen konnte, zieht er heute aus seinen zehnjährigen Erfahrungen in Deutschland resigniert das Resümee: „Ich sage das was ich am meisten verloren habe das ist menschlicher Kontakt".

4. Arme Migrantinnen und Migranten halten transnationale Familiennetzwerke aufrecht, die in ihrer Bedeutung ambivalent sind.

Die Studie zeigt, dass transnationale Familiennetzwerke unter Bedingungen der Migration und Armut aufrechterhalten werden. Viele der Interviewten verfügen über Netzwerke mit Familienmitgliedern in den Herkunftsländern, innerhalb derer gegenseitige Unterstützungen geleistet wird. Dies verdeutlicht, dass die Verantwortung gegenüber der Familie trotz geographischer Distanz auch unter Bedingungen der Armut erhalten und die Familie sich somit auch unter belasteten Bedingungen (Armut) als verlässliche Hilfeinstanz erweist. So leisten viele der Interviewten auch unter erschwerten Bedingungen finanzielle Unterstützung an die oft noch ärmeren Familienmitglieder in den Herkunftsländern[201]. Diese Unterstützungsleistungen sind jedoch insofern prekär, als dass sie zur Entstehung bzw. Verschärfung der eigenen Armut beitragen können. So erzählt eine junge Frau mit türkischem Migrationshintergrund, dass die von ihren Eltern zur Armutsreduktion der Familie im Herkunftsland geleistete finanzielle Unterstützung die eigene Verschuldung in Deutschland zur Folge hatte:

„Sie [die Mutter] fühlt sich in der Pflicht es ist auch so wenn meine Mutter in der Türkei war also [...] die Probleme wurden erzählt ah da ist das da ist das und der macht so und meine Mutter war diejenige die sich dann um alles gekümmert hat ja [...] und dann gab es da Geldprobleme und dann hat sie da Geld gegeben und es war meine Mutter war dann immer da dafür da für alle Probleme ja [...] von meiner Mutterseite aus ist sind die eher arm und es ist halt so dass meine Mutter die Familie unten immer unterstützt (.) [...] wir ham ja ach ich weiß nicht wie lang das schon her ist ein Kredit aufgenommen gehabt für das Haus (.) das in der Türkei das sie gebaut hatten [...] meine Eltern haben einen Kredit aufgenommen den bezahlen sie auch noch."

---

[201] In der Transmigrationsforschung und der Entwicklungszusammenarbeit nehmen aufgrund der enormen Höhe finanzielle Transfers von Migrantinnen und Migranten eine bedeutende Stellung ein (vgl. z. B. Portes u. a. 2005; Oroszo 2004). Diese Transfers übersteigen die von der Entwicklungshilfe zur Verfügung gestellten Mittel und stellen für viele Länder die größte Quelle des Auslandskapitals dar. Sie tragen wesentlich zur Reduzierung von Armut in den Herkunftsländern bei (The International Bank for Reconstruction and Development, The World Bank 2006; Lopez Cordova 2005).

Arme Migrantinnen und Migranten sind im Rahmen transnationaler familialer Netzwerke aber nicht nur Unterstützungsleistende sondern auch Unterstützungs-erhaltende. Während in ihrer Rolle als Gebende finanzielle Unterstützungs-leistungen zu dominieren scheinen, erhalten sie selbst vor allem Unterstützungen im sozialen Bereich. Dass diese sozialen Unterstützungsleistungen allerdings gleichzeitig mit finanziellen Entlastungen einhergehen können, zeigt sich am Beispiel eines Systems transnationaler familialer Kinderbetreuung. Im Fall einer in Deutschland lebenden, polnischen allein erziehenden Mutter einer drei Monate alten Tochter, kommen Mutter und Cousine für ca. vier bis sechs Wochen ab-wechselnd nach Deutschland, um den Säugling zu betreuen und der Mutter eine Erwerbstätigkeit zu ermöglichen.

Transnationalen familialen Netzwerken kommen auch im Rahmen von Sparmaßnahmen, die arme Migrantinnen und Migranten zur Bewältigung knapper finanzieller Mittel entwickeln, eine nicht zu unterschätzende Bedeutung zu. Familiale Netzwerke werden genutzt, um sich vom Herkunftsland preis-günstigere Güter, wie Kleidung oder Medikamente, nach Deutschland senden zu lassen oder um im Herkunftsland preisgünstigere Dienstleistungen wie Repara-turen zu organisieren.

3   Fazit

Aus den dargestellten Ergebnissen können folgende Schlussfolgerungen gezogen werden:

1. Netzwerkbildungen sind unter den Bedingungen von Armut und Migration in Deutschland strukturell in doppelter Weise erschwert. Prozesse der ge-sellschaftlichen Ausgrenzung, Diskriminierung sowie der Mangel an sozialer Anerkennung und gesellschaftlichen Partizipationsmöglichkeiten sind dabei zentral. Armuts- und migrationsbezogene Faktoren lassen sich dabei nur analytisch auseinander halten. Gerade das Aufeinandertreffen von Armut UND Migration bewirkt die besonderen und kumulierten, struk-turellen Benachteiligungen der Netzwerkbildung.
2. Eingeschränkte Netzwerke stellen nicht nur eine zusätzliche emotionale Belastung für die Lebenssituation unter Armut und Migration dar, sondern haben auch erhebliche Einschränkungen für deren Bewältigung zur Folge. Entsprechend werden sie zur eigenen Bewältigungsaufgabe unter Be-dingungen von Armut und Migration.

3. Die aufgezeigten strukturellen Bedingungen, die die Netzwerkbildung unter Armuts- und Migrationsbedingungen erschweren, machen deutlich, dass die Förderung von Netzwerkbildungen sich nicht auf die Akteursebene begrenzen kann. Vielmehr gilt es den strukturellen, institutionellen und rechtlichen Kontext einzubeziehen. Hieraus wird ein Handlungsbedarf auf gesellschaftspolitischer Ebene deutlich.

4. Die Untersuchung von sozialen Netzwerken unter Bedingungen der Migration und Armut bedarf einer transnationalen Perspektive, um die vielfältigen grenzüberschreitenden Beziehungen, die Migrantinnen und Migranten aufrechterhalten bzw. entwickeln, auch im Hinblick auf ihre Netzwerkbildung in den Blick nehmen zu können.

Literatur

Antonucci, T.C.: Personal characteristics, social support, and social behavior. In: Handbook of aging and the social sciences. New York 1985, S. 94-128.

Badura, B.: Sozialpolitik und Selbsthilfe aus traditioneller und aus sozialdemographischer Sicht. In: Badura, B./v. Ferber, C. (Hrsg.): Selbsthilfe und Selbstorganisationen im Gesundheitswesen. München 1981a.

Böhnisch, L./Schefold, W.: Lebensbewältigung, Weinheim und München 1985.

Böhnisch, L.: Sozialpädagogik der Lebensalter. Weinheim und München 1997.

Bundesregierung (Hrsg.): Lebenslagen in Deutschland. Der dritte Armuts- und Reichtumsbericht der Bundesregierung. Berlin 2008.

Cobb, S.: Social support as a moderator of life stress. In: Psychosocial Medicine, 1976, 38, S. 300-314.

Cohen, S./Wills, T.A.: Stress, social support, and the buffering hypothesis. In: Psychological Bulletin, 1985, 98, S. 310-357.

Glaser, B.G.; Strauss, A.L.: The Discovery of Grounded Theory. Strategies for Qualitative Research, Chicago 1967.

Hollstein, T./Huber, L./Schweppe, C.: Armut, Migration, Bewältigung. Weinheim und München 2010 (Im Erscheinen).

House, J.S.: Work stress and social support. Reading 1981.

Laireiter, A./Lettner, K.: Belastende Aspekte sozialer Netzwerke und sozialer Unterstützung: Ein Überblick über den Phänomenbereich und die Methodik. In: Laireiter, A. (Hrsg.): Soziales Netzwerk und soziale Unterstützung: Konzepte, Methoden und Befunde. Bern u. a.1993, S. 101-114.

Lenz, K./Schefold, W./Schröer, W.: Entgrenzte Lebensbewältigung. Jugend, Geschlecht und Jugendhilfe. Weinheim und München 2004.

Lopez Cordova, E.: Globalization, Migration and Development: the Role of Mexican Migrant Remittances. In: Economía. Journal of the Latin American and Carribean Economic Association, Vol 6. no. 1, Fall 2005.

Minnemann, E.: Die Bedeutung sozialer Beziehungen für Lebenszufriedenheit. Berlin 1994.

Nestmann, F.: Die alltäglichen Helfer. Theorien sozialer Unterstützung und eine Untersuchung alltäglicher Helfer aus vier Dienstleistungsberufen. Berlin 1988.

Nestmann, F.: Soziale Netzwerke – Soziale Unterstützung. In: Otto, H.-U./Thiersch, H. (Hrsg.): Handbuch Sozialarbeit/Sozialpädagogik. Neuwied 2001, S. 1684-1693.

Orozco, M.: Mexican hometown associations and development opportunities. In: Journal of International Affairs, March 2004.

Portes, A./Escobar, C./Walton Radford, A.: Immigrant Transnational Organizations and Development: A Comparative Study. The Center for Migration and Development. Working Paper Series. Princeton University. August 2005.

Schütze, F.: Biographieforschung und narratives Interview. In: Neue Praxis, 3, 1983, S. 283-293.

Soziale Integration in der Überschuldung – Wie bedeutsam ist dies für die Gesundheit?

Eva Münster, Peter Münster, Stephan Letzel

1   Einleitung/Hintergrund

Soziale Beziehungen und soziale Zugehörigkeiten haben entscheidende Effekte auf die physische und psychische Gesundheit eines Menschen. Bereits im 19. Jahrhundert hatte der französische Soziologe Émile Durkheim (1885-1917) in seinem Werk „Le Sucide" (1897, dt. der Selbstmord) den Einfluss von sozialen Faktoren auf die Selbstmordwahrscheinlichkeit dargestellt, wobei er dem Level der sozialen Integration einer Gruppe die größte Bedeutung zuspricht. Soziale Kontrolle und Normen wirken deregulierend auf die Extremhandlung des Selbstmordes. Umso mehr diese Erkenntnis der strukturellen Deprivation auf die finale Extremsituation eines Menschen aufbaut, sind sie von herausragender Bedeutung für die Gesundheit in der Überschuldungsphase. Soziale Integration erfährt der Mensch in vielen Lebensbereichen, wie z. B. in der Familie, im Freundeskreis, am Arbeitsplatz, im Vereinsleben, und auch in der Gesellschaft gemeinhin. Hierbei spielt die Partizipationsmöglichkeit am Gesellschaftsleben, wie die Teilnahme an sozialen Veranstaltungen (Theater, Konzerte, Kino, etc.) und die Inanspruchnahme vom Gesellschaftssystem (Sportverein, Gesundheitssystem etc.) eine wichtige Rolle.

Fehlende soziale Integration kann negative Emotionen durch Frustration und Verärgerung hervorrufen, was wiederum die Prozesse von stressbedingten Gesundheitsbeschwerden und Erkrankungen hervorrufen kann.

Inwieweit die soziale Integration bei überschuldeten Bürgerinnen und Bürger exponiert ist und eine belastete Gesundheitssituation im Kollektiv der Überschuldeten vorliegt, wird nachfolgend anhand der ASG-Studienergebnisse (Armut, Schulden und Gesundheit) erläutert. Hierbei handelt es sich um eine einmalige anonyme schriftliche Befragung von überschuldeten Bürgerinnen und Bürgern in Rheinland-Pfalz. In Zusammenarbeit mit 53 offiziell in Rheinland-Pfalz nach § 305 Insolvenzordnung (InsO) anerkannten Schuldner- und Insolvenzberatungsstellen und in Kooperation mit dem Schuldnerfachberatungszentrum der Johannes Gutenberg-Universität Mainz wurden 2006/07 Klienten der Schuldnerberatungsstellen zum gesundheitlichen Status, der Überschuldungssituation, sowie zu Strukturen und Qualität des ego-zentrierten sozialen Netzwerks und der Inanspruchnahme des Versorgungssystems befragt. Der Fragebogen wurde mit einem an das Institut für Arbeits-, Sozial- und Umweltmedizin der Universität Mainz adressierten und frankierten Rückumschlag von den Schuldnerberatern an deren Klienten ausgegeben, mit der Bitte um eine anonyme Teilnahme. Insgesamt konnten 2235 Fragebögen von der Studienzentrale an die Schuldnerberatungsstellen in Rheinland-Pfalz verteilt werden, wobei von diesen insgesamt 1876 Fragebögen in dem Erhebungszeitraum an Klienten weitergegeben wurden. Die detailierte Beschreibung des methodischen Vorgehens kann in Münster et al. 2007 (ASU)[202] nachgelesen werden.

2   Ergebnisse

Insgesamt haben 666 Personen, davon 51 % Frauen, im Alter zwischen 18 und 79 Jahren (Median 41) bei einer Teilnahmerate von 35,5 % an der ASG-Studie teilgenommen.

Bereits die Frage nach dem Hauptgrund der Überschuldung weist den bedeutenden Einfluss des sozialen Netzwerkes und damit der sozialen Integration auf: Der Zusammenbruch des engen sozialen Netzwerkes zum Lebenspartner durch Trennung/Scheidung (33,1 %) und Tod (6,5 %) wird von über einem Drittel aller Probanden als ein Hauptgrund der Zahlungsunfähigkeit benannt. Ebenso kann der familiäre Aufbau durch Haushaltsgründung (9,9 %) oder die Geburt eines Kindes (9,5 %) in die Überschuldung führen. Diese direkten Effekte des sozialen Netzwerkes für die finanzielle Destabilisierung sind bemerkenswert. Die indirekten Effekte des sozialen Netzwerkes werden bei der Analyse des Hauptgrundes „Bürgschaft/Mithaftung" deutlich: Während Männer dies zu 8,6 % als Hauptgrund der Überschuldung nennen, sind es 18,5 % aller Frauen, die hierin die Hauptursache ihrer Überschuldung definieren.

Während das soziale Netzwerk die Überschuldung bedingt, kann auch die Überschuldung das soziale Netzwerk negativ belasten und verändern: 29,5 % der Betroffenen haben die Erfahrung gemacht, dass sich Freunde oder Familie auf Grund der finanziellen Probleme zurückgezogen haben, weitere 19,0 % sehen sich sogar von beiden, Freunden und Familie, verlassen (Abbildung 1). Unabhängig davon sagen 62,9 % des Kollektivs, dass auch sie selbst sich zurückgezogen haben.

[202] Münster E, Rüger H, Ochsmann E, Alsmann C, Letzel S. Überschuldung und Gesundheit – Sozialmedizinische Erkenntnisse für die Versorgungsforschung. Arbeitsmed. Sozialmed. Umweltmed. 2007; 42; 12: 628-634.

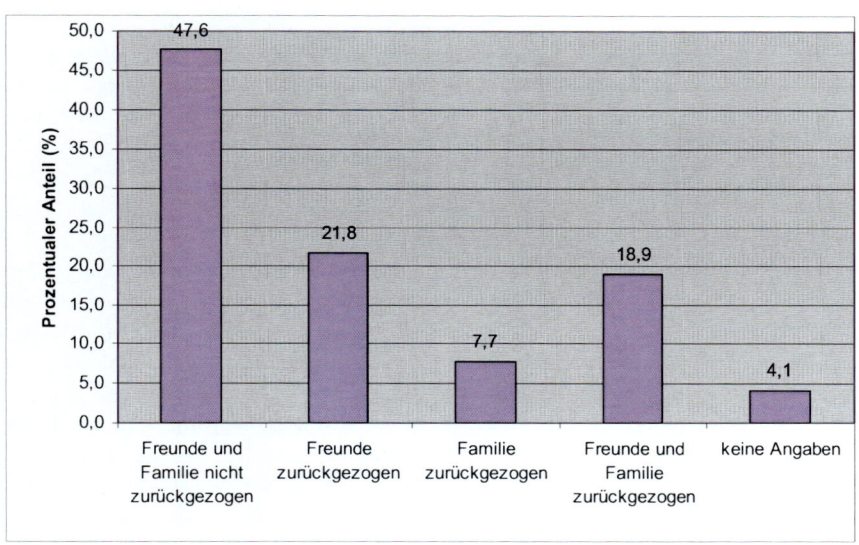

Abbildung 1:   Veränderungen im Freundes- und Familienkreis (n=666) bei
Überschuldung[203]

Nicht nur das betroffene Individuum selbst sieht sich auf vielen Ebenen
negativen Beeinflussungen ausgesetzt, sondern auch die persönlichen Netzwerke
wie Freundschafts- und Familienbeziehungen leiden unter der finanziellen Notlage. Dadurch können sich die emotionalen Bindungen des Individuums zu
seinen signifikanten Bezugspersonen („significant others") zunehmend lockern
und es entsteht die Gefahr weiterer sozialer Devianz. Denn der Verlust an
emotionaler Nähe, an „attachment to meaningful persons[204]", führt dazu, dass
sich das betroffene Individuum nicht mehr am Verhalten dieser Menschen
orientiert und in seinem Handeln keine Rücksicht mehr auf die Interessen, Bedürfnisse und Erwartungen der Anderen nimmt. Gefahren und Risiken, die sich
direkt oder indirekt aus der Überschuldungssituation für Freunde und Angehörige ergeben können, geraten mehr und mehr in den Hintergrund und vermögen das Individuum immer weniger von finanziell riskantem Verhalten abzu-

---

[203] Münster E, Letzel S. Überschuldung, Gesundheit und soziale Netzwerke. In: Bundesministerium
für Familien, Senioren, Frauen und Jugend (Ed.). Materialien zur Familienpolitik: Lebenslagen von
Familien und Kindern; Überschuldung privater Haushalte. 2008; 22:55-128
[204] Hirschi, T. Causes of Delinquency, Berkeley u. a. 1969, S. 16 ff.; vgl. hierzu auch Bock, M.: § 9
Personenbezogene Theorien und Ansätze. In: Göppinger (Begr.): Kriminologie, 6. Aufl., München:
C. H. Beck, 2008, S. 131.

halten. Gleichzeitig verliert das Individuum durch die Belastung der Freund-schafts- und Familienbeziehungen die Chance auf soziale Unterstützung und Hilfestellung. Dieses mangelnde „soziale Kapital[205]" verschärft die soziale Stresssituation des betroffenen Individuums und forciert damit auch das Risiko gesundheitlicher Belastungen.

Ebenso wie das ego-zentrierte soziale Netzwerk aufgrund der Überschul-dung erschüttert werden kann ist die generelle soziale Integration der Überschul-deten gefährdet.

Ein Großteil der Probanden, nämlich 82,7 %, gibt an, sich früher unter-nommene Aktivitäten aufgrund der Überschuldung nicht mehr leisten zu können. Einschränkungen in der Lebensführung sind gegeben. Konkret sind zum Beispiel 318 der 666 Teilnehmer (47,7 %) in Folge ihrer finanziellen Situation aus Vereinen ausgetreten.

Auch ist die soziale Integration in der Arbeitswelt bedroht: Mit der Frage „Ist Ihr Arbeitsplatz durch die Schuldensituation bedroht bzw. finden Sie schwieriger Arbeit, weil Sie verschuldet sind?" wurde erfasst, inwieweit Ängste vorhanden sind, soziale Deprivation auf dem Arbeitsmarkt aufgrund der Über-schuldung zu erfahren. Insgesamt bejahten 31 % (n=208) aller Probanden diese Frage, wobei ein geschlechtsspezifischer Unterschied vorlag: Männer gaben mit 37 % häufiger im Vergleich zu Frauen mit 25 % solch eine Bedrohung an. Von den 262 Erwerbstätigen gaben 21,4 % an, dass ihr Arbeitsplatz durch die Schuldensituation bedroht ist, während 45,6 % der 169 Arbeitslosen sagten, dass sie auf Grund der Schulden schwieriger Arbeit finden. Männer (55,3 %) empfanden signifikant häufiger als Frauen (35,7 %) diese Bedrohung.

Mit diesen Aufführungen der Vielfalt der Gefährdung des sozialen Lebens ist ersichtlich, wie Überschuldete in ihrer sozialen Integration erschüttert werden können. Es stellt sich darauf aufbauend nun die Frage, wie der Gesundheits-zustand der Betroffenen zu beurteilen ist. Mit Kenntnis der Zusammenhänge von sozialer Integration und Gesundheit war zu postulieren, dass die soziale De-privation mit einem prekären Gesundheitszustand assoziiert ist. Nachteil der Methode der durchgeführten einmaligen Befragung ist, dass keine zeitlichen Verläufe von Ursache und Wirkung abgebildet werden können, so dass die Kausalität nicht endgültig beurteilt werden kann. Die ASG-Studienergebnisse basieren auf Selbstangaben der Befragten, so dass der Hinweis bei der nach-folgenden Betrachtung des Gesundheits- bzw. Krankheitsstatus besonders erfolgen muss, dass subjektives Erleben von Beschwerden und Krankheit und objektive Befunde abweichen können. Eine Quantifizierung der Differenzen ist leider aufgrund der bestehenden Daten nicht möglich.

---

[205] Coleman, J. S. Social Capital in the Creation of Human Capital. In: American Journal of Sociology 93, 1988, S. 95-120.

Auf die Frage nach derzeitigen Beschwerden berichtet die Mehrzahl der Überschuldeten von Kreuz- oder Rückenschmerzen (84,7 %), Müdigkeit (83,2 %) und Schlafstörungen (82,0 %), gefolgt von einer Vielzahl weiterer Beschwerden (s. Abbildung 2).

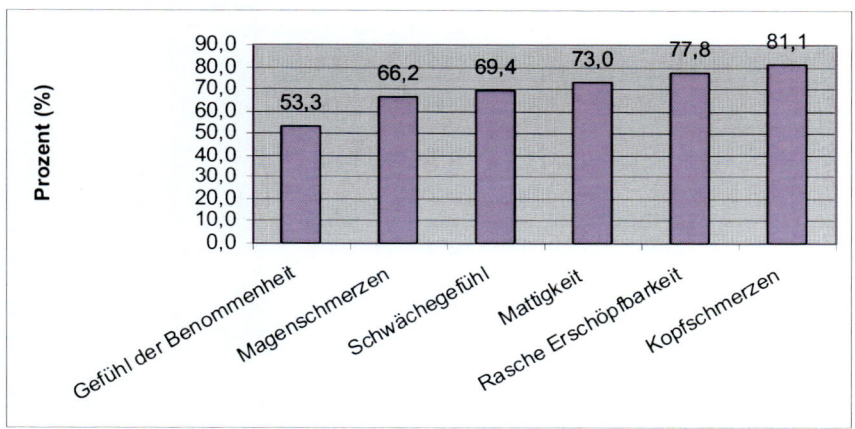

Abbildung 2:   Prozentuale Häufigkeit von derzeitigen Beschwerden bei überschuldeten Probanden der ASG-Studie

Es zeigt sich damit, dass die überschuldeten Teilnehmer einen hohen und breitgefächerten Beschwerdedruck haben, der u. a. auch Ausdruck ihrer generellen Belastungswirkung im Leben sein kann. Dies kann auch als Folge von psychosozialen Stressoren sowie depressiven Störungen interpretiert werden.

Konkreter nach zurzeit vorliegenden Erkrankungen gefragt, bestätigt sich der Eindruck des prekären Gesundheitszustandes der Überschuldeten. Insgesamt gaben 79,1 % (N=467) der Probanden an, an mindestens einer Erkrankung derzeit zu leiden. Die Punktprävalenz der einzelnen Erkrankungen ist in der Abbildung 3 dargestellt. Es waren Mehrfachnennungen von Erkrankungen möglich, so dass die Summe aller absoluten Häufigkeiten größer ist als die Fallzahl. Durchschnittlich wurden zwei vorhandene Erkrankungen (Median=2, Mittelwert=2,3) pro Person genannt, ein Viertel aller Probanden nannten drei und mehr Erkrankungen.[206,207]

---

[206] Münster E, Letzel S. Überschuldung, Gesundheit und soziale Netzwerke. In: Bundesministerium für Familien, Senioren, Frauen und Jugend (Ed.). Materialien zur Familienpolitik: Lebenslagen von Familien und Kindern; Überschuldung privater Haushalte. 2008; 22:55-128

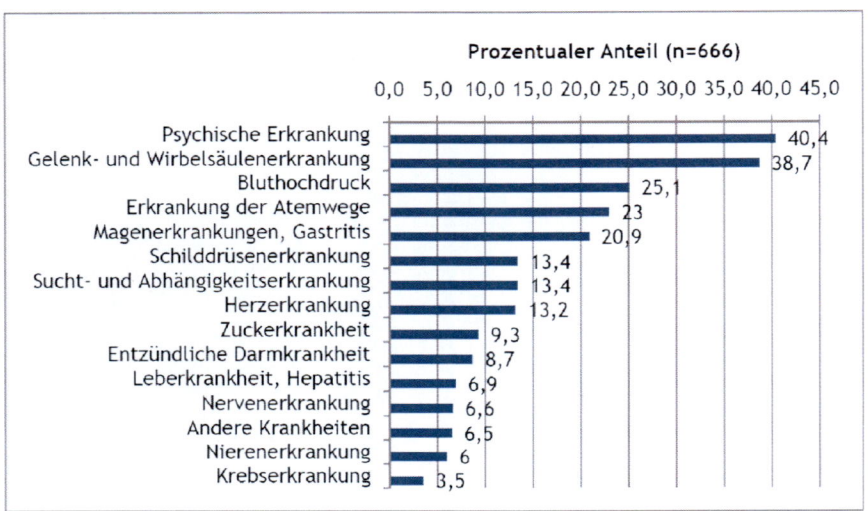

Prozentualer Anteil (n=666)

Abbildung 3:   Relative Häufigkeiten von derzeitigen Erkrankungen von Überschuldeten der ASG-Studie[208]

Es wird deutlich, dass psychische Erkrankungen (z. B. Angstzustände, Depres-
sionen, Psychosen), gefolgt von Gelenk- und Wirbelsäulenerkrankungen mit
jeweils ca. 40 % am häufigsten als derzeitige Erkrankung angegeben werden.

Exemplarisch kann eine detailliertere Betrachtung der psychischen Erkrankungen den Zusammenhang zwischen Gesundheit und soziales Netzwerk in
der Überschuldung aufzeigen:

Die Ausprägungen der sozialen Netzwerke und deren sozialer Unterstützung sind mit den psychischen Erkrankungen stark assoziiert. Wie in Abbildung 4 dargestellt, steigt die Prävalenz an psychischen Erkrankungen mit zunehmend defizitärer sozialer Unterstützung durch das soziale Netzwerk, ebenso
existiert ein unabhängiger Effekt, wenn Freunde nicht vorhanden sind.[209]

[207] Münster E, Rüger H, Ochsmann E, Alsmann C, Letzel S. Überschuldung und Gesundheit –
Sozialmedizinische Erkenntnisse für die Versorgungsforschung. Arbeitsmed. Sozialmed. Umweltmed. 2007; 42; 12: 628-634.
[208] Münster E, Rüger H, Ochsmann E, Alsmann C, Letzel S. Überschuldung und Gesundheit –
Sozialmedizinische Erkenntnisse für die Versorgungsforschung. Arbeitsmed. Sozialmed. Umweltmed. 2007; 42; 12: 628-634.
[209] Münster E, Letzel S. Überschuldung, Gesundheit und soziale Netzwerke. In: Bundesministerium
für Familien, Senioren, Frauen und Jugend (Ed.). Materialien zur Familienpolitik: Lebenslagen von
Familien und Kindern; Überschuldung privater Haushalte. 2008; 22:55-128

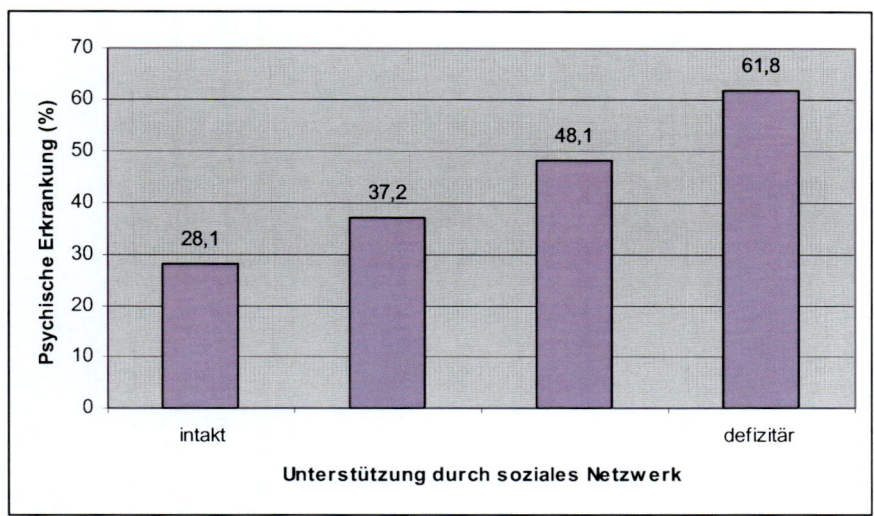

Abbildung 4:   Psychische Erkrankungen und Unterstützung durch soziales
Netzwerk (Kategorien von links nach rechts: n=160, n=242,
n=160, n=89)[210]

Es bleibt wissenschaftlich bisher unklar, was Ursache und was Wirkung ist; so
dass alle Abläufe –wie in der Abbildung 5 dargestellt – möglich sind. So kann
z. B. die Überschuldungssituation verursacht werden durch die Trennung/
Scheidung vom Lebenspartner und damit durch die soziale Deprivation. Darauf
folgend könnten die Veränderungen des Lebensstils und die Stresssituation aufgrund der Überschuldung und der sozialen Deprivation Gesundheitsbeschwerden
und Krankheiten begünstigen. Anders wäre die Abfolge ebenso möglich, dass
die Überschuldung eine soziale Deprivation auslöst, die wiederum in Kombination mit der finanziellen Destabilisierung Gesundheitsbeschwerden oder
Krankheiten verursacht.

---

[210] Münster E, Letzel S. Überschuldung, Gesundheit und soziale Netzwerke. In: Bundesministerium
für Familien, Senioren, Frauen und Jugend (Ed.). Materialien zur Familienpolitik: Lebenslagen von
Familien und Kindern; Überschuldung privater Haushalte. 2008; 22:55-128

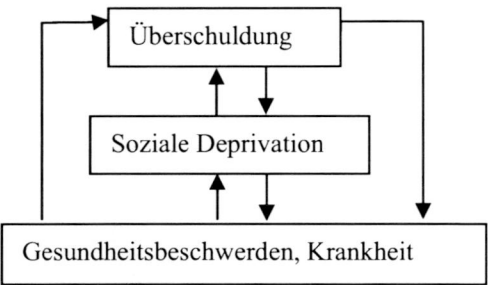

Abbildung 5:   Ursache und Wirkung von Überschuldung, sozialer Deprivation, Gesundheitsbeschwerden und Krankheit

3   Resultat

Aus den Ergebnissen der ASG-Studie lässt sich ableiten, dass die soziale und gesundheitliche Lage eines Überschuldeten nicht von seiner ökonomischen und juristischen Belastung zu trennen sind! Die Überschuldungsproblematik stellt nicht nur ein ökonomisches und juristisches Problem auf individueller Ebene dar, sondern es dominieren gerade auch gesundheitliche und soziale Probleme, die die Teilhabechancen an gesellschaftlichen Systemen negativ tangieren können. Daher ist aus sozialmedizinischer Sicht im Interesse der Volksgesundheit zu fordern, dass die Schuldnerberatungsstellen ebenso die Thematik Gesundheit abhandeln, wobei dies eine Erweiterung des Fachpersonals bedeuten würde, und flankierend zu den Schuldnerberatungsstellen medizinische Dienste und Beratungen aufgebaut werden. Weitergehend sollte die Betreuung durch die Schuldnerberaterinnen und Schuldnerberater auf den Einzelfall ausgerichtet werden können, so dass Zeit- und Entwicklungsmöglichkeiten im Beratungsgespräch bestehen. Um nachhaltige Wirkung erzielen zu können, sollte die grundlegende Aufarbeitung der Überschuldungproblematik in all ihren Dimensionen, besonders auch die der sozialen und gesundheitlichen Lage der Betroffenen, möglich sein. Im Hinblick auf die große Anzahl an überschuldeten Privathaushalten in Deutschland, die derzeit auf knapp 3 bis 4 Millionen geschätzt wird, und dem damit verbundenen hohen Beratungsbedarf muss auch der Arbeitsbelastung der Schuldnerberaterinnen und Schuldnerberater besonders bedacht werden. Unterstützung durch Erweiterung der personellen Ausstattung kann zum Erhalt der Leistungsfähigkeit der Schuldnerberaterinnen und Schuldnerberater beitragen. Der Öffentliche Gesundheitsdienst und die Krankenversicherungen könnten eine Co-Finanzierung der Schuldnerberatungsstellen tragen.

Gesundheitsbezogene Präventionsprogramme für überschuldete Privatpersonen sollten entwickelt werden, um den Betroffenen die Möglichkeit zu geben, den Erkrankungen und der finanziellen Notlage entgegenwirken zu können. Zu betonen ist, dass nicht nur der überschuldete Bürger, sondern auch dessen Angehörige von der Tabusituation der Überschuldung sowie von der gesundheitlichen, psychischen wie physischen Destabilisierung negativ beeinflusst werden können. Stressbewältigungsprogramme können ebenfalls Schaden abwehren und zur Stärkung der persönlichen sozialen Netzwerke beitragen.

II Thesenvorträge zur Netzwerkbedeutung aus Sicht einzelner Wissenschaftsdisziplinen

Netzwerke in der Wirtschaftspädagogik

Nina Bender

Die Wirtschaftspädagogik beschäftigt sich als Disziplin an der Schnittstelle von Erziehungswissenschaften und Wirtschaftswissenschaften per se mit Systemen, die das Zusammenleben und Zusammenwirken des Menschen im sozialen Gefüge betreffen. Ein Thema, welches menschliches Verhalten in seiner sozial-ökonomischen Verantwortung beinhaltet, ist das Thema „Nachhaltigkeit". Nicht umsonst steht dieses Thema im aktuellen politischen und gesellschaftlichen Geschehen hoch im Kurs. Es geht um Nachhaltigkeit im Umgang mit knappen Ressourcen oder Nachhaltigkeit im Konsum.

Nachhaltigkeit spielt sich dabei auf verschiedenen Ebenen ab. Makroökonomisch geht es um die Allokation von Ressourcen. Auf einer individuellen Ebene geht es darum, eigene verfügbare Mittel so einzusetzen, dass ein autonomes, auf Selbständigkeit ausgerichtetes Leben geführt werden kann. Dazu gehört unter anderem auch, mit den eigenen finanziellen Mitteln haushalten zu können. Hierzu ist es notwendig, finanzielle Entscheidungen im Sinne der Nachhaltigkeit zu treffen, die, je nach Größenordnung oder „Verlustrisiko", hinreichend geplant, durchgeführt und reflektiert werden.

Scheinbar das Gegenteil ist der Fall. Für das Jahr 2008 wird eine Zahl von 6,87 Mio. überschuldeten Bürgern ausgewiesen (Hergenröder & Kokott, 2009, S.28). Als häufigster Auslöser von Überschuldung gilt die Arbeitslosigkeit, die jedoch nicht als eindimensionaler Faktor interpretiert werden darf. Arbeitslosigkeit selbst kann nur über die Berücksichtigung vieler verschiedener Indikatoren erklärt werden (Bock & Brettel, 2009, S.4). Eine wesentliche erklärende Variable von Arbeitslosigkeit ist das individuelle Bildungsniveau. Dieser Zusammenhang wird über die Erwerbstätigenquote deutlich. Über 40 % der Arbeitslosen und jeweils ein Viertel der Personen ohne abgeschlossene Schul- oder Berufsausbildung sind armutsgefährdet, dagegen sind es nur 5 % bei den Erwerbstätigen (Statistisches Bundesamt, 2006).

Jedoch wird in vielen Fällen finanzieller Not nicht auf kognitionspsychologische Faktoren, wie finanzwirtschaftliches Wissen zurückgegriffen, sondern auf Akteure des sozialen Netzwerks (Gabanyi et al., 2007, S.94). Diese können als Geldgeber zur Überbrückung finanzieller Schwierigkeiten fungieren oder der verschuldeten Person beratend und emotional unterstützend zur Seite stehen. Andererseits können sie finanzielle Entscheidungen kontrollieren. Gerade dann, wenn man den Blick auf Jugendliche richtet, scheint die Kontrolle ein wesentlicher Einfluss der sozialen bzw. familialen Partner zu sein. Entscheidend ist dabei, den Blick auf die Wahrnehmung des „Egos" zu richten, da eine angemessene Wahrnehmung der sozialen Strukturen vorausgesetzt wird, um die im eigenen sozialen Netz impliziten Handlungsoptionen ausschöpfen zu können (Breuer & Bender, 2009, S. 15). Die wahrgenommene Einbindung in ein soziales Netz steuert demzufolge die möglichen Handlungsoptionen in Bezug auf den Umgang mit Geld.

Neben der Bedeutung der sozialen Netzwerke für die Konsumentensozialisation finden sich viele weitere pädagogische Bereiche, in denen die soziale Netzwerkanalyse zu einem besseren Verständnis von Lehr- und Lernprozessen beitragen kann. So untersucht zum Beispiel eine Forschergruppe der Universität Köln unter der Leitung von Prof. Dr. Michael Wagner, ob es einen Einfluss von Netzwerkbeziehungen auf die Bildungslaufbahn gibt (DFG-Forschungsprojekt „Soziale Netzwerke von leistungsschwachen und auffälligen Schülern", seit 2006). Von besonderem Interesse sind Schüler, die in ihrer Bildungslaufbahn scheitern. Sie gehen also davon aus, dass sich die Möglichkeit zur Genese sozialen Kapitals über bestehende Netzwerkstrukturen auf den Bildungserfolg auswirkt.

Ein weiterer Bereich, der sich aus der Konstitution des dualen Systems als Bezugssystem der Wirtschaftspädagogik ergibt, ist die Kooperation zwischen Schulen und Ausbildungsbetrieben, also eine Kooperation von Lernorten. Häufig wird auch von „Berufsbildungsnetzwerken" gesprochen, wenn zusätzliche Institutionen wie z. B. die Kultusministerkonferenz (KMK) berücksichtigt werden. Hier sind vor allem die Arbeiten von Wilbers zu nennen (2002, S.7). In dieser Orientierung liegt die Vorstellung begründet, dass die Kooperation von Lernorten im dualen System durch die Verflechtung von Theorie und Praxis zu einer Verbesserung der Ausbildungsqualität führt.

Aus der Vorstellung dieser exemplarischen Bereiche wird deutlich, dass die Pädagogik im Allgemeinen aber auch die Wirtschaftspädagogik im Speziellen die Effekte personaler als auch organisationaler Netzwerke erkennen und in die empirische Forschung mit einbeziehen. Bildung und Erziehung kann nur in der Begegnung von Menschen Früchte tragen. Die Pädagogik begleitet den Menschen. Pädagogisches Handeln ist immer auch soziales Handeln. Eine bedeutsame Aufgabe der pädagogischen Forschung ist es daher, den Beitrag sozialer Netzwerke auf das individuelle Verhalten in verschiedenen Handlungsfeldern zu operationalisieren und für die Zwecke der auf Autonomie und Selbständigkeit ausgerichteten Sozialisation nutzbar zu machen. Dies gilt nicht zuletzt für einen mündigen, verantwortungsvollen und autonom regulierten Umgang mit finanziellen Ressourcen im sozialen Kontext.

Literatur

Bock, M. & Brettel, H. (2009). Schulden und Kriminalität. In: *Zeitschrift für Verbraucher- und Privatinsolvenzrecht, (8)Sonderheft, S.2-8*. Köln: RWS Verlag.

Bransford, J.D., Brown, A.L. & Cocking, R.R. (2000). *How People Learn. Brain, Mind, Experience, and School. Expanded Edition*. Washington, D.C.: National Academy Press.

Breuer, K. & Bender, N. (2009). Verhaltensrelevante Einflussfaktoren auf die finanzielle Handlungskompetenz. In: *Zeitschrift für Verbraucher- und Privatinsolvenzrecht, (8)Sonderheft, S.8-16*. Köln: RWS Verlag.

Euler, D. (1999). Lernortkooperation in der beruflichen Bildung. Stand und Perspektiven aus Sicht wirtschaftspädagogischer Forschung. In Harney, K. & Tenorth, H.E. (Hrsg.): Beruf und Berufsbildung. Situation, Reformperspektiven, Gestaltungsmöglichkeiten. *Zeitschrift für Pädagogik, (40)1999*, S. 249-272. Weinheim und Basel: Beltz

Faulstich, P. (2002). Attraktive Wissensnetze. In Faulstich, P. & Wilbers, K. (Hrsg.). *Wissensnetzwerke. Netzwerke als Impuls der Weiterentwicklung der Aus- und Weiterbildung in der Region*. Bielefeld: W. Bertelsmann.

Hergenröder, C. & Kokott, S. (2009). Der Schuldner im sozialen Netz. In: *Zeitschrift für Verbraucher- und Privatinsolvenzrecht, (8)Sonderheft, S.27-37*. Köln: RWS Verlag.

Sydow, J., Duschek, S., Möllering, G. & Rometsch, M. (2003). Kompetenzentwicklung in Netzwerken. Eine typologische Studie. Wiesbaden: VS Verlag für Sozialwissenschaften.

Wagner, M. (2006). DFG- Forschungsprojekt „Soziale Netzwerke von leistungsschwachen und auffälligen Schülern". http://www.fis.uni-koeln.de/docs-www/index.php?id=822

Wilbers, K. (2002). Lernen in Netzen: Modernismen und Traditionen, Schismen und Integrationsversuche. In bwp-online, Ausgabe 2. Gefunden unter www.bwpat.de. Letzter Aufruf am 10.05.2009

Netzwerke in der Neueren Geschichte

Frank Hirsch

1 Vorüberlegungen

Netzwerke sind in aller Munde. Ob im Internet oder bei der Karriereplanung: Netzwerke aufzubauen und pflegen zu können, gilt heute als wichtige Qualifikation. Sie ziehen als Phänomen seit geraumer Zeit die Aufmerksamkeit von Soziologen und Ethnologen auf sich. Anhand der Methoden der Sozialen Netzwerkanalyse untersuchen und erfassen sie diese Netzwerke quantitativ wie qualitativ.[211] Für Historiker liegt es nah, Netzwerke auch für die Vergangenheit zu postulieren und zu analysieren. Die Feststellung, dass sie nicht nur ein zeitgenössisches, sondern auch ein historisches Phänomen sind, ist allerdings banal. Es muss dem Historiker daher darum gehen, Netzwerke als wirkungsmächtige Strukturen zu begreifen, die auf Entscheidungsprozesse und den Zugang zu Ressourcen einen bedeutenden, wenn nicht gar entscheidenden Einfluss haben. Im Gegensatz zu Soziologen oder Ethnologen steht der Historiker allerdings vor spezifischen Problemen. Er stellt sich seine Quellen – etwa mittels Fragebogen – nicht selbst her, sondern er ist auf das angewiesen, was überliefert wurde.[212] Verluste und Lücken in den Quellen stehen einer Analyse von Netzwerken oftmals im Wege – es wundert also nicht, dass die Netzwerkanalyse bisher wenig Resonanz innerhalb der Geschichtswissenschaft gefunden hat.[213] Es ist zudem

---

[211] In den letzten Jahren sind eine Reihe von Einführungen zur Sozialen Netzwerkanalyse erschienen. Exemplarisch seien genannt Dorothea Jansen: Einführung in die Netzwerkanalyse. Grundlagen, Methoden, Forschungsbeispiele, 2. Aufl., Opladen 2003; Mark Trappmann/Hans J. Hummell/-Wolfgang Sodeur: Strukturanalyse sozialer Netzwerke. Konzepte, Modelle, Methoden, Wiesbaden 2005; Peter J. Carrington/John Scott/Stanley Wasserman (Hg.): Models and Methods in Social Network Analysis, Cambridge 2005 und Betina Hollstein/Florian Straus (Hg.): Qualitative Netzwerkanalyse. Konzepte, Methoden, Anwendungen, Wiesbaden 2006.

[212] Da in diesem Aufsatz die Geschichte des 19. Jahrhunderts im Mittelpunkt steht, sei auf die Arbeit der Zeithistoriker mit Zeitzeugen lediglich verwiesen.

[213] Wegweisend ist immer noch John F. Padgett/Christopher K. Ansell: Robust Action and the Rise of the Medici, 1400-1434, in: American Journal of Sociology 98 (1993), 1259-1319. Daneben sind an deutscher Forschung erwähnenswert Gabriele B. Clemens (Hg.): Schuldenlast und Schuldenwert. Kreditnetzwerke in der europäischen Geschichte 1300-1900 (Trierer Historische Forschungen 65), Trier 2008 und Christophe Duhamelle/Jürgen Schlumbohm (Hg.): Eheschließungen im Europa des 18. und 19. Jahrhundert. Muster und Strategien (Veröffentlichungen des Max-Planck-Instituts für Geschichte 197), Göttingen 2003.

nicht immer möglich beziehungsweise gewollt die gesamte Bandbreite an Kenn-
größen der Sozialen Netzwerkanalyse anzuwenden und zur Deutung historischer
Phänomene heranzuziehen. Oftmals wird der Begriff des Netzwerkes nicht näher
bestimmt und metaphorisch gebraucht. Man belässt es bei der Feststellung, dass
Personen oder Institutionen miteinander verbunden sind und dass dies Auswirkungen auf ihr Handeln hat, eine genauere Analyse unterbleibt aber in aller
Regel.[214] Im Folgenden soll anhand eines Beispiels aufgezeigt werden, dass eine
intensivere Beschäftigung mit Netzwerken die historische Forschung bereichern
kann und ihr neue Perspektiven zu öffnen vermag. Es soll aber ebenso deutlich
werden, dass Netzwerke nie isoliert betrachtet werden können. Stets sind andere
Quellen nötig, um netzwerkanalytische Ergebnisse abzugleichen und die Handlungsspielräume und Zwangslagen der Akteure verstehen zu können.

2   Ausgangslage

Im Rahmen eines Forschungsprojektes[215] werden Kreditbeziehungen in der saar-
ländischen Kleinstadt Merzig für das gesamte 19. Jahrhundert systematisch
untersucht. Anhand von Schuldverschreibungen, die uns Auskunft über Gläubiger, Schuldner, Kreditsummen und -bedingungen und die hypothekarischen
Sicherheiten geben, werden alle notariell beurkundeten Schuldbeziehungen erfasst. Zu recht wurde schon darauf hingewiesen, dass Schulden und damit
Schuldbeziehungen bereits seit dem Mittelalter omnipräsent waren und die
europäischen Gesellschaften stark prägten.[216]

Es zeigte sich bereits früh im Projekt, dass die in Merzig ansässige jüdische
Bevölkerung eine nicht unwesentliche Rolle im Kreditmarkt spielte. Die für
diesen Umstand gängige Erklärung, nämlich dass die Juden durch Berufsverbote
in Handel und Geldverleih gedrängt worden seien, überzeugt nur zum Teil. Denn

---

[214] Ernsthafte Versuche haben z. B. unternommen Padgett/Ansell: Medici und Gerald Grommes:
Netzwerke und Geschäftsstrukturen kastilischer Messebankiers im 16. Jahrhundert, in: Clemens
(Hg.): Schuldenlast, 85-107.

[215] Seit Frühjahr 2008 fördert die Deutsche Forschungsgemeinschaft (DFG) das Projekt „Kreditvergabe im 19. Jahrhundert: Geldleihe in privaten Netzwerken" an der Universität des Saarlandes, das
mit dem Exzellenzcluster „Gesellschaftliche Abhängigkeiten und soziale Netzwerke" an den Universitäten Trier und Mainz kooptiert ist. Zum Projekt insgesamt vgl. Gabriele B. Clemens: Private
Überschuldung in der Neueren Geschichte, in: Zeitschrift für Verbraucher- und Privatinsolvenzrecht
7 (2008), 8-12.

[216] Vgl. dazu aktuell Gabriele B. Clemens: Einleitung. Die Omnipräsenz von westeuropäischen
Kreditbeziehungen in Mittelalter und Neuzeit, in: Dies. (Hg.): Schuldenlast, 9-19. Im Projekt selbst
lassen sich im Zeitraum von 1800-1900 bisher 7.178 notariell beurkundete Kreditverträge nachweisen. Dazu kommen noch mindestens in gleicher Größenordnung unbeurkundete Schuldscheine,
die im Projekt durch Nachlassinventare erfasst werden sollen.

zum einen mussten Angebot und Nachfrage zusammen finden – das heißt wenn ein Jude Handel betrieb oder Geld verlieh brauchte er dazu auch einen geeigneten Markt – und zum anderen blieben viele Landjuden im 19. Jahrhundert auch nach der Emanzipation ihrem ursprünglichen Geschäftsfeld treu – der Wegfall der alten Einschränkungen führte nicht zur unmittelbaren beruflichen Umorientierung.[217] Offensichtlich bestanden langfristige Kontakte, welche die historische Zäsuren überdauerten und ein eng geflochtenes Netz aus Beziehungen, das die Geldleihe sogar noch um 1900 in Konkurrenz zu den stark wachsenden institutionalisierten Kreditgebern attraktiv machten.[218]

Die Juden bewiesen allgemein in den ihnen verbliebenen Berufsfeldern Geschick und daher prägen die Biographien der sehr erfolgreichen Hofjuden und Bankiers in den städtischen Zentren unser Bild.[219] Aber die Situation der vielen kleinen Geldverleiher auf dem Land oder in kleinen Städten, die daneben noch auf Vieh- und Schacherhandel oder auch Schächten angewiesen waren, wurde von der Forschung – im Gegensatz zum städtischen Judentum – bisher vergleichsweise vernachlässigt.[220] Die jüdische Landbevölkerung war wie ihre christlichen Nachbarn im Durchschnitt arm und verfügte über relativ wenige Ressourcen. Es ist nun die zentrale Annahme, dass zum täglichen Überleben in einem Beruf wie dem des Geldleihers die Aktivierung von Netzwerken zur Kapitalakkumulation eine wesentliche Rolle spielte. Darüber hinaus liegt die Annahme nicht fern, dass Gläubiger wie Schuldner erst über Netzwerke zu sich fanden.

Merzig sah sich im 19. Jahrhundert grundlegenden Veränderungen unterworfen.[221] Die agrarisch geprägte Landstadt mit nicht einmal 2.500 Einwohnern

---

[217] Monika Richarz: Viehhandel und Landjuden im 19. Jahrhundert. Eine symbiotische Wirtschaftsbeziehung in Südwestdeutschland, in: Menora. Jahrbuch für deutsch-jüdische Geschichte 1 (1990), 78f.

[218] Gemeint ist insbesondere die 1857 in Merzig gegründete Sparkasse, die sich verstärkt seit den 1870er Jahren von einer Sparanstalt zu einem Kreditinstitut wandelte. Vgl. Clemens Zimmermann: 150 Jahre Sparkasse Merzig-Wadern, Merzig 2007, 33-41.

[219] Exemplarisch sei auf Joseph Süß Oppenheimer und die Familie Rothschild verwiesen, die damals wie heute als Zerrbild des rücksichtslosen Geldverleihers dienen.

[220] Die Forschung konzentrierte sich besonders auf den Wuchervorwurf und Antisemitismus. Auf die auch heute noch bestehenden Defizite in Bezug auf die Erforschung des Landjudentums hat Monika Richarz bereits 1992 hingewiesen, vgl. Monika Richarz: Die Entdeckung der Landjuden. Stand und Probleme ihrer Erforschung am Beispiel Südwestdeutschlands, in: Vorarlberger Landesarchiv (Hg.): Landjudentum im Süddeutschen- und Bodenseeraum. Wissenschaftliche Tagung zur Eröffnung des Jüdischen Museums Hohenems vom 9. bis 11. April 1991, Dornbirn 1992, 11-21.

[221] Die zu Merzig erschienenen Gesamtdarstellungen sind allesamt älteren Datums: Constantin von Briesen: Urkundliche Geschichte des Kreises Merzig im Regierungs-Bezirke Trier, Saarlouis 1863; Constantin von Briesen: Statistik und Verwaltung des Kreises Merzig im Regierungs-Bezirke Trier von 1815-1864, Saarlouis 1867; Heinrich Nießen: Geschichte des Kreises Merzig, Merzig 1898; Johann Heinrich Kell: Geschichte des Kreises Merzig. Seine politische, kulturelle und wirtschaftliche

im Jahr 1816, verdreifachte ihre Bevölkerung bis kurz nach der Jahrhundert-
wende und hat sich bis dahin zu einem industriellen Mittelzentrum in der
preußisch-französisch-luxemburgischen Grenzregion entwickelt. Als zunächst
französische Kantons- und nach 1816 preußische Kreisstadt war Merzig ohne-
dem schon administrativer Bezugspunkt für die umliegenden Gemeinden. Bis
zum Ende des 19. Jahrhunderts hat sich deren Einwohnerschaft von 21.000 auf
44.800 mehr als verdoppelt.[222]

Mit der Ansiedlung einiger Industriebetriebe in Merzig und Umgebung und
dem Anschluss an das Eisenbahnnetz 1858 erlebten die Stadt und der Kreis einen
deutlichen Aufschwung, der mit den großen Zentren an Saar und Ruhr allerdings
kaum vergleichbar ist. Betriebe wie der auch heute noch bekannte Keramik-
hersteller Villeroy & Boch, die Schraubenwerke Karcher oder eine Reihe von
Tabaksfabriken, eine Wollspinnerei u. a. beschäftigten viele Hundert Arbeiter.[223]
Zur Mitte des Jahrhunderts wird der Anteil der reinen Arbeiterhaushalte auf etwa
15 Prozent und der der Handwerker auf etwa 20 Prozent der Gesamtbevölkerung
geschätzt. Mit dem Bevölkerungswachstum ging ein gestiegener Bedarf an
Wohnraum, Konsumgütern und Dienstleistungen einher, was zwangsläufig zu
einem erhöhten Kreditbedarf der Bewohner Merzigs führte.[224] So stieg in der
ersten Hälfte des 19. Jahrhunderts das durchschnittliche Kreditvolumen von
(umgerechnet aus Franc) 4.874 Taler pro Jahr im ersten Jahrzehnt auf
10.359 Taler pro Jahr im fünften Jahrzehnt.[225] Der Anteil der jüdischen Gläubiger am Gesamtkreditmarkt lag dabei im ersten Jahrzehnt bei 12,7 Prozent und
im fünften bei 18,3 Prozent. Angesichts der Tatsache, dass die jüdische Bevölkerung des Kreises im Jahr 1816 etwas weniger und im Jahr 1864 etwas mehr
als ein Prozent der Einwohnerschaft[226] ausmachte, war ihr Anteil gemessen am
Kreditgeschäft weit überdurchschnittlich. Berücksichtigt man außerdem, dass
sich unter den 20 größten Gläubigern vor allem die lokalen christlichen Eliten
wiederfinden – neben Privatpersonen insbesondere Industriebetriebe und die

---

Entwicklung bis zur Gegenwart, Saarbrücken 1925; Johann Heinrich Kell: Geschichte der Stadt
Merzig und des Merziger Landes, Merzig 1958.
[222] Zu den Rahmendaten vgl. Kell: Stadt Merzig, 86f. u. Kell: Kreis Merzig, 162.
[223] Vgl. Franz Büdinger: Industrielle Entwicklung des Landkreises Merzig-Wadern ab 1816, in:
Landkreis Merzig-Wadern (Hg.): 175 Jahre Landkreis Merzig-Wadern 1816-1991, Merzig 1991, 75-
84.
[224] Zimmermann: Sparkasse, 19-21. Zimmermann weist auf die hohe Bautätigkeit während der
Industrialisierung hin und die Frage nach ihrer Finanzierung.
[225] Vgl. Landesarchiv Saarbrücken (LAS) Best. Notariat Merzig 587-28. Die Zahlen beruhen auf
eigenen vorläufigen Berechnungen und berücksichtigen alle notariell beurkundeten Schuldverschreibungen in Merzig.
[226] Vgl. Briesen: Statistik, 17. 1885 fiel der Anteil wieder auf etwas unter einem Prozent. Der Kreis
Merzig lag damit im landesweiten Durchschnitt. Der Großteil der Juden wohnte aber in der Kreisstadt selbst und machte dort etwa 4,5 % der Einwohner aus.

Kirche – und nur vier Juden auf den hinteren Rängen, dann ist dies ein Hinweis darauf, dass die jüdischen Geschäftsleute tendenziell eher zu den kleineren Unternehmern gehörten.[227] Andersherum gewendet: Viele Juden – oftmals aus einer Familie – waren am Kreditmarkt beteiligt, bedienten die Nachfrage ihrer christlichen Nachbarn und waren sehr viel mehr als Nichtjuden auf das Kreditgeschäft als Einkommensquelle angewiesen. Im Folgenden soll an einem Beispiel demonstriert werden, wie einerseits durch die Aktivierung von Familiennetzwerken Kapital zum Verleihen akkumuliert wurde und wie andererseits ein Familiennetzwerk auf der Seite der Schuldner Vertrauen generieren und sich neue Finanzierungsquellen erschließen konnte.[228]

3   Kreditgeschäfte in einer Kleinstadt

Noch vor der Französischen Revolution kam der jüdische Fleischhauer Leib Salmen von der Mosel an die Saar, um in Merzig Kwendel Simon zu heiraten.[229] Aus der Ehe gingen fünf Kinder hervor, von denen vier das Erwachsenenalter erreichten. Die Söhne Mortgen und Salomon, beide um 1790 geboren, gingen – der erste – dem Handelsgeschäft und – der zweite – dem Metzgerhandwerk nach. Sie wohnten nach ihrer Familiengründung in der Marktstraße in naher Nachbarschaft und heirateten in die seit langem eingesessenen Familien Levy und Herz ein. Auch Leib Salmens beide Töchter gingen Verbindungen mit etablierten jüdischen Familien, eine in Merzig selbst, die andere im angrenzenden Landkreis, ein.

Für die Mehrzahl der männlichen Familienmitglieder ist in den Quellen „Handelsmann" als Beruf angegeben, das heißt sie arbeiteten in der Regel im Viehhandel oder im Klein- und Kramhandel. Demzufolge gewährten sie vielen Käufern Kredit per Schuldschein beim Kauf einer Ware und vereinbarten die Rückzahlungsmodalitäten in einem notariellen Vertrag. Die Notariatsakten vermerken allerdings selten den Grund für einen Kredit und man erfährt daher nur gelegentlich vom Kauf einer Kuh oder Naturalien. Die Salmens gewährten auch Kredite weit über 1.000 Taler, was angesichts eines jährlichen Durchschnittslohns von 130-180 Taler für eine Arbeiterfamilie ein kleines Vermögen war.[230]

---

[227] Während die größten nichtjüdischen Gläubiger im Durchschnitt 21.378 Franc vergaben, waren es bei den jüdischen 17.555 Franc.

[228] Da die Ausführungen Resultate aus einem laufenden Projekt darstellen, können sie nur einen ersten Eindruck und keine abschließenden Forschungsergebnisse vermitteln.

[229] Die Personen- und biographischen Daten stammen größtenteils aus Werner Verburg: Die Einwohner von Merzig 1670-1870, Saarlouis o. J., s.v. Salmen und Akten des LAS Best. Stadt Merzig besonders Nr. 1954 u. 587-28.

[230] Briesen: Statistik, 310. Angaben für das Jahr 1867.

Die meisten Kredite aber bewegten sich in einem Rahmen von 40 bis 300 Taler. In der überwiegenden Zahl der Kreditverträge wurde der Standardzinssatz von fünf Prozent vereinbart und nur in Einzelfällen davon abgewichen. Das gilt für die Kredite, die Mortgen (und in sehr viel geringerem Maße sein Bruder Salomon), aber auch für die Kredite, die die Söhne der beiden, Salomon (Sohn von Mortgen) und Berl (Sohn von Salomon), vergaben. Die Familie Salmen war an insgesamt 218 Krediten von insgesamt 7.178 in Merzig beurkundeten Verträgen während des 19. Jahrhunderts beteiligt, was einem Marktanteil von drei Prozent entspricht. Auch wenn zahlreiche Mitglieder der Familie am Kreditgeschäft beteiligt waren, soll sich das Augenmerk jedoch zunächst auf die drei umsatzstärksten richten, nämlich auf Mortgen, seinen Sohn Salomon und seinen Neffen Berl.[231]

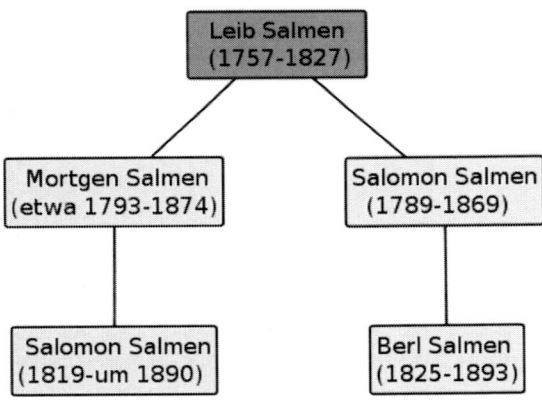

Abbildung 1:   Die Familie Salmen

Zusammengenommen schlossen die drei 153 Verträge im Zeitraum von 1833 bis 1893 mit einem Umsatz von 76.533 Talern ab. Einen weiteren Hinweis auf die Vermögenssituation liefert das Nachlassinventar von Berl Salmen,[232] das im Gegensatz zu einem Arbeiter- oder Bauernhaushalt nicht nur über einen gemeinsamen Küchen- und Schlafraum, sondern über mehrere Schlafzimmer, einen

---

[231] Salomon wird in der überwiegenden Zahl der Fälle durch seinen Vater oder durch Berl als Vormünder vertreten. Es scheint als sei er ab etwa den 1850er Jahren als geisteskrank eingestuft worden und hielte sich zeitweise in einem Sanatorium auf. Das heißt, Salomon trat nur nominal als Gläubiger auf, de facto standen jedoch sein Vater beziehungsweise Cousin hinter der Kreditvergabe.
[232] LAS, 587-28 Notar Falkenbach, Nr. 13202ff. vom 9. Januar 1894.

Salon, ein Ess- und ein Fremdenzimmer verfügte. Die Ausstattung der Zimmer verrät einen hohen Lebensstandard, wie auch eine im Haushalt lebende Dienstmagd als Indikator für einen gewissen Wohlstand gilt.[233] Die im Inventar jedoch noch zahlreichen noch offenen Forderungen und Schulden offenbaren ein weit gespanntes Beziehungsnetz, das diesen Wohlstand erst ermöglichte.

4 Netzwerke als Wettbewerbsvorteil

Durch das bisher Geschilderte konnte man bereits erahnen, dass eng geflochtene Beziehungen im Kreditmarkt vorherrschten. Die Familie Salmen war mit mehreren Mitgliedern beteiligt und versuchte durch Eheschließungen in ähnlich vermögende Familien ihre Geschäftsbasis zu verbreitern. Dadurch waren die Salmens in die Lage versetzt auch große Kreditanfragen – die sie zumindest zum Beginn ihrer geschäftlichen Tätigkeiten nicht hätten aufbringen können – zu bedienen, indem sie sich das entsprechende Kapital bei Verwandten besorgen konnten.[234] Gestützt wird diese Vermutung außerdem durch die Tatsache, dass sie aus keinem vermögendem Haus stammten, aber innerhalb weniger Jahre immense Summen – bei Mortgen und Berl je etwa zehn Jahre nach ihrer Heirat – verleihen konnten. Größere Kredite wurden also über Familienkontakte aufgebracht und zinsbringend verliehen, wie zum Beispiel der Immobilienkauf des Bauern Nicolas Feit, der sich bei Berl Salmen 2.300 Taler lieh oder der Müller Nikolaus Groß, der 1.920 Taler für Investitionen benötigte.[235] Die Aktivierung familiärer Beziehungen, von *strong ties*[236], also engen verwandtschaftlichen, emotionalen und zeitlich intensiven Verbindungen, führte zur Kapitalakkumulation bei denjenigen, die wie Mortgen und Berl überwiegend im Kreditgeschäft tätig waren. Es fällt direkt die *zentrale* Position von Mortgen und Berl im Netzwerk auf. Der mit Abstand größte Teil der Verträge der Familie Salmen läuft über beide. Sie verfügten über die notwendigen Kenntnisse und Kontakte an der Schnittstelle des Geschäftes.

---

[233] LAS, Best. Stadt Merzig, Nr. 1954.

[234] In besagtem Inventar findet sich etwa eine Forderung der Witwe von Mortgen Salmen, Caroline Levy, über umgerechnet 500 Taler an Berl Salmen. Sie wurde nicht notariell beglaubigt, sondern nur in den Geschäftsunterlagen vermerkt. Vgl. LAS, 587-28, Notar Falkenbach, Nr. 13741 vom 21. Juni 1894.

[235] Vgl. LAS, 587-28, Notar Falkenbach, Nr. 1930 vom 25. Januar 1878 und Notar Franken, Nr. 6437 vom 10. Mai 1869. Insgesamt lauteten von den 153 Verträgen 21 über mehr als 1.000 Taler.

[236] Theoretische Überlegungen zu der Qualität von Beziehungen hat in einem klassischen Beitrag angestellt Mark S. Granovetter: The Strength of Weak Ties, in: American Journal of Sociology 78 (1973), 1360-1380.

Berücksichtigt man dazu, dass die Kinder Mortgens und Berls ebenfalls Heiratsverbindungen mit den Familien Levy und Herz eingingen, so ergibt sich ein enges Verwandtschaftsnetz hoher *Dichte.* Jüdische Familien waren in Merzig – und das mag in einer Stadt dieser Größe und dem ehedem vorherrschenden endogamen Heiratsverhalten wenig überraschen[237] – über mehrere Verbindungen miteinander verwandt. Interessanterweise führten die Frauen von Mortgen und Berl nach deren Tod die Geschäfte weiter und verliehen mehrere Male Geld in größeren Summen.

Bis auf eine Ausnahme[238] finden sich in den Akten keine innerfamiliären Kreditverträge, das heißt das Geld wurde auf Vertrauen geborgt und intern verrechnet. Über Absprachen oder besondere Bedingungen, zum Beispiel über einen Zinssatz oder einer stillen Beteiligung am Geschäft, lassen sich gegenwärtig keine Aussagen treffen.

Bisher blieb die Rolle der Schuldner ausgespart. Ihr Agieren in einem Kreditnetzwerk soll daher kurz an einem Fallbeispiel erläutert werden. Die in der näheren Umgebung zu Merzig lebenden Familien Kammer und Reinert waren mit mehreren Krediten bei den Salmens verschuldet. Den größten Kredit mit 3.750 Taler nahmen die drei Geschwister Margaretha, Johannes und Karl Reinert aus Menningen auf. Sie bekamen den Kredit im Namen von Salomon, der ebenfalls zweimal an Johannes Reinert als Einzelschuldner zusammen 2.400 Taler verlieh. Im nicht weit entfernten Dorf Honzrath lieh sich Peter Klein, der mit Catherina Reinert verheiratet war, 240 Taler bei Mortgen Salmen. Über einen weiteren Kreditvertrag, der mit Peter Reinert aus Hausbach über 1.320 Taler geschlossen wurde, kann man nun eine verwandtschaftliche Verbindung zwischen den beiden vorgenannten Familien aus Menningen und Honzrath herstellen.[239] Die Kreise lassen sich aber noch viel weiter ziehen. Ebenfalls in

---

[237] Gleichzeitig allerdings weist die jüdische Bevölkerung einen signifikant höheren Anteil an Heiraten außerhalb des eigenen Landkreises auf. Auf dieses Nebeneinander von nahen und fernen Beziehungen für das 18. Jahrhundert hat bereits hingewiesen Claudia Ulbrich: Eheschließung und Netzwerkbildung am Beispiel der jüdischen Gesellschaft im deutsch-französischen Grenzgebiet (18. Jahrhundert), in: Christophe Duhamelle/Jürgen Schlumbohm (Hg.): Eheschließungen im Europa des 18. und 19. Jahrhundert. Muster und Strategien (Veröffentlichungen des Max-Planck-Instituts für Geschichte 197), Göttingen 2003, 315-340.

[238] Berl beglich für seinen Bruder Herz Salmen 1.000 Taler Schulden bei einer Reihe von Gläubigern. Dafür musste Herz eine Schuldverschreibung zum üblichen Zinssatz gegenüber seinem Bruder unterschreiben. Als Sicherheit wurden u. a. die Synagogenplätze angegeben. Vgl. LAS, 587-28, Notar Falkenbach, Nr. 2100 vom 9. März 1878.

[239] Die gemeinsamen Vorfahren stammen aus Brotdorf, das wenige Kilometer von Merzig entfernt liegt. Vgl. Wolfgang Reget: Die Einwohner von Brotdorf, Bachem und Hausbach vor 1890, Merchingen 2003, s.v. Reinert.

Honzrath wohnte die Familie Kammer.[240] Drei Kinder des Bauern Jacob Kammer, Maria, Susanna und Mathias, standen ebenfalls durch insgesamt fünf Kreditverträge mit einer durchschnittlichen Summe von 400 Taler mit Mortgen und Salomon in geschäftlichem Kontakt. Interessanterweise waren nun die Familien Reinert und Kammer durch eine Vetternschaft miteinander verbunden. In unserem Beispiel tauchten demnach insgesamt sechs Ehepaare und ein Geschwistertrio in einem Zeitraum von wenigen Jahren nach der Jahrhundertmitte als Schuldner auf, die miteinander eng verwandt waren und sich gut persönlich kannten. Sie vereinten in zehn Krediten die Gesamtsumme von 9.710 Talern auf sich, was deutlich über dem durchschnittlichen Volumen lag.[241]

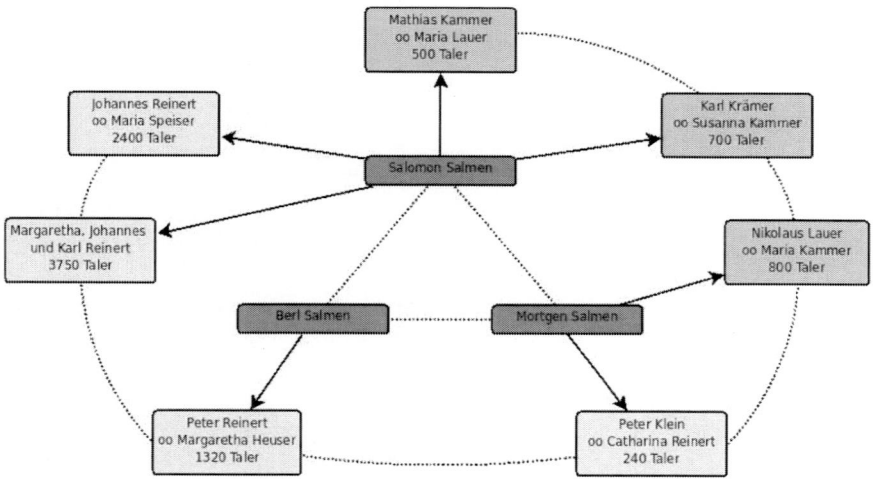

Abbildung 2:   Kreditnetzwerk Salmen-Reinert/Kammer

Man kann nun vereinfachend sagen, dass zwei Familienblöcke als Gläubiger und Schuldner miteinander Geschäfte machten. Einmal die Familie Salmen, deren Interesse es war Geld profitabel zu verleihen, und das andere Mal die Familien Reinert/Kammer, die Bedarf an Geld anmeldeten. Wie gezeigt werden sollte, liegt die Vermutung nahe, dass es Netzwerkverbindungen waren, die in der Familie Salmen das Geschäft beförderten. Der Einfachheit halber wurde in

---

[240] Zu den verwandtschaftlichen Beziehungen vgl. Wolfgang Reget: Die Einwohner von Haustadt und Honzrath 1550 – 1899, Merchingen 1997, s.v. Kammer.

[241] Die erfassten Kreditverträge von Mortgen, Salomon und Berl Salmen umfassten ein durchschnittliches Volumen von 500 Taler, also fast die Hälfte von dem, was den Familien Reinert und Kammer geliehen wurde.

Abbildung 2 das weitere Verwandtschaftnetzwerk der Familie Salmen beiseite gelassen und auf die drei Hauptgläubiger reduziert.

Es waren Netzwerkverbindungen, die dabei halfen, dass Gläubiger und Schuldner zueinander fanden. Ein entscheidendes Kriterium war die zentrale Kategorie des Vertrauens.[242] Gute Erfahrungen aus der Vergangenheit begünstigten einerseits, dass Kredite durch die Gläubiger eher vergeben wurden, da nähere Einblicke in die Familien- und Vermögensverhältnisse das Verlustrisiko minderten, andererseits wussten die Schuldner um Geschäftspraktiken und Verlässlichkeit ihrer Geldgeber.[243] Kredite erfordern nämlich generell ein Vertrauen in die Zukunft aufgrund vergangener Erfahrungen.

5   Netzwerkanalyse als Methode

Das geschilderte Beispiel zeigt die Möglichkeiten und Grenzen, die eine Beschäftigung mit Netzwerken in historischer Perspektive bietet. Es verdeutlicht, dass die Akteure ihre *Zentralität* im wahrsten Sinne des Wortes gewinnbringend zu nutzen verstanden. Somit dient die Soziale Netzwerkanalyse als präzisierendes Instrument zur Analyse komplexer Strukturen wie die eines Kreditnetzwerkes. Akteure erscheinen nicht mehr bloß als „Einzelkämpfer", sondern ihre Position kann in einem Netzwerk identifiziert und bewertet werden. Durch die Bestimmung von *Dichte* und *Zentralität* werden Handlungsspielräume und Zwänge genauer zu analysieren sein – sei es, dass Kapital akkumuliert werden konnte, oder dass bestimmte Personen im Netzwerk besonders von ihrer Stellung profitierten. Ein weiterer Aspekt betrifft das hier vorgestellte Projekt selbst: Es ist ein Beitrag zur jüdischen Geschichte, der eine soziale wie ökonomische Verortung unternimmt. Die Soziale Netzwerkanalyse ermöglicht alte Topoi – wie den antisemitischen Wuchervorwurf – einer empirischen Prüfung zu unterziehen und auf den geschäftlichen und persönlichen Alltag von Landjuden und Christen stärker als bisher in der Forschung zu fokussieren.

---

[242] Unvermeidlich an dieser Stelle der Hinweis auf Niklas Luhmann: Vertrauen. Ein Mechanismus der Reduktion sozialer Komplexität, 4. Aufl., Stuttgart 2009.

[243] Eine große Zahl der Verträge lief unbegrenzt, das heißt die Kredite wurden nicht getilgt, sondern es mussten fortlaufend lediglich Zinsen gezahlt werden. Es bestand aber immer die Gefahr der Kündigung, worauf die Schuldner in der Regel innerhalb von drei Monaten die gesamte Tilgung bewerkstelligen mussten.

Netzwerke in der Rechtswissenschaft

Curt Wolfgang Hergenröder

1 Netzwerk – die gesellschaftliche Erscheinung

Netzwerke sind ein Zeichen unserer Zeit. Sie stellen ein Produkt des sozialen Wandels dar und sind auf die Abbildung aktueller gesellschaftlicher Entwicklungen zugeschnitten. Die moderne westliche Welt wird durch die Vergesellschaftung aller Lebensbereiche auf dem Weg zu einer globalen Gemeinschaft gekennzeichnet, deren Teilbereiche in hohem Maße arbeitsteilig miteinander verzahnt sind. Unternehmen bemühen sich um eine greifbare Erfassung der Marktrealität und um flexible sowie konkurrenzfähige Organisationsformen, die den Wettbewerb um knapp werdende Ressourcen und neue Kundenstämme in einem aufgeteilten Markt entscheiden. Überblick und Orientierung heißt die Devise. Dem traditionellen Vertrauen auf den sich ereignenden Zufall wird das Bedürfnis nach kalkulierbaren Vernetzungsstrategien entgegengesetzt. Das Ausmaß dieses Bedürfnisses in einer globalen Gesellschaft wird gewahr, wenn die Transformation gesellschaftlicher Produktion mit ihren Auswirkungen auf deren Struktur gar mit dem Begriff der Netzwerkgesellschaft[244] betitelt bleibt. Die netzförmige Verknotung bestehend aus Information, Macht, Technik und Kapital führt die Transformation zu etwas Neuem an. Mündete die Agrargesellschaft in das Industriezeitalter, dürfen wir uns heute die Frage stellen, ob mit dem Eintritt in die Wissens- und Informationsgesellschaft die Netzwerkgesellschaft geboren wurde. War es früher der Markt, ist es heute das Netzwerk.

Dieselben Zielvorgaben bezeugen im Privatbereich ihre Nützlichkeit. Die wachsende Individualisierung der Lebensvorstellungen bewirkt eine Auflösung altbewährter und übersichtlicher Bindungen. Das traditionelle Modell der Familie als eine durch dichte und feste Beziehungsstränge verbundene lebenslange Gemeinschaft wird für längere oder kürzere Zeitphasen häufig durch viele mehr oder weniger intensive Gemeinschaftsbeziehungen mit wechselnden sozialen Bezugsfeldern ergänzt oder ersetzt. Innerhalb der neuen komplexen Lebensrealität und zwischen den sich auflösenden traditionell überschaubaren Gemeinschaftsmodellen und der zunehmend bürokratisierten komplexen Gesellschaft entsteht eine Vielzahl von persönlichen, sozialen und institutionellen Netz-

---

[244] *Castell*, Das Informationszeitalter, Band I: Der Aufstieg der Netzwerkgesellschaft , 2001.

werken. Dieses Universum sozialer, wirtschaftlicher und politischer Beziehungen wurde spätestens mit den technischen Möglichkeiten globaler Vernetzung durch das Internet revolutioniert.

Es ist daher nicht erstaunlich, wenn Netzwerken in der gesellschaftlichen
Beobachtung Hochkonjunktur[245] zuerkannt wird, sich das Phänomen seit etlichen
Jahren einer ungebrochenen Popularität[246] erfreuen darf sowie gar als überall
anzutreffen[247] wahrgenommen wird. Netzwerke ziehen Soziologen[248], Sozial-
anthropologen[249], Ethnologen[250], Psychologen, Geschichtswissenschaftler[251],
Philosophen[252], Politikwissenschaftler[253] und Ökonomen[254] gleichermaßen in
ihren Bann. Die verschiedensten Wissenschaften bekunden ihr Interesse für den
theoretischen Stellenwert sowie den empirischen Anwendungsbereich des Netz-
werkbegriffs. Die soziale Unterstützung, welche Personen und Institutionen aus
ihren Netzwerken beziehen und die von einer bestimmten Theorieperspektive
aus als „soziales Kapital" fungiert, darf über die politische Steuerbarkeit
moderner Gesellschaften bestimmen oder konkurrenzentscheidend Marktanteile
erobern, sichern und ausweiten. Die Wissenschaftspolitik bringt die interdisziplinäre Vernetzung verschiedener Wissenschaftszweige auf den Weg und
fördert „Exzellenzcluster", um ihren Beitrag zur Bewältigung der persönlichen,
ökonomischen und politischen Herausforderungen der Globalisierung zu leisten.

---

[245] *Jansen*, Einführung in die Netzwerkanalyse, 2006, S. 11
[246] *Weyer*, Zum Stand der Netzwerkforschung in den Sozialwissenschaften, in: Weyer (Hrsg.),
Soziale Netzwerke, 2000, S. 1.
[247] *Holzer*, Netzwerke, 2006, S. 5.
[248] Statt vieler *Jansen*, Einführung in die Netzwerkanalyse, 2006; *Weyer*, Zum Stand der Netzwerkforschung in den Sozialwissenschaften, in: Weyer (Hrsg.), Soziale Netzwerke, 2000, S. 1, 8.
[249] Die anthropologische Entwicklungslinie beschreibt *Jansen*, Einführung in die Netzwerkanalyse,
2006, S. 42 ff.
[250] Zur Entwicklung des Netzwerkdenkens in der Sozialethnologie *Schweizer*, Muster sozialer
Ordnung – Netzwerkanalyse als Fundament der Sozialethnologie, 1996, S. 13 ff.; *ders.*, in: Schweizer
(Hrsg.), Netzwerkanalyse – Ethnologische Perspektiven, 1989, S. 1 ff. Eine Einführung in die
praktische Anwendung der Netzwerkanalyse bieten *Lang/Schnegg*, Netzwerkanalyse – Eine praxis-
orientierte Einführung, Methoden der Ethnographie, 2006, NWA 1.4 m.w.N.; abrufbar unter
http://www.methoden-der-ethnographie.de/heft1/Netzwerkanalyse. pdf
[251] Einen Überblick geben *Reitmayer/Marx*, Netzwerkansätze in der Geschichtswissenschaft, in:
Stegbauer/Häußling (Hrsg.), Handbuch Netzwerkforschung, 2009.
[252] *Böhme*, Netzwerke – Zur Theorie und Geschichte einer Konstruktion, in: Barkhoff/Böhme/Riou
(Hrsg.), Netzwerke. Eine Kulturtechnik der Moderne, 2004, S. 17, abrufbar unter
http://www.netzeundnetzwerke.de/files/boehme_netzwerke.pdf
[253] *Mayntz*, Policy-Netzwerke und die Logik von Verwaltungssystemen, in: Kenis/Schneider (Hrsg.),
Organisation und Netzwerk, 1996, S. 471 ff.; zu der Rolle des Staates in Interorganisationsnetz-
werken *Knill*, Policy-Netzwerke, in: Weyer (Hrsg.), Soziale Netzwerke, 2000, S. 111 ff.
[254] *Jansen*, Einführung in die Netzwerkanalyse, 2006, S. 11 f.; *Weyer*, Zum Stand der Netzwerkforschung in den Sozialwissenschaften, in: Weyer (Hrsg.), Soziale Netzwerke, 2000, S. 1, 8.

2   Rezeption sozialwissenschaftlicher Theorie in der Rechtswissenschaft

Zeichnet sich unser heutiges Dasein in seiner wirtschaftlichen, sozialen und politischen Dimension in weitem Umfang durch die Existenz und Dynamik weitreichender Netzwerkstrukturen aus, kann diese Erscheinung auch der Rechtswissenschaft nicht verborgen bleiben. Die Jurisprudenz muss sich für den Wandel und die Bedeutung gesellschaftlicher Strukturen interessieren, um über eine notwendige Schöpfung, Anpassung, Auslegung und Weiterentwicklung jeglicher Normgestaltung Klarheit zu bekommen und durch die Kenntnis der Zusammenhänge des Rechts und der Gesellschaft zu einem der Realität nahen Regelwerk und einem adäquaten Interpretationshorizont zu gelangen.[255] Die rechtliche Steuerung einer Gesellschaft bleibt niemals ein Zustand, sondern stellt stets und unvermeidlich einen Prozess dar. Sich beständig alter und neuer Tatsachen zu vergewissern war und ist Gegenstand und Herausforderung der Rechtswissenschaft.[256] Das richtige Sehen der Wirklichkeit stellt die Voraussetzungen auf dem Weg zu der nachfolgenden rechtlichen Beurteilung und Normenbildung auf.

Der Nutzen sozialwissenschaftlicher Theorie für die Rechtsdogmatik ist unbestritten, sie bildet gar eine eigene Literaturgattung.[257] Natürlich besitzt jede Wissenschaft ein spezifisches Erkenntnisinteresse und eine eigene Herangehensweise, mit denen auf Netzwerkphänomene zugegriffen wird. Bei der Rezeption des sozialwissenschaftlichen Blickwinkels ist eine angemessene Reflexion der zunächst fachfremden Zielvorgaben und Methoden angebracht. Es muss genau analysiert werden, wo das spezifische Erkenntnisinteresse der Rechtswissenschaft begründet liegt.[258] Bisher fehlt es in der rechtswissenschaftlichen Methodik an einer tragfähigen Rezeptionstheorie.[259] Systemtheoretischer Auffassung nach kann nicht einmal von einer Integration der Sozialwissenschaften in das Recht, sondern bestenfalls von einer Reaktion des Rechts auf

---

[255] Aus der Schar der zahlreichen Väter dieses Gedankens *Ehrlich*, Grundlegung der Soziologie des Rechts, 1913; *Weber*, Rechtssoziologie, 1960; den methodischen Bezug suchend *Wüstendörfer*, Zur Methode soziologischer Rechtsfindung, 1971; einen aktuellen Überblick verleiht das Gedächtnissymposium für *Edgar Michael Wenz*, in: Dreier (Hrsg.), Rechtssoziologie am Ende des 20. Jahrhunderts, 2000.

[256] Zur Rechtstatsachenerforschung *Struck*, Rechtswissenschaft und Soziologie, in: Grimm (Hrsg.), Rechtswissenschaft und Nachbarwissenschaften 1, 1976, S. 13 ff.

[257] Lesenswert *Lautmann*, Soziologie vor den Toren der Jurisprudenz, 1971.

[258] Manchem genügt es, wenn „an der sozialwissenschaftlichen Theorie etwas dran ist"; vgl. *Engel*, Rechtswissenschaft als angewandte Sozialwissenschaft, 1998, S. 16, im Internet abrufbar unter http://www.coll.mpg.de/?q=node/672

[259] *Lüdemann*, Die Grenzen des homo oeconomicus und die Rechtswissenschaft, 2006, S. 35 f.; *Engel*, Rechtswissenschaft als angewandte Sozialwissenschaft, 1998, S. 7 ff., abrufbar unter http://www.coll.mpg.de/?q=node/672

sozialwissenschaftliche Erkenntnisse gesprochen werden.[260] Unabhängig von diesem Grundsatzdisput hindert die Rechtsdogmatik nichts daran, anhand von konzeptionellen Schritten das für sie „Brauchbare" der sozialwissenschaftlichen Theorie zu erspähen und für eigene Zwecke zu verwerten.[261] In welchem Ausmaß das Recht sozialwissenschaftliche Theorie aufnehmen kann, wird stets davon abhängen, wie weit sich die Erkenntnisinteressen beider Wissenschaften decken, wobei zu bedenken ist, dass sozialwissenschaftliche Modelle auf einer umfassenden Reduktion realistischer Komplexität beruhen müssen und einem spezifischen sozialwissenschaftlichen Paradigma geschuldet sind. Geboten ist eine von rechtswissenschaftlichen Kriterien gelenkte selektive Rezeption. Sozialwissenschaftliche Erkenntnisse dürfen nicht unmittelbar in juristische Dogmatik übersetzt werden. Das Recht beschränkt seinen Blick nur auf den relevanten Ausschnitt aus der Wirklichkeit. Als Gemeinsamkeit haben beide Wissenschaften die Suche nach der besten Lösung gesellschaftlicher Probleme im Blick.

3   Juristische Rezeptionsebenen netzwerkanalytischen Denkens

Bei einer interdisziplinären Rundschau begegnet das Recht netzwerkanalytischem Denken auf verschiedenen Rezeptionsbühnen.

3.1 Netzwerk als Rechtsbegriff

Trotz des verständlichen Wunsches nach der Entwicklung einer gemeinsamen interdisziplinären Beobachtungssprache am Forschungsgegenstand verbieten Eigenschaften des Netzwerkes eine unmittelbare juristische Begriffstransformation. Netzwerke drücken ein Phänomen aus, um Erscheinungen des Seins adäquat zu beschreiben. Der Netzwerkbegriff[262] ist gerade wegen seiner Unbestimmtheit und Offenheit in aller Munde. Diese Eigenschaften bewirken, dass ein Gebilde dauerhafter sozialer Koordination kooperativ oder hierarchisch gestaltet sein, sich der unterschiedlichsten formellen oder informellen Instrumentarien bedient und selbst seine Entstehung sowohl einer ausdrücklichen Planungsstrategie als auch einem nach spontanen Bedürfnissen ausgerichteten

---

[260] Als strenger Systemtheoretiker statt vieler *Rollecke*, vgl. etwa *dens.*, Die Legitimation des Grundgesetzes aus Sicht der Systemtheorie, 1996.
[261] Aufmunternd *Jansen*, Soziologie, Rechtssoziologie und Rechtswissenschaft, in: Machura/Ulbrich (Hrsg.), Recht, Gesellschaft, Kommunikation, Festschrift für Klaus F. Röhl, 2003, S. 24 ff.
[262] Zur Unterscheidung von Netzwerkbegriff und Netzwerkmetapher *Möllers*, Netzwerke als Kategorie des Organisationenrechts, in: Oebbecke (Hrsg.), Nicht-normative Steuerung in dezentralen Systemen, 2005, S. 285 ff.

Zufall entstammen kann. Eine solche Umschreibung der Beziehungsstränge verschiedener Akteure auf der Basis der Informalität und regelmäßiger Gleichrangigkeit[263] und mithin die dem Netzwerkphänomen immanente Flexibilität oder die der Erscheinung gar zugesprochene Lernfähigkeit[264] versperrt dem Terminus den problemlosen Guss in eine juristische Gehaltsform.

Zudem wird der Ausdruck „Netzwerk" in den verschiedenen Disziplinen mit unterschiedlichem Bedeutungsgehalt verwendet, wodurch seine Qualifikation als Begriff in der Rechtssprache in ein ungünstiges Licht gestellt wird. Im interdisziplinären Wortgebrauch verwischen sich die Konturen. Der Mangel an einer rechtswissenschaftlichen Theorie erschwert eine Aufnahme ins Recht, weil hierfür Eigenschaften des Phänomens zu benennen wären, die Probleme nach sich ziehen würden, auf die wiederum mit Rechtsregeln reagiert werden müsste.

Ist das „Netzwerk" als Begriff im Recht nicht angelegt[265], macht das den Terminus nicht einfach irrelevant. Er zieht eine Verbindung und erleichtert der Rechtswissenschaft den Eintritt in das Reich der Nachbardisziplinen. Ob als „Verweisungsbegriff"[266] bezeichnet oder als „Brückenbegriff"[267] metaphorisch ausgefüllt, dient seine Verwendung der Vermittlung realistischen Bedeutungsgehalts in die juristische Handhabung und zeichnet richtungsweisend den Weg in die einschlägige sozialwissenschaftliche Netzwerktheorie vor. In dieser Funktion sind Netzwerke positiv-dogmatisch längst Bestandteile des geschriebenen Rechts und seiner richterlichen Ausformung. Sie sind in einzelnen Gesetzen[268], Gerichtsentscheidungen und in großem Umfang in rechtswissenschaftlichen Publikationen[269] auffindbar. Die Bedeutung der Sprache für das Recht im Hinblick auf

---

[263] Dieser Aspekt ist keinesfalls unumstritten: hierarchische Strukturen nicht ausschließend *Möllers,* Transnationale Behördenkooperationen, ZaöRV 65 (2005), 351, 380; zur Rolle der Europäischen Kommission als Zentralstelle *Britz,* Vom Europäischen Verwaltungsverbund zum Regulierungsverbund?, EuR 2006, 46 ff.

[264] *Eifert,* Innovationen in und durch Netzwerkorganisationen: Relevanz, Regulierung und staatliche Einbindung, in: Eifert/Hoffmann-Riem (Hrsg.), Innovation und rechtliche Regulierung, 2002, S. 88 ff.

[265] *Buxbaum,* Journal of Institutional and Theoretical Economics 149, 698 ff., der seine Argumentation mit der bekannten Feststellung "Network is not a legal concept" abschließt; *Teubner,* Coincidentia oppositorum: Das Recht der Netzwerke jenseits von Vertrag und Organisation, in: Amstutz (Hrsg.), Die vernetzte Wirtschaft – Netzwerke als Rechtsproblem, 2004, S. 11 ff.

[266] *Gusy,* „Wirklichkeit" in der Rechtsdogmatik, JZ 1991, 213, 220.

[267] *Hoffmann-Riem,* Methoden einer anwendungsorientierten Verwaltungsrechtswissenschaft, in: Schmidt-Aßmann/Hoffmann-Riem (Hrsg.), Methoden der Verwaltungsrechtswissenschaft, 2004, S. 9, 61 f.

[268] Vgl. etwa § 50 a GWB; zum Netzwerk der Wettbewerbsbehörden *Böge/Scheidgen,* Das neue Netzwerk der Wettbewerbsbehörden in der Europäischen Union, EWS 2002, 201 ff.

[269] Vgl. etwa den Tagungsband der 47. Assistententagung Öffentliches Recht, in: Boysen/Bühring/Franzius/Herbst/Kötter/Kreutz/Lewinski/Meinel/Nolte/Schönrock (Hrsg.), Netzwerke, 2007;

seine terminologische Erneuerung sollte nicht unterschätzt werden.[270] Auch ohne Qualifikation als Rechtsbegriff würden Netzwerke Gegenstand rechtlicher Beurteilung sein.

3.2 Netzwerk als Organisationskategorie

Netzwerke sind hermetisch nicht geschlossen. Interaktionen vollführen sich in einem mehr oder weniger an feste oder variable Regeln angelehnten Ordnungssystem. Das Netzwerk will offen bleiben für Kooperationsformen jeglicher Art, seine Flexibilität ist der Kernpunkt der Konstruktion und ermöglicht den beteiligten Akteuren, disparate Ziele zu verknüpfen. Auf eine Organisationsebene gehoben könnte man das Merkmal der Gleichrangigkeit als rechtliches Abgrenzungskriterium wählen, um den Weg für eine Einordnung in eine rechtliche Organisationskategorie zu ebnen. Dieser Weg ist steinig, bereits die Horizontalität des Gebildes stößt in den Wirtschaftswissenschaften auf Zweifel und wird nicht als eine festbestimmte Eigenschaft des Gebildes anerkannt. Einer Zuweisung in eine im Recht bestehende Organisationskategorie steht jedoch weitaus gewichtiger der Umstand entgegen, dass ein herausragendes Merkmal rechtlich anerkannter Zusammenarbeitsformen in der Möglichkeit besteht, einen sanktionierten Willen verbindlich zu machen und mithin hierarchische Macht auszuüben. Dringend stellt sich somit die Frage, ob dem numerus clausus rechtlicher Organisationsvorschläge ein weiterer hinzuzufügen sein sollte. Diese Frage bedarf noch eingehender Untersuchung. Das Recht wird sich jedenfalls damit schwer tun, das Netzwerk als solches in einen Rechtstatbestand umzuwandeln und die Erscheinung als Rechtsinstitut sui generis auszuformen.[271] Das Recht vermag die Qualität einer einzelnen Verbindung – sozusagen einer Binnenstruktur – zu bestimmen, die sich durchaus durch ihre Interaktivität innerhalb verschiedener Elemente auszeichnen darf. Es begegnet jedoch erheblichen Schwierigkeiten, eine auf Flexibilität und Offenheit ausgerichtete Verbundenheit an sich rechtlich zu kategorisieren und somit sozialwissenschaftlichen Instituten Eingang in ein rechtliches Ordnungsschema zu gewähren.

Teubner, Netzwerk als Vertragsverbund: Virtuelle Unternehmen, Franchising, Just-in-time in sozialwissenschaftlicher und juristischer Sicht, 2004, S. 10 ff.; abrufbar unter http://www.jura.uni-frankfurt.de/ifawz1/teubner/dokumente/netzwerk_buch.pdf; kritisch *Druey,* Das Recht als Recht für Netzwerke: Eine Wegskizze, KritV 2006, 163, 169 f.

[270] Unlängst *Henkel,* Einführung in die Rechtsphilosophie, 1977, S. 194: „Recht gewinnt Gestalt nur durch das Medium der Sprache. Das Recht ist dadurch existentiell an die Sprache gebunden".

[271] A.A. *Teubner,* Die Perspektive soziologischer Jurisprudenz: Das Recht der Netzwerke, in: Machura/Ulbrich (Hrsg.): Recht, Gesellschaft, Kommunikation, Festschrift für Klaus F. Röhl, 2003, S. 40, 46 f.

Das Fehlen einer Juridifizierung netzwerkartiger Sozialstrukturen schließt nicht aus, dass das Recht für die mit jeglicher Interaktion verbundenen Risiken Handlungsinstrumente bereithält. Netzwerke bringen wie jegliche andere Formen sozialer Interaktion Haftungskonstellationen hervor. Im Privatrecht beispielsweise interessiert der Aspekt der Verantwortlichkeit innerhalb einer konkreten Wirkungseinheit. Rechtsrelevante Vernetzungen auf der Basis vertraglicher Unternehmenskooperationen in Form von Unternehmensnetzwerken, virtuellen Unternehmen, Just-in-time-Systemen und Franchising-Ketten sind bereits Gegenstand rechtswissenschaftlicher Abhandlungen. Man fragt sich, ob die Rechtskategorie des Vertragsverbundes geeignet ist, das Netzwerk juristisch auszuformen und die hiermit verbundenen Risiken für die beteiligten Akteure zu erkennen und zu gestalten.[272]

3.3 Netzwerk als Handlungskooperation

Administrative Vernetzungen beschäftigen das öffentliche und insbesondere das europäische Recht. Gerade in überstaatlichen Politikbereichen erlebt das Denken in Handlungsformen eine gewisse Konjunktur.[273] Behördliche Kooperationen zeichnen sich dadurch aus, dass sie mehr darstellen als die Summe ihrer Mitglieder. Vielmehr bietet die Art ihrer Vernetzung Aktionsmöglichkeiten und Nutzungschancen an, welche über formelle Rahmenbedingungen hinausgehen. Als Folge dieser Interaktionsmuster treten Legitimationsfragen auf, wenn Netzwerke als Akteure staatlichen und überstaatlichen Handelns einberufen werden. Häufig handeln Netzwerke nicht als selbständige Verwaltungsträger, denen eigene Rechte und Pflichten zugeordnet werden könnten. Anderseits wird es schwerfallen, ihre Handlungen übersichtlich einzelnen Handlungsbestandteilen der beteiligten Verwaltungseinheiten zuzuordnen. Die interadministrativen Verflechtungen bergen viele rechtlich relevante Fragen der Zurechnung, Transparenz und der Legitimation in sich. Solche Netzwerke müssen schon im Hinblick auf ihre demokratische Legitimation in einen kontrollierbaren rechtlichen Rahmen einfügbar sein. Bei der Ausfüllung des nationalen oder europäischen Demokratieprinzips können die in den Sozialwissenschaften, insbesondere auch

---

[272] *Teubner*, Netzwerk als Vertragsverbund: Virtuelle Unternehmen, Franchising, Just-in-time in sozialwissenschaftlicher und juristischer Sicht, 2004, S. 10 ff.; abrufbar unter http://www.jura.uni-frankfurt.de/ifawz1/teubner/dokumente/netzwerk_buch.pdf; kritisch *Druey*, Das Recht als Recht für Netzwerke: Eine Wegskizze, KritV 2006, 163, 169 f.

[273] *Bast*, Grundbegriffe der Handlungsformen der EU – entwickelt am Beschluss als praxisgenerierter Handlungsform des Unions- und Gemeinschaftsrechts, 2006.

in der Netzwerkdebatte kursierenden Demokratiekonzepte[274], wertvolle An-
regungen aus der Seinsperspektive liefern.

4   Soziale Netzwerkanalyse und persönliche Abhängigkeit

Wenn das Verhalten von Individuen und Organisationen in ihrer speziellen Be-
ziehungsstruktur zu bestimmen ist, bietet neben der privaten Überschuldung[275]
das Arbeitsrecht ein gewachsenes Anwendungsfeld. Durch die netzwerkanalytische Brille betrachtet kooperieren im Bereich arbeitsrechtlicher Beziehungen
der Arbeitgeber und sein Arbeitnehmer als Akteure, die wiederum mit institutionalisierten Partnern der Betriebs- oder Tarifebene in direkter oder mittelbarer
Beziehung stehen. Zwischen den Betriebsrat und die Koalitionen treten mit
Beratungs- oder Schlichtungszielen ausgestattete Organe wie gewerkschaftliche
Beratungspersonen oder Tarifschlichter in die Runde der am Arbeitsleben Beteiligten und erweitern die Vielfalt der Verknüpfungen. Nicht zu vergessen seien
die engen Fäden der Politik, die in ihrer Einwirkungsdichte und Häufigkeit im
Zusammenhang mit der wirtschaftspolitischen Lage am Arbeitsmarkt Hand in
Hand gehen. Auf wirtschaftlichem, politischem und privatem Feld über-
schneiden sich individuelle und kollektive Transaktionsebenen.

Ziel des Arbeitsrechts war und ist stets, eine gewisse Ausgleichsbilanz zu
attestieren.[276] In der individualarbeitsrechtlichen Zone passiert dies im Verhältnis
des Arbeitgebers zu seinem Arbeitnehmer. Die wirklichkeitsnahe Interessenlage
in einem Arbeitsverhältnis ist durch ein Ungleichgewicht zwischen den Vertrags-
parteien gekennzeichnet. Stellt der Arbeitnehmer dem Arbeitgeber seine Arbeitskraft zur Verfügung, entsteht ein Unterordnungsverhältnis, der Arbeitnehmer
wird persönlich abhängig.[277] Der Arbeitgeber befindet sich typischerweise in
einer wirtschaftlich überlegenen Position, die ihm den Zugang zu Ressourcen des
Kapitals, aber auch der rechts- und wirtschaftsberatenden Berufe erleichtert.
Diesem Machtungleichgewicht im Arbeitsverhältnis wirken gesetzliche Schutz-

---

[274] Vgl. etwa *Scharpf*, Demokratietheorie zwischen Utopie und Anpassung, 1970; *ders.*,
Legitimationskonzepte jenseits des Nationalstaats, in: Schuppert/Pernice/Heltern (Hrsg.), Europa-
wissenschaft, 2005, S. 705 ff.
[275] Zur Bedeutung der Netzwerkanalyse im Hinblick auf die private Überschuldung
Hergenröder/Kokott, Der Schuldner im sozialen Netz, ZVI Sonderheft 2009, 33 ff.; *Hergenröder*,
Soziale Netzwerkanalyse und Überschuldung, FS Peter Kreutz, 2009.
[276] Zum Schutzbedürfnis des Arbeitnehmers als arbeitsrechtlichem Grundsachverhalt
Zöllner/Loritz/Hergenröder, Arbeitsrecht, 6. Aufl., 2008, S. 2 ff.; für den kollektivrechtlichen Zusammenhang *Gamillscheg*, Kollektives Arbeitsrecht Band I, 1997, S. 3 ff.
[277] Vgl. BAG AP Nr. 111 zu § 611 BGB Abhängigkeit; siehe ferner *Zöllner/Loritz/Hergenröder*,
Arbeitsrecht, 6. Aufl., 2008, S. 39 ff.

bestimmungen vor, die bei der Einstellung des Arbeitnehmers beginnen, den Schutz seiner Persönlichkeit und Gesundheit bei der Arbeit garantieren und seine Entlassung aus dem Arbeitsverhältnis kontrollieren, um nur einige Stationen zu nennen. Der Gesetzgeber greift auch auf der betrieblichen Ebene in die Gestaltungsmacht der Arbeitsvertragsparteien ein, indem der Arbeitgeber in manchen seiner Entscheidungsprozesse an die Mitwirkung eines vorhandenen Betriebsrats gebunden ist, wenn Arbeitnehmerinteressen bei wichtigen betriebsinternen sozialen oder personellen Angelegenheiten betroffen sind. Auf einer kollektiven Ebene besitzen Gewerkschaften und Arbeitgeberverbände die Möglichkeit, Arbeitsbedingungen auszuhandeln und tarifvertraglich für verbindlich zu erklären. Das Verhältnis der Koalitionsparteien ist durch das Bemühen um ein Verhandlungsgleichgewicht gekennzeichnet. Es existieren vielfältige rechtliche Rahmenbedingungen, welche insbesondere im Falle eines Streiks Kampfparität herzustellen vermögen.

Erntet der Ausgleich tatsächlicher Abhängigkeit und mithin gestörter Vertragsparität im Arbeitsrecht sowohl auf der individuellen als auch auf der kollektiven Ebene höchste Aufmerksamkeit, bedarf es zu ihrer Feststellung und rechtlichen Ausgestaltung der Erfassung der tatsächlichen Gegebenheiten. Zur Erfassung der Muster der Abhängigkeit und Interdependenz lädt die soziale Netzwerkanalyse in besonderer Weise ein. Im Gegensatz zu den funktionalistischen und strukturalistischen Ansätzen der Sozialwissenschaft vermag diese Theorieform die Ebene der Individuen mit der kollektiven Ebene in Beziehung zu setzen und die Vernetzung von Mikro-, Meso- und Makroebene sichtbar zu machen. In dieser Form kann sie einen bedeutenden Beitrag zur Erforschung des angestrebten Kräftegleichgewichts im individuellen Arbeitsverhältnis und zwischen den Sozialpartnern leisten, wobei ihr besonderer Erkennungswert gerade darin liegt, dass auch das individuelle und kollektive Verbundsystem in die Beurteilung einfließt.

5 Ausblick

Auch wenn es bislang kaum wahrgenommen wird: Netzwerke spielen im Recht durchaus eine Rolle! Freilich ist ihre Bedeutung in der juristischen Dogmatik noch nahezu völlig unerforscht, ein wie auch immer geartetes Recht der Netzwerke gibt es (noch) nicht. Angesichts der zunehmenden Bedeutung von Vernetzungen in Wirtschaft und Gesellschaft ist freilich die Rechtswissenschaft gefordert, die entsprechenden Strukturen aufzuarbeiten und entsprechende Erkenntnisdefizite zu beheben.

Netzwerke in der Politikwissenschaft

Johannes Marx

1 Einleitung

Im Jahr 2006 wurde Muhammad Yunus mit dem Friedensnobelpreis ausgezeichnet. Er teilte sich den Preis zur Hälfte mit der von ihm gegründeten Grameen Bank, bei der er seit 1983 als Managing Director arbeitet. Die Grameen Bank ist ein Mikrofinanz-Kreditinstitut, das Mikrokredite an Menschen ohne Einkommenssicherheiten vergibt. Das Ziel der Grameen Bank besteht dabei nicht in der Erzielung ökonomischen Profits, sondern in der Reduzierung sozialer Armut (vgl. Yunus 2007). Ausgehend von der Beobachtung, dass schon kleine Kredite einkommensschwachen Menschen helfen, ihre soziale und ökonomische Stellung zu verbessern, versucht die Grameen Bank genau diese bereitzustellen. Während herkömmliche Banken aufgrund des problematischen sozialen Status, fehlender Sicherheiten und des schlechten Verhältnisses zwischen Verwaltungsaufwand, Risiko und ökonomischer Rendite nicht bereit sind, Mikrokredite zu für die Kreditnehmer finanzierbaren Konditionen zu bewilligen, vergibt die Grameen Bank in der Hauptsache Mikrokredite an Arme und darunter vorwiegend Frauen.

Bemerkenswert ist dabei, dass die Rückzahlungsquote bei den Mikrokrediten ausgesprochen hoch ist. Über 98 % der Erstkredite werden zurückgezahlt. Diese hohe Quote erklärt sich vor dem Hintergrund eines spezifischen Rückzahlungssystems, bei dem die Einbettung der Kreditnehmer in Netzwerke eine zentrale Rolle spielt. Yunus entwickelte ein System, in dem die Kreditnehmer in Dörfern zu kleinen Gruppen zusammengefasst wurden. Die Gruppenmitglieder werden anschließend von Bankmitarbeitern geschult und müssen sich bereiterklären, füreinander zu bürgen (vgl. Yunus 2003). Mikrokredite werden zunächst an zwei Mitglieder der Gruppe ausgezahlt. Wenn diese Gruppenmitglieder ihre Kredite regelmäßig zurückzahlen, bekommen die nächsten Gruppenmitglieder ihre Darlehen. Aufgrund der gegenseitigen Verpflichtungen und der sozialen Kontrolle gelingt es der Grameen Bank bei der Vergabe von Mikrokrediten eine hohe Rückzahlungsquote zu erzeugen. Darüber hinaus muss festgehalten werden, dass die Bank eine Genossenschaftsbank ist, die sich zu mehr als 90 % im Besitz der Kunden befindet (vgl. Yunus/Jolis 1998).[278] Weltweit werden Mikrofinanzinstitute erfolgreich als Instrument der Armutsbekämpfung eingesetzt.

Afrika stellt in dieser Hinsicht eine Ausnahme dar. Der Mikrofinanzsektor ist dort deutlich geringer ausgeprägt als in Asien und Lateinamerika. Zudem werden Mikrokredite in Afrika häufig für Konsumausgaben, anstatt für unternehmerische Tätigkeiten verwendet (vgl. Mosley/Rock 2004). Stattdessen finden sich in Afrika andere Mechanismen der 'Kreditvergabe'. Dort wird beispielsweise auf Rotating Savings and Credit Associations [Roscas] für die Bereitstellung finanzieller Ressourcen zurückgegriffen. Roscas existieren in zahlreichen Varianten. Unterschiede bestehen zwischen den Roscas beispielsweise hinsichtlich der Bestimmung der Reihenfolge, in der die Mitglieder die Geldsumme bekommen. In der bekanntesten Variante entscheidet das Los über die Reihenfolge der Empfänger. Daneben existieren beispielsweise auch Roscas, bei denen die Höhe der Einzahlung über die Reihenfolge entscheidet. Alle Roscas teilen das Merkmal, dass die Mitglieder eine fixe Summe in einen gemeinsamen Topf einzahlen und die Gesamtsumme anschließend einem der Mitglieder der Roscas zur Verfügung gestellt wird. Dies geschieht wiederholt, wobei der einmalige Empfang der Gesamtsumme eine Person so lange vom Gesamttopf ausschließt, bis alle Mitglieder der Roscas einmal an der Reihe waren. So lange bleibt in der Regel auch die Roscas bestehen.

Das zentrale Problem von Roscas besteht in der Garantie der Zahlungsbereitschaft der Mitglieder, die ihre Auszahlung bereits erhalten haben. Auch hier spielen soziale Anreize in Netzwerken eine starke Rolle: „Roscas circumvent such default problems by exploiting individuals' social connectedness. This is borne out in the anthropological literature, which reveals how the incentive to defect from a Rosca is curbed by social constraints. Roscas are thus typically formed among individuals whose circumstances and characteristics are well known to each other" (vgl. Besley et al. 1993: 794). In anderen Worten: Das Eingebundensein in soziale Netzwerke scheint auch bei Roscas eine zentrale Determinante der erfolgreichen wechselseitigen Versorgung mit finanziellen Ressourcen darzustellen.

---

[278] Das Beispiel interessiert, da Netzwerke anscheinend einen sozialen Mechanismus bereitstellen, der die Rückzahlungsmoral und damit die Kooperation zwischen den Mitgliedern erhöht. Einzig dieser Mechanismus wird im Folgenden betrachtet. Trotzdem soll an dieser Stelle nicht unerwähnt bleiben, dass die langfristigen Effekte der Grameen Bank für die Erzeugung einer nachholenden Entwicklung in der Forschungsliteratur durchaus kritisch betrachtet werden (vgl. Bornstein 2005; Khandker et al. 1995). Beispielsweise wird kritisiert, dass durch Mikrofinanzierung eher die Wohlhabenderen unter den Einkommensschwachen angesprochen werden und die Ärmsten der Armen weiterhin keinen Zugang zu notwendigen finanziellen Ressourcen erhalten.

In dieser Hinsicht gleichen sich die Modelle aus Asien und Afrika. In beiden Fällen stellen soziale Netzwerke den zentralen Schlüssel zur Produktion sozialer Kooperation dar. In beiden Beispielen ist soziale Kooperation in Netzwerken die Voraussetzung für die individuelle Versorgung mit notwendigen finanziellen Ressourcen. Im Folgenden wird es darum gehen, den sozialen Mechanismus herauszuarbeiten, der in Netzwerken wirkt. Im Vordergrund stehen damit die Effekte von Netzwerken und nicht deren Bestimmungsfaktoren. Netzwerken wird üblicherweise der Effekt zugeschrieben, Vertrauen und damit Kooperation zu erzeugen. Um die Wirkungsweise von Netzwerken herauszuarbeiten wird zunächst im zweiten Kapitel geklärt, wie Netzwerke definiert werden. Anschließend werden im dritten Kapitel die Begründungsmechanismen für die Effekte von Netzwerken im Mittelpunkt stehen. Es wird gefragt, aufgrund welcher Mechanismen Netzwerke Kooperation ermöglichen. Es wird sich zeigen, dass unterschiedliche Mechanismen im Rahmen der Netzwerktheorie diskutiert werden. Im vierten Kapitel schließlich wird eine Systematisierung der unterschiedlichen Wirkungsmechanismen vorgestellt.

2   Netzwerkanalyse. Forschungsstand und Netzwerkdefinition

Die Netzwerkanalyse lässt sich zunächst einmal in Abgrenzung zur traditionellen sozialwissenschaftlichen Vorgehensweise bestimmen. Aus netzwerktheoretischer Perspektive wird an den Sozialwissenschaften kritisiert, dass die Akteure in der Regel dekontextualisiert werden und die soziale Einbettung der Akteure bei der quantitativen Beschreibung der untersuchten Merkmale vernachlässigt wird (vgl. Liepelt 2008). Dies gelte sowohl für Theorien in der Tradition des Homo Sociologicus, in denen die handlungsverursachenden Faktoren in der Sozialisationsphase vermutet werden und die aktuelle Einbettung eines Akteurs in die sozialen Strukturen theoretisch unreflektiert bleibt, wie auch für Theorien in der Tradition des Homo Oeconomicus, in denen Präferenzen konstant gehalten werden und Netzwerke lediglich als Restriktionen den Rahmen für individuelles Handeln abstecken. Aus netzwerkanalytischer Perspektive wird damit die mangelnde Berücksichtigung der sozialen Einbettung individuellen Handelns kritisiert. Dieses theoretische Desiderat versucht die Netzwerktheorie zu füllen, indem sie die Idee der Einbettung individueller Handlungen in Netzwerke in den Mittelpunkt stellt. Darüber hinaus verbindet man mit den Netzwerkansätzen auch das theoretische Interesse, die Kluft zwischen Makro- und Mikroperspektive zu überwinden. Die Netzwerktheorie stellt sich jedoch nicht als homogener Forschungsstand dar. Es kann daher nicht von einer dominanten theoretischen Orientierung im Rahmen der Netzwerkanalyse gesprochen werden. Grob kann man zwischen zwei unterschiedlichen Schwerpunkten im Rahmen der Netzwerktheorie unterscheiden:

Die erste Richtung in der Netzwerkforschung ist stark empirisch orientiert, arbeitet häufig quantitativ und verwendet netzwerkanalytische Instrumente zur Beschreibung und Analyse sozialer Beziehungsstrukturen. Mit dem Begriff Netzwerk bezeichnen Vertreter in diesem Fall soziale Beziehungsstrukturen, deren Merkmale mit quantitativen Methoden formal analysiert und dargestellt werden können. Ziel dieses Zweiges der Netzwerktheorie ist die systematische Beschreibung und Analyse sozialer Beziehungen. Die Frage nach den Effekten spezifischer Netzwerkstrukturen steht in der Regel jedoch nicht im Vordergrund. Es mangelt auch an theoretisch ausgearbeiteten Begründungsmechanismen, die für die Entstehung spezifischer Verhaltensmuster in Netzwerken verantwortlich sind. In diesem Sinne sind auch die Äußerungen zu verstehen, die kritisieren, dass die Netzwerktheorie handlungstheoretisch unterbestimmt sei (vgl. Emirbayer/Goodwin 1994; Flap 1999; Granovetter 1985). Gleichwohl lassen sich Arbeiten mit dieser theoretischen Orientierung häufig dem methodologischen Individualismus zuordnen und stehen ökonomischen Handlungstheorien nahe (vgl. Jansen 2000).

Die zweite Richtung der Netzwerkforschung ist eher modernitätstheoretisch orientiert. Soziale Netzwerke werden in diesem Fall als spezifische Organisationsform sozialen Handelns mit einem „qualitativ eigenständigen Typus der Handlungskoordination" (Weyer 2000: 14 f.) begriffen. Soziales Handeln in Netzwerken weise die Besonderheit auf, dass die gerichtete Koordination von Akteuren zur Lösung von Koordinationsproblemen über den Handlungsmodus Vertrauen funktioniere. Anstelle der klassischen Koordinationsformen Markt und Hierarchie nimmt die Netzwerktheorie hier einen weiteren Koordinationsmechanismus in den Blick: die vertrauensvolle Kooperation in Netzwerken. Gleichzeitig wird diese besondere Form der vertrauensvollen Handlungskoordination als besonderes Merkmal der Moderne hervorgehoben. Häufig geht diese Schwerpunktsetzung einher mit einem methodologischen Kollektivismus, wie man ihn beispielsweise bei White findet, der „die Welt sozialer Relationen, Figurationen und Interdependenzen" betont, „von der aus überhaupt erst sowohl einzelne Akteure samt ihrer Verhaltensweisen als auch soziale Strukturmuster erklärbar würden" (Häußling 2008: 65).

Aufgrund der hier untersuchten Frage nach den Begründungsmechanismen für die kooperationsfördernden Effekte sozialer Netzwerke konzentriere ich mich auf die empirisch ausgerichtete Netzwerktheorie und damit auf den ersten Zweig. Dies ist notwendig, da im Folgenden die Frage betrachtet wird, welche Effekte Netzwerke auf die Vertrauensvergabe haben. Vor diesem Hintergrund darf Vertrauen aus methodischen Gründen nicht definitorischer Bestandteil der Netzwerkdefinition sein. Es wird genau dann von Netzwerken gesprochen, wenn folgende Merkmale vorliegen: Netzwerke stellen zunächst ein soziales Struktur-merkmal dar. Die Strukturen bestehen aus sozialen Beziehungen zwischen einer begrenzten Anzahl von Akteuren, die eine gewisse zeitliche Stabilität aufweisen. Daher spricht man auch von sozialen Strukturmerkmalen. In der Regel geht man darüber hinaus davon aus, dass mehr als zwei Akteure beteiligt sind. Im anderen Fall spricht man von dyadischen Strukturen. Zusätzlich haben Netzwerke häufig einen informellen Charakter und können auf dem Prinzip der Freiwilligkeit be-ruhen. Dies ist jedoch keine notwendige Bedingung, um von Netzwerken sprechen zu können.

Auf diese Weise definierte Netzwerke stellen ein fundamentales Struktur-element der sozialen Welt dar. Akteure sind üblicherweise in eine Vielzahl ver-schiedenster Netzwerke eingebunden. Jedoch können Netzwerke durchaus eine unterschiedliche Qualität aufweisen. Es ist zu vermuten, dass verschiedene Aus-prägungen der Netzwerkstruktur auch unterschiedliche Effekte nach sich ziehen können. In der Literatur wird beispielsweise zwischen vertikalen und horizon-talen Netzwerken differenziert. Während vertikale Netzwerke hierarchisch orga-nisiert sind, basieren horizontale Netzwerke auf dem Prinzip der Selbst-organisation und folgen stärker demokratischen Prinzipien. Nach Putnam sind letztere für die Produktion sozialen Vertrauens verantwortlich (vgl. Putnam 1993). Darüber hinaus können Netzwerke auch symmetrisch oder unsymme-trisch, groß oder klein, geschlossen oder offen, sozial dicht oder eher lose, mehr-dimensional oder eindimensional sein.

Häufig werden im Rahmen der Netzwerkanalyse nicht komplette Netzwerke abgebildet, sondern stattdessen personenbezogene Netzwerke erhoben. Für die Analyse egozentrierter Netzwerke fragt man beispielsweise sowohl nach relationa-len wie auch nach strukturellen Merkmalen. Relationale Merkmale sind Kontakt-dauer, Kontakthäufigkeit, räumliche Distanz, emotionale Nähe, Intensität, Stärke der Beziehung, weak ties oder strong ties, Uni- und Multiplexität und Rollen-kontexte. Strukturelle Merkmale sind die Größe eines Netzwerkes, seine Dichte, Geschlossenheit, Balance, Homogenität bzw. Heterogenität (vgl. Schenk 1995: 98). Strukturelle Merkmale lassen sich in der Regel nicht direkt messen, sondern müssen als Maßzahlen, die sich auf die Merkmale von Kollektiven beziehen, aus den relationalen Eigenschaften errechnet werden (vgl. Jansen 2006: 56 f.).

Für die Netzwerktheorie lässt sich festhalten, dass sie ein umfangreiches Instrumentarium zur Analyse sozialer Beziehungsstrukturen bereithält. Um Fragen nach der Wirkung von Netzwerken untersuchen zu können, ist es jedoch notwendig, netzwerkanalytische Instrumente mit einem handlungstheoretischen Zugriff zu verbinden. Erst diese Kombination erlaubt die sozialen Mechanismen zu erfassen, die eine Verbindung zwischen sozialer Einbettung und individueller

Handlung ermöglichen und damit die Erklärung von Vertrauen und Kooperation ermöglichen.

3   Handlungstheoretische Grundlagen der Vertrauensvergabe

In den Sozialwissenschaften herrscht weitestgehend Einigkeit darüber, dass für die Erklärung sozialer Phänomene die Ebene individuellen Handelns berücksichtigt werden muss. Dies gilt auch für die Erklärung vertrauensvoller Handlungen. Im Folgenden wird zunächst geklärt, was unter einer vertrauensvollen Handlung zu verstehen ist. Daran anknüpfend wird aus entscheidungstheoretischer Perspektive verdeutlicht, warum vertrauensvolle Handlungen erklärungsbedürftig sind. Schließlich wird handlungstheoretisch diskutiert, welche Schritte bei einer sozialwissenschaftlichen Erklärung vertrauensvoller Handlungen zu berücksichtigen sind.

Eine Handlung wird genau dann als vertrauensvolle Handlung bezeichnet, wenn die Handlungssituation folgende Merkmale aufweist: Zunächst handelt es sich bei vertrauensvollen Handlungen um eine Handlung bei der in der Regel zwei oder mehr Personen beteiligt sind. Üblicherweise besitzt eine Person A (Treugeber) Ressourcen, die er im Sinne einer anderen Person B (Treuhänder) einsetzt. Beispielsweise hilft der Treugeber dem Treunehmer bei einem Umzug.

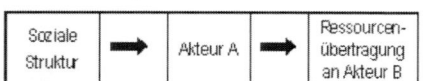

- Akteur A verfügt über Ressource, die Akteur B besser zum Nutzen von A verwerten kann
- Ressourcenübertragung von A auf B
- B kann Vertrauen rechtfertigen oder ausnutzen
- es herrscht zeitliche Asymmetrie zwischen Vertrauensvergabe und Gegenleistung

Abbildung 1:   Strukturmerkmale des Moments der Vertrauensvergabe

Person A nimmt diese einseitige Ressourcenübertragung in der Erwartung vor, langfristig dadurch einen Nutzengewinn zu erzielen. Konkret erwartet er, dass Person B (Treuhänder) sich zu gegebener Zeit revanchieren wird. Hier besteht nun das Risiko, das für den Moment der Vertrauensvergabe charakteristisch ist. Person B hat nämlich die Möglichkeit das Vertrauen zu rechtfertigen. Das würde bedeuten die übertragenen Ressourcen im Sinne von A einzusetzen oder zu gegebener Zeit eine angemessene Gegenleistung zu erbringen. Er kann aber auch das Vertrauen enttäuschen und die Ressourcen lediglich zu seinem eigennützigen Vorteil verwenden.[279] Dieses Risiko, das aus einer zeitlichen Asymmetrie zwischen der Vertrauensvergabe und der erwarteten Gegenleistung resultiert, gilt es bei der Vertrauensvergabe einzukalkulieren. Vertrauen bezeichnet damit die Erwartung eines Akteurs, dass eine einseitige Vorleistung nicht ausgenutzt, sondern kooperativ erwidert wird. Als Entscheidungsbaum lässt sich die Vertrauensvergabe in einer einfachen 2-Personen-Situation folgendermaßen graphisch darstellen[280]:

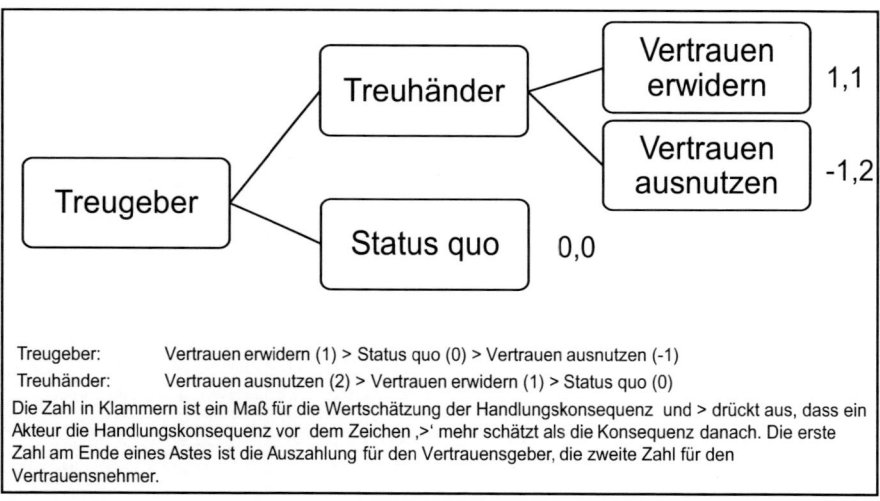

Abbildung 2:   Entscheidungsbaum beim einfachen Vertrauensspiel

In der hier skizzierten Handlungssituation steht der Vertrauensgeber vor der Wahl, ob er dem Vertrauensnehmer vertrauen soll oder nicht. Insgesamt lassen sich drei Möglichkeiten aufzeigen, wie diese Handlungssituation aufgelöst werden kann: Wenn sich der Vertrauensgeber entscheidet Vertrauen zu vergeben, dann kann erstens das Vertrauen erwidert werden. In diesem Fall hätte der

---

[279] Bei der Skizzierung der Situation der Vertrauensvergabe habe ich insofern eine Idealisierung vorgenommen, als dass ich von einer binären Entscheidungssituation ausgehe. Die Realität ist bedauerlicherweise zumeist komplexer, so dass zahlreiche Abstufungen zwischen Kooperation (Vertrauen) und Defektion (Vertrauen hintergehen) möglich sind und damit eine Entscheidungssituation zwischen mehr als zwei Handlungsalternativen gegeben ist.

[280] Bezüglich der Höhe der Auszeichnungen im Vertrauensspiel vgl. Buskens/Raub (2004).

Vertrauensgeber den höchsten Gewinn und auch der Vertrauensnehmer würde profitieren, da er für seine kooperative Gegenleistung entlohnt würde. Zweitens ist es möglich, dass der Vertrauensnehmer das Vertrauen ausnutzt. In diesem Fall würde sich der Vertrauensnehmer die einseitige Vorleistung aneignen, ohne eine Gegenleistung zu erbringen. Der Vertrauensgeber kann sich aber auch drittens entscheiden, das Vertrauen nicht zu vergeben und den Status quo beizubehalten. Welche der Handlungsalternativen die Akteure wählen ist abhängig von ihrer Präferenzordnung. Darüber hinaus gilt in dieser Spielform, dass die Präferenzen gegenseitig bekannt sind. In der Graphik sind die Präferenzordnungen der Akteure aufgeführt. Wenn die Präferenzen, wie in der Graphik angegeben verteilt sind, wird der Vertrauensgeber immer den Status quo bevorzugen, da der Vertrauensnehmer sich durch Defektion besser stellen kann.

Die empirische Situation stellt sich jedoch komplizierter als die Modellsituation dar, weil das Vertrauen nicht in allen Situationen ausgenutzt wird. In manchen Situationen kann der Treugeber (glücklicherweise) auf einen kooperativen Akteurstyp treffen. Ein solcher Akteur wird das Vertrauen kooperativ erwidern, da er eine andere nämliche die folgende Präferenzstruktur hat: Vertrauen erwidern (2) > Vertrauen ausnutzen (1) > Status quo (0). Dies verkompliziert die Entscheidungssituation des Treugebers: Handlungstheoretisch steht er vor dem Problem, die Vertrauenswürdigkeit des Vertrauensnehmers einschätzen zu müssen: Handelt es sich bei dem Vertrauensnehmer um einen kooperativen Akteur, der die einseitige Vorleistung kooperativ erwidern wird? Oder handelt es sich beim Vertrauensnehmer um einen unkooperativen Akteur, der die einseitige Vorleistung durch eine Handlung ausnutzt? Nur wenn der Akteur ein kooperativer Akteurstyp ist, würde es sich für den Vertrauensgeber lohnen, das Risiko einer einseitigen Vorleistung einzugehen. Solche konditionalen Entscheidungsprobleme lassen sich in der Tradition von Harsanyi spieltheoretisch darstellen, indem man einen Entscheidungszug der Natur der eigentlichen Entscheidungssituation voranstellt.[281] Dieser Zug entscheidet mit einer gewissen Wahrscheinlichkeit p, ob man es mit dem Typ vertrauenswürdiger Treunehmer zu tun hat oder mit dem Typ unkooperativer Teilnehmer (1-p). Der Treugeber muss nun eine Entscheidung bezüglich der Wahrscheinlichkeit p treffen, mit der er erwarten kann auf einen vertrauenswürdigen Treunehmer zu treffen. Der Treugeber wird sich genau dann für die Handlungsalternative „Vertrauen vergeben" entscheiden, wenn der erwartete Nutzen dieser Handlungsalternative größer ist als der erwartete Nutzen der Handlungsalternative

---

[281] Bei einer solchen Entscheidungssituation handelt es sich um eine Spielform mit unvollständiger Information (vgl. Harsanyi 1967-1968), bei der im vorliegenden Fall der Treunehmer das private Wissen hat, ob er ein kooperativer oder unkooperativer Akteurstyp ist (vgl. Berninghaus et al. 2006; Bueno de Mesquita 2006; Mehlmann 2007).

„Vertrauen nicht vergeben". In letzterem Fall wird er die vertrauensvolle Vorleistung verweigern. Diese komplexere Version des Vertrauensspiels lässt sich folgendermaßen graphisch erfassen:

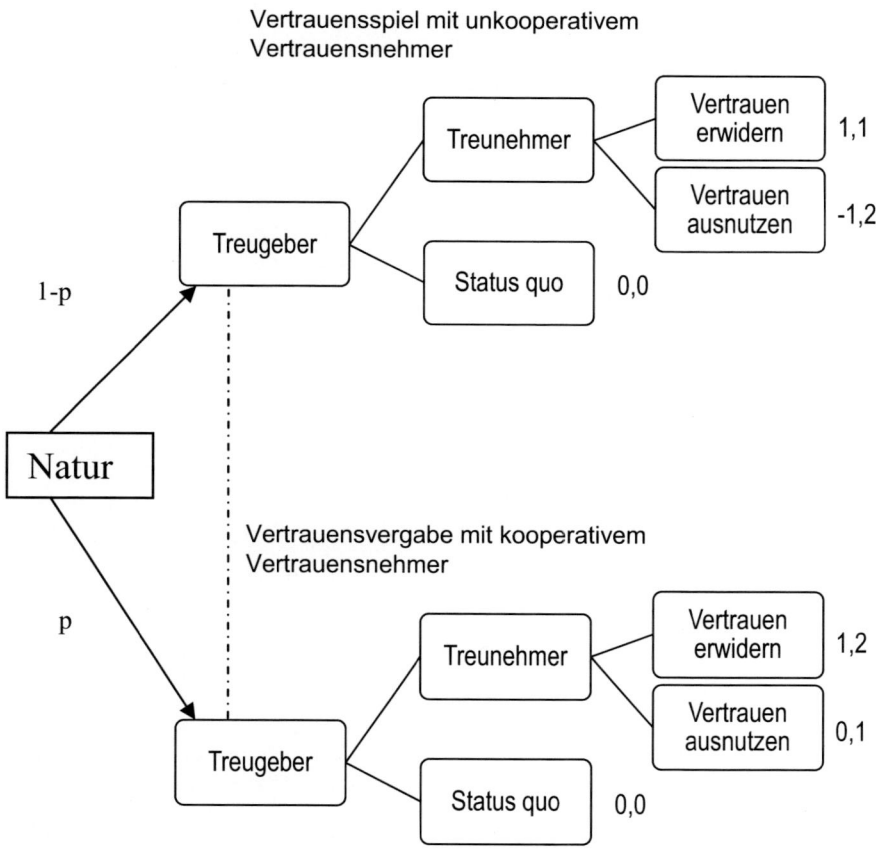

Abbildung 3: Vertrauensspiel mit unvollständiger Information

Angesichts einer solchen Spielstruktur steht der Treugeber vor dem Problem, die Wahrscheinlichkeit p abzuschätzen, mit der er mit einem kooperativen Akteurstyp interagiert. Da die Wahrscheinlichkeit p nicht zufällig verteilt ist, gilt es die soziostrukturellen Merkmale zu entschlüsseln, die die Wahrscheinlichkeit p auf einen kooperativen Akteur zu treffen erhöhen. Vor diesem Hintergrund gilt es danach zu fragen, welche Strukturmerkmale dazu führen könnten, dass der Vertrauensnehmer dem Typ kooperativer Akteur entspricht, d. h. die Kooperation der Defektion vorzieht. Dazu wird versucht, die vertrauensvolle Handlung aus handlungstheoretischer Perspektive zu betrachten.

Das sozialwissenschaftliche Wissen über die Bestimmungsfaktoren individuellen Handelns ist in Handlungstheorien formuliert. Bei James S. Coleman und Hartmut Esser finden sich allgemeine metatheoretische Überlegungen hinsichtlich der Elemente, die eine sozialwissenschaftliche und damit handlungstheoretische Erklärung berücksichtigen muss (vgl. Coleman 1990; Esser 1999b): Aus erklärender Perspektive ist man in den Sozialwissenschaften dem methodologischen Individualismus verpflichtet. Das bedeutet, dass die Erklärung sozialer Phänomene die Ebene der einzelnen Individuen beachten muss (vgl. Schmid 2006). Im Einzelnen sind dabei drei Schritte von Bedeutung, die auch bei der Erklärung vertrauensvoller Handlungen eine Rolle spielen: Zunächst gilt es (1) die Verbindung zwischen der Ebene der sozialen Strukturen und der Mikroebene näher zu bestimmen. Daraufhin ist (2) zu klären, warum sich der Akteur angesichts der gegebenen Handlungsmöglichkeiten auf eine bestimmte Weise verhält. Schließlich gilt es (3) die einzelnen Handlungen hinsichtlich ihrer Wirkung auf gesellschaftliche Zusammenhänge zu untersuchen und damit die Verbindung von Mikro- und Makroebene wiederherzustellen.

Erstens ist also die auf der Makroebene liegende Struktur der Handlungssituation zu berücksichtigen. Aus der sozialen Situation, der die Akteure ausgesetzt sind, lassen sich die Bedingungen ableiten, die die Handlungsmöglichkeiten der Akteure strukturieren. In diesem Schritt werden über eine Makro-Mikro-Verbindung „die Erwartungen und die Bewertungen des Akteurs mit den Alternativen und den Bedingungen in der Situation" verknüpft (Esser 1999a: 94). Dieser Schritt der sozialwissenschaftlichen Erklärung wird häufig mit dem Begriff der „Definition der Situation" umschrieben. Das bedeutet konkret, dass für die Erklärung einer vertrauensvollen Handlung die Strukturmerkmale identifiziert werden müssen, die die Handlungsalternative „Vertrauen vergeben" attraktiver erscheinen lassen als die Handlungsalternative „Vertrauen nicht vergeben". Vor dem Hintergrund netzwerktheoretischer Überlegungen interessieren daher Informationen darüber, ob die geplante Interaktion in eine Netzwerkbeziehung eingebettet ist: Gab es bereits vorher Kontakt zwischen den beteiligten Personen? Ist es wahrscheinlich, dass die Personen aufgrund ihrer sozialen Einbettung auch in der Zukunft häufig miteinander in Kontakt stehen werden? Wenn man diese Fragen bejahen kann, steigt die Attraktivität der Handlungsalternative „Vertrauen vergeben".

Netzwerke stellen darüber hinaus Kommunikationsstrukturen zur Verfügung, so dass Defektionen schnell allen Mitgliedern eines Netzwerkes zur Verfügung gestellt werden können. Dies erhöht die Bereitschaft eines Akteurs, Vertrauen nicht zu hintergehen und damit vergrößert sich zugleich die Attraktivität der Handlungsalternative „Vertrauen vergeben". Unter Umständen existieren in Netzwerken auch Bürgen, die bereits häufiger vertrauensvolle Interaktionen mit dem Treuhänder hatten. Auch dies würde die Attraktivität der Handlungsalternative „Vertrauen vergeben" erhöhen. In Netzwerken können darüber hinaus gewisse soziale Praktiken des gegenseitigen Helfens verbreitet sein, so dass die generelle Vertrauenswürdigkeit von Akteuren stark ausgeprägt ist oder es können Reziprozitätsnormen gelten. Diese Informationen wären beispielsweise aus handlungstheoretischer Sicht relevant, um die Entscheidungssituation des Akteurs für die Situation der Vertrauensvergabe zu rekonstruieren. All diese Faktoren führen in spieltheoretischer Perspektive zu einem Anstieg der Wahrscheinlichkeit p, dass man es in der beschriebenen Situation mit einem kooperativen Treunehmer zu tun hat.

In einem zweiten Schritt findet sich auf der Mikroebene ein theoretischer Auswahlmechanismus. Er erlaubt, aus der Vielzahl der durch die Struktur der Situation ermöglichten Handlungsalternativen eine auszuwählen. Diese zweite Phase bezeichnet Esser mit dem Begriff der „Logik der Selektion" (vgl. Esser 1999a: 94 f.; 1999b: 66 f.). Hier sind durchaus mehrere Selektionsregeln denkbar. Neben der ökonomischen Handlungsrationalität wird beispielsweise auch die Verwendung einer „Logik der Angemessenheit" diskutiert. Aus methodologischen Gründen erscheint mir jedoch hier der Rückgriff auf den Rationalitätsbegriff der ökonomischen Methodik angemessen (vgl. Marx 2007, 2008). Aus dieser Perspektive sind es die Bedingungen der sozialen Struktur einerseits und die akteursinternen Erwartungen und Bewertungen andererseits, die die Auswahl der Handlung bestimmen.[282] Auf der Grundlage einer subjektiv vorgenommenen Definition der Handlungssituation handelt der Akteur nutzenmaximierend. Colemans Angaben folgend reicht diese Common-sense-Vorstellung von Rationalität für die meisten Anwendungen der ökonomischen Methode aus. Der Begriff der Rationalität lässt sich aber im Bedarfsfall noch präziser fassen: „Dabei geht man davon aus, dass verschiedene Handlungen [...] für den Akteur von bestimmtem Nutzen sind, und verbindet dies mit einem Handlungsprinzip, wonach der Akteur diejenige Handlung auswählt, die den Nutzen maximiert" (Coleman 1995: 17). Konkret bedeutet dies für die Wahl einer vertrauensvollen Handlung, dass ein Akteur genau dann die Handlungsalternative „Vertrauen

---

[282] Diese akteursinternen Bewertungen und Erwartungen gilt es, bei der Bestimmung der Logik der Situation zu rekonstruieren. Am Beispiel der Vertrauensvergabe wurde exemplarisch demonstriert, welche Faktoren bei dieser Rekonstruktion zu beachten sind.

vergeben" wählt, wenn er glaubt, damit seinen Nettonutzen zu erhöhen. Der Vergleich der beiden Handlungsalternativen „Vertrauen vergeben" und „Vertrauen nicht vergeben" fällt also positiv zu Gunsten der ersten Handlungsalternative aus. Die Gründe für die positive Bewertung und damit die Wahl der ersten Handlungsalternative liegen in spezifischen sozialen Strukturmerkmalen, die die Wahrscheinlichkeit der positiven Kooperationserwiderung erhöhen. Der Vertrauensgeber glaubt aufgrund günstiger sozialer Strukturmerkmale, die häufig in Netzwerken vorliegen, dass er seinen Nutzen mehren kann, indem er vertraut und eine einseitige Ressourcenübertragung vornimmt.

In einem dritten Schritt wird die Verbindung von der Individualebene zur Ebene der sozialen Struktur wiederhergestellt. Mittels einer „Logik der Aggregation" kommt es zu einer Verknüpfung von individuellen Handlungen und kollektiven Folgen. Dazu bedarf es spezifischer Transformationsregeln, um die Aggregation der individuellen Handlungen zu einem kollektiven Explanandum vorzunehmen. Einfache Aggregationsprozesse, die das Entstehen eines kollektiven Phänomens aus individuellen Handlungen verständlich machen, sind Zählverfahren bei Wahlen. Komplizierte Aggregationsprozesse werden durch Schwellenwertmodelle oder Computersimulationen modelliert. Im Fall der Vertrauensvergabe muss empirisch ermittelt werden, ob der Vertrauensnehmer die einseitige Vorleistung tatsächlich kooperativ erwidert oder ob der Treunehmer das Vertrauen ausgenutzt hat. Nur im ersten Fall entsteht auf der Ebene der Makroebene Kooperation als Ergebnis der sozialen Interaktion.

Die handlungstheoretische Betrachtung des Moments der Vertrauensvergabe zeigt, dass Netzwerke soziale Strukturen bereitstellen können, die die Wahl der Handlungsalternative „Vertrauen vergeben" attraktiv erscheinen lassen. Im Folgenden wird danach gefragt, welche konkreten kausalen Mechanismen die Vertrauensvergabe in Netzwerken erleichtern.

4   Die soziale Einbettung der Vertrauensvergabe

Die Netzwerktheorie betont, dass Handlungen nicht im luftleeren Raum stattfinden, sondern sozial eingebettet sind. Dies gilt, wie im vorigen Kapitel gezeigt wurde, auch für die Vergabe von Vertrauen. Verschiedene Faktoren wurden im vorigen Kapitel als mögliche Determinanten der Vertrauensentscheidung genannt.

Für eine systematische Diskussion der sozialen Faktoren, die die Vertrauensvergabe begünstigen, soll zunächst eine Differenzierung der Idee der sozialen Einbettung im Hinblick auf zwei Dimensionen (sozialer Raum und Zeit) vorgenommen werden: Erstens lässt sich die Einbettung in Netzwerke im Hinblick auf den sozialen Kontext beschreiben. Hier können strukturelle oder kulturelle Faktoren thematisiert werden. Strukturelle Faktoren werden in ökonomischen Theorien in den Vordergrund gestellt und über den Modus Kalkulation handlungstheoretisch erfasst. Kulturelle Faktoren werden in soziologischen Handlungstheorien betont und über den Modus Sozialisation modelliert. Dabei muss beachtet werden, dass der Begründungsmechanismus von Struktur oder Kultur auf Vertrauen entweder über erwartete zukünftige oder bereits vergangene Interaktionen läuft. Zweitens gilt es deshalb auch eine Zeitdimension zu beachten und zwischen Erfahrungen aus der Vergangenheit und erwarteten Interaktionen in der Zukunft zu differenzieren. Die unterschiedlichen Mechanismen, die im Forschungsstand genannt werden, lassen sich somit folgendermaßen systematisieren:

Tabelle 1: Determination von Vertrauen in Abhängigkeit von zeitlicher und räumlicher Einbettung

	Zukunft	Vergangenheit
Struktur; Modus Kalkulation	1) Plausible zu begründende Effekte auf Vertrauen	2) Schwer zu modellierende Effekte auf Vertrauen
Kultur, Modus Sozialisation	3) Schwer zu modellierende Effekte auf Vertrauen	4) Plausibel zu begründende Effekte auf Vertrauen

Im Folgenden werden die vier Felder kurz vorgestellt. Der jeweilige Begründungsmechanismus wird offengelegt. Außerdem wird gefragt, welche netzwerkanalytischen Elemente für die empirische Untersuchung der Determinanten der Vertrauensvergabe nutzbar gemacht werden können.

1) Aus netzwerktheoretischen Überlegungen scheint ein starker Zusammenhang zu bestehen zwischen der Stabilität der Netzwerkstruktur und der Bereitschaft „vertrauensvolle Vorleistungen zu erbringen". Dieser Zusammenhang findet sich auch im Forschungsstand. Beispielsweise argumentiert Granovetter: „individuals with whom one has a continuing relation have an economic motivation to be trustworthy, so as not to discourage future transactions; and (...) departing from pure economic motives, continuing economic relations often become overlaid with social content that carries strong expectations of trust and abstention from opportunism" (Granovetter 1985: 490). Der Begründungsmechanismus stellt hier einen Zusammenhang zwischen der erwarteten Struktur des Netzwerks in der

Zukunft und der Vertrauensvergabe in der Gegenwart her. Es ist die Erwartung des Fortbestehens der Netzwerkstruktur in der Zukunft, die die Wahrscheinlichkeit in der Gegenwart erhöht, bei Interaktionen auf einen kooperativen Akteurstyp zu treffen.

Interessant sind vor diesem Hintergrund Instrumente, die die zukünftige Struktur des Netzwerks erlauben abzuschätzen. Eine Möglichkeit könnte darin bestehen, Stabiliätsmaße zu verwenden. Wenn ein Netzwerk stabile Beziehungen aufweist, ist zu erwarten, dass die Beziehungen auch in der Zukunft bestehen werden. Vor diesem Hintergrund erhöht Stabilität in den sozialen Beziehungen vertrauensvolle Transaktionen, die ansonsten nicht stattfinden könnten. Vor dem Hintergrund netzwerktheoretischer Überlegungen bedeutet das: Je geschlossener das Netzwerk ist, desto höher ist die Wahrscheinlichkeit der Vertrauensvergabe unter ihren Mitgliedern (vgl. Coleman 1995: 353, 413). In der Netzwerktheorie finden sich Indikatoren, um diesen Zusammenhang empirisch zu untersuchen: Ein Maß für Geschlossenheit wäre beispielsweise der Grad der Dichte in einem Netzwerk oder das Ausmaß multiplexer Beziehungen. Beziehungen werden dann als multiplex bezeichnet, wenn sie sich über mehrere Dimensionen erstrecken.

2) Das nächste Feld thematisiert den Zusammenhang zwischen den vergangenen Transaktionen der Tauschpartner in einem Netzwerk und der zukünftigen Vergabe von Vertrauen. Hier stehen Effekte im Fokus, die man üblicherweise als Sozialisationseffekte bezeichnen würde. Der kausale Zusammenhang zwischen der strukturellen Einbettung in der Vergangenheit und der gegenwärtigen Bereitschaft „Vertrauen zu vergeben" wird jedoch in diesem Feld über den Modus der Kalkulation hergestellt.

Erste Überlegungen dazu finden sich beispielsweise bei Coleman: Er argumentiert, dass man über die Transaktionen mit anderen Akteuren in Netzwerken einen Durchschnittswert der Vertrauenswahrscheinlichkeit entwickelt, den man auch unbekannten Durchschnittspersonen entgegenbringt (vgl. Coleman 1995: 132). So nimmt Coleman an, dass die geschätzte Vertrauenswürdigkeit der Interaktionspartner auf den bisherigen Erfahrungen mit ähnlichen Akteuren basiert. Der Ursprungswert der Vertrauenswürdigkeit wird dementsprechend durch positive Erfahrungen nach oben oder unten korrigiert. Eine überzeugende empirische Theorie, die Effekte des Lernens über den Modus Kalkulation modelliert, existiert bei Coleman jedoch nur in Ansätzen. In spieltheoretischen Arbeiten zur Vertrauensvergabe finden sich dagegen weiterführende Überlegungen (vgl. Buskens 2003; Raub 2004). Handlungstheoretisch gilt es die zeitliche Einbettung einer Interaktionsbeziehung zu erfassen: Welche Kontakte haben in der Vergangenheit zwischen den Akteuren bestanden? Kam es dabei zu kooperativen Ergebnissen? Für eine empirische, netzwerkanalytische Umsetzung dieser Ideen würden sich Längsschnitt-Untersuchungen von Netzwerken eignen. Interessant wären empirische Hinweise, ob mit zunehmender Dauer einer Beziehung und positiven Erfahrungen die Akteure tatsächlich eher bereit sind, riskante Vorleistungen einzugehen. Letztlich müssen hier Lerneffekte nachgewiesen werden, um den Kausalmechanismus empirisch zu fassen.

3) Es finden sich keine empirischen oder theoretischen Arbeiten, die auf den Begründungsmechanismus aus Feld 3 zurückgreifen. Diese Arbeiten müssten Kultur und zukünftige Interaktionen über den Modus Sozialisation verknüpfen und mit der abhängigen Variable Vertrauen in Verbindung bringen. Vielleicht könnten hier Argumentationsmuster zugeordnet werden, die argumentieren, dass trotz kulturellen Wandels die einmal erworbene Ausprägung von Vertrauen auch in der Zukunft stabil bleibt. Oder es könnte argumentiert werden, dass sich ein Akteur gleichsam aus vorauseilendem Gehorsam an Normen seiner zukünftigen Bezugsgruppe orientiert, obwohl er zum Zeitpunkt der Handlung noch nicht Teil dieser Gruppe ist.

4) Im vierten Feld lassen sich Hypothesen einordnen, die einen Zusammenhang zwischen Vertrauen und kulturellen Erfahrungen in der Vergangenheit herstellen. Exemplarisch können Fukuyama (1992, 1996) und Putnam (1993) genannt werden, die stark über den hier unterstellten Begründungsmechanismus argumentieren: Nach Fukuyama ist Vertrauen ein konstitutives Element entwickelter, liberaler Demokratien. Gleichzeitig resultiert Vertrauen aus vormodernen Gewohnheiten und Mustern, die weitergegeben, gleichsam vererbt werden (vgl. Fukuyama 1997: 57 f.). In diesem Sinne argumentiert auch White, dass die Netzwerkanalyse einen wertvollen Beitrag zur Bestimmung des sozialen Kontextes liefert, der für den Erwerb kultureller Wertvorstellungen relevant ist (vgl. White 1993). Beispielsweise bei Elizabeth Wolfe Morrison findet sich die Argumentation, dass in Netzwerken nicht nur Informationen weitergegeben, sondern auch Rollenerwartungen erlernt werden (vgl. Morrison 2002). Emotionale Nähe und die Anzahl der strong ties könnten hier netzwerkanalytische Variablen sein, die für eine empirische Ausarbeitung der kulturellen Kausalmechanismen der Vertrauensvergabe in Netzwerken relevant sein könnten.

Insgesamt zeigt sich, dass die Netzwerkanalyse gute Anknüpfungspunkte für die handlungstheoretische Ausarbeitung die Situation der Vertrauensvergabe liefert. Es finden sich sowohl kulturelle wie auch sozio-strukturelle Determinanten der Vertrauensvergabe, die in Netzwerken lokalisiert werden können. Eine systematische Integration dieser Forschungsstände konnte hier jedoch nicht geleistet werden. Insbesondere die Frage, wie die unterschiedlichen handlungstheoretischen Begründungsmechanismen in eine umfassende Theorie der Vertrauensvergabe integriert werden können, ist weitgehend offen. Möglicherweise bietet eine konsekutive Verknüpfung der beiden Begründungszusammenhänge erste Anknüpfungspunkte für eine theoretische Integration. In einem ersten Schritt wären dann kulturelle Faktoren abzuklären, um Wertvorstellungen und Präferenzen der Akteure zu erfassen. Vor dem Hintergrund subjektiver Präferenzen und Wertvorstellungen können dann in einem zweiten Schritt die soziostrukturellen Faktoren in den Blick genommen werden, die die Vertrauensvergabe über den Modus Kalkulation determinieren. Weiterführende Überlegungen zu einer theoretischen Integration finden sich bei Frings (2008), die in inhaltlicher Nähe zu den Arbeiten von Ajzen und Fishbein (1980) zeigt, wie die Kombination soziologischer und ökonomischer Handlungstheorien zu einer theoretisch überzeugenden und empirisch gehaltvollen Erklärung von Vertrauen führt.

5   Schlussbemerkung

Ausgangspunkt dieses Beitrags war die Betrachtung sozialer Praktiken der Kreditvergabe. Sowohl bei der Grameen-Bank in Asien wie auch bei den rotierenden Kreditgesellschaften in Afrika wirken soziale Mechanismen in Netzwerken. In beiden Fällen tragen Netzwerkstrukturen dazu bei, Kooperation (konkret in den Beispielen: Rückzahlung der anfälligen Beträge durch die Mikrokreditempfänger) zu erzeugen. Der Beitrag nahm diese Beobachtung zum Ausgangspunkt, die sozialen Mechanismen theoretisch zu untersuchen, die Kooperation in Netzwerken ermöglichen. Dafür wurde die Idee der sozialen Einbettung von Handlungen aufgegriffen. Es wurde gezeigt, dass auch die Vertrauensvergabe als Handlung sowohl in kultureller wie auch sozio-struktureller Hinsicht eingebettet ist. Beide Dimensionen sollten berücksichtigt werden, wenn man an der Erklärung vertrauensvoller Handlungen interessiert ist.

Literatur

Ajzen, Icek/Fishbein, Martin 1980: Understanding attitudes and predicting social behavior, Englewood Cliffs.

Berninghaus, Siegfried/Ehrhart, Karl-Martin/Güth, Werner 2006: Strategische Spiele: eine Einführung in die Spieltheorie, Berlin [u. a.].

Besley, Timothy/Coate, Stephen/Loury, Glenn 1993: The Economics of Rotating Savings and Credit Associations, in: American Economic Review 83: 4, 792-810.

Bornstein, David 2005: The price of a dream: the story of the Grameen Bank, Oxford [u. a.].

Bueno de Mesquita, Bruce 2006: Principles of international politics: people's power, preferences, and perceptions, Washington, D.C.

Buskens, Vincent 2003: Trust in triads: effects of exit, control, and learning, in: Games and Economic Behavior 42: 2, 235-252.

Buskens, Vincent/Raub, Werner 2004: Soziale Mechanismen rationalen Vertrauens: Eine theoretische Skizze und Resultate aus empirischen Studien, in: Diekmann, Andreas/Voss, Thomas (Hrsg.): Rational-Choice-Theorie in den Sozialwissenschaften. Anwendungen und Probleme, München, 183-216.

Coleman, James S. 1990: Foundations of social theory, Cambridge, Mass.

Coleman, James S. 1995: Grundlagen der Sozialtheorie, München.

Emirbayer, Mustafa/Goodwin, Jeff 1994: Network Analysis, Culture, and the Problem of Agency, in: The American Journal of Sociology 99: 6, 1411-1454.

Esser, Hartmut 1999a: Soziologie. Allgemeine Grundlagen, Frankfurt.

Esser, Hartmut 1999b: Soziologie. Spezielle Grundlagen. Band 1 Situationslogik und Handeln, Frankfurt.

Flap, Henk 1999: Social mechanisms. An analytical approach to social theory, in: European Sociological Review 15: 3, 339-342.

Frings, Cornelia (2008). Soziales Vertrauen. Eine systematische Integration der soziologischen und ökonomischen Vertrauenstheorie und deren empirische Überprüfung. Dissertation eingereicht am Institut für Politikwissenschaft. Fachbereich 02. Mainz, Johannes Gutenberg-Universität.

Fukuyama, Francis 1992: The end of history and the last man, New York [u. a.].

Fukuyama, Francis 1996: Trust: the social virtues and the creation of prosperity, New York.

Fukuyama, Francis 1997: Der Konflikt der Kulturen: wer gewinnt den Kampf um die wirtschaftliche Zukunft?, München.

Granovetter, Mark 1985: Economic-Action and Social-Structure - the Problem of Embeddedness, in: American Journal of Sociology 91: 3, 481-510.

Harsanyi, John C. 1967-1968: Games with incomplete information played by Bayesian players, in: Management Science 14: 3, 5, 7, 159-182, 320-334, 486-502.

Häußling, Roger 2008: Zur Verankerung der Netzwerkforschung in einem methodologischen Relationalismus, in: Stegbauer, Christian (Hrsg.): Netzwerkanalyse und Netzwerktheorie. Ein neues Paradigma in den Sozialwissenschaften, Wiesbaden, 65-90.

Jansen, Dorothea 2000: Netzwerke und soziales Kapital. Methoden zur Analyse struktureller Einbettung, in: Weyer, Johannes (Hrsg.): Soziale Netzwerke. Konzepte und Methoden der sozialwissenschaftlichen Netzwerkforschung, München, 35-62.

Jansen, Dorothea 2006: Einführung in die Netzwerkanalyse: Grundlagen, Methoden, Forschungsbeispiele, Wiesbaden.

Khandker, Shahidur R./Khalily, Baqui/Khan, Zahed 1995: Grameen Bank: performance and sustainability, Washington, D.C.

Liepelt, Klaus 2008: KorRelationen: Empirische Sozialforschung zwischen Königsweg und Kleiner Welt, in: Stegbauer, Christian (Hrsg.): Netzwerkanalyse und Netzwerktheorie. Ein neues Paradigma in den Sozialwissenschaften, Wiesbaden, 21-47.

Marx, Johannes 2007: Geschichtswissenschaft und Politikwissenschaft - eine fruchtbare Beziehung? Eine Untersuchung anhand der Teildisziplinen Internationale Geschichte und Internationale Beziehungen, in: Marx, Johannes/Frings, Andreas (Hrsg.): Neue Politische Ökonomie in der Geschichte = New Political Economy in history. In: Historical social research, Vol. 32, No. 4 : Special issue, Köln, 21-51.

Marx, Johannes 2008: Kultur und Rationalität. Das ökonomische Forschungsprogramm als theoretische Grundlage einer kulturwissenschaftlich orientierten Sozialwissenschaft, in: Frings, Andreas/Marx, Johannes (Hrsg.): Erzählen, Erklären, Verstehen. Beiträge zur Wissenschaftstheorie und Methodologie der Historischen Kulturwissenschaften, Berlin, 165-189.

Mehlmann, Alexander 2007: Strategische Spiele für Einsteiger: eine verspielt-formale Einführung in Methoden, Modelle und Anwendungen der Spieltheorie, Wiesbaden.

Morrison, Elizabeth Wolfe 2002: Newcomers' Relationships: The Role of Social Network Ties during Socialization, in: The Academy of Management Journal 45: 6, 1149-1160.

Mosley, Paul/Rock, June 2004: Microfinance, Labour Markets and Poverty in Africa: A Study of Six Institutions, in: Journal of International Development: 16, 467-500.

Putnam, Robert D. 1993: Making democracy work: civic traditions in modern Italy, Princeton.

Raub, Wolfgang 2004: Hostage posting as a mechanism of trust - Binding, compensation, and signaling, in: Rationality and Society 16: 3, 319-365.

Schenk, Michael 1995: Soziale Netzwerke und Massenmedien: Untersuchungen zum Einfluß der persönlichen Kommunikation, Tübingen.

Schmid, Michael 2006: Die Logik mechanismischer Erklärungen, Wiesbaden.

Weyer, Johannes 2000: Einleitung. Zum Stand der Netzwerkforschung in den Sozialwissenschaften, in: Weyer, Johannes (Hrsg.): Soziale Netzwerke. Konzepte und Methoden der sozialwissenschaftlichen Netzwerkforschung, München, 1-34.

White, Harrison C. 1993: Careers and creativity: social forces in the arts, Boulder [u. a.].

Yunus, Muhammad 2003: Banker to the poor: micro-lending and the battle against world poverty, New York.

Yunus, Muhammad 2007: Creating a world without poverty: social business and the future of capitalism, New York.

Yunus, Muhammad/Jolis, Alan 1998: Grameen - eine Bank für die Armen der Welt, Bergisch Gladbach.

Netzwerke aus ethnologischer Perspektive

Michael Schönhuth

Was sind soziale Netzwerke? Worin unterscheiden sie sich von anderen Formen der Vergemeinschaftung und gesellschaftlichen Koordination? Wo ist ihr Kern, wo sind ihre Grenzen? Diese Fragen stehen am Beginn von Einführungsbüchern in die Netzwerkanalyse (Weyer 2000; Faßler 2001, Trappmann et al. 2005; Jansen 2006; Holzer 2006; Stegbauer 2008). Solche Fragen beschäftigen aber auch die Mitarbeiterinnen und Mitarbeiter des Landesexzellenzclusters „Gesellschaftliche Abhängigkeiten und soziale Netzwerke" seit seiner Einrichtung im Jahr 2005 – zumindest wenn sie mit einem Netzwerkschwerpunkt arbeiten und wenn sie das Gespräch über die Teilprojektgrenzen hinaus suchen. Eine einfache Definition scheint nur einen Google-Mausklick entfernt: „ein soziales Netzwerk ist ein Beziehungsgeflecht, das Menschen mit anderen Menschen und Institutionen sowie Institutionen mit anderen Institutionen verbindet" (Institut für deutsche Gebärdensprache 2008). Für den Einsatz in einem Forschungsprojekt mit konkreten wissenschaftlichen Fragestellungen, noch mehr für den Dialog jenseits disziplinärer Grenzen reicht diese Definition jedoch nicht aus. Auch die Antworten der Handbücher helfen nicht wirklich weiter. Sie fallen so verschieden aus wie die fachlichen Zugänge der jeweiligen Autoren (soziologisch, ethnologisch, betriebswirtschaftlich, mathematisch, computerwissenschaftlich) und dem von ihnen gewählten Schwerpunkt (theoretisch, methodisch oder thematisch).

Der nachfolgende Beitrag ist ein kurzer und pragmatischer Orientierungsversuch für den „Hausgebrauch" – also den alltagspraktischen Dialog im Cluster und seinen Teilprojekten, aber natürlich auch darüber hinaus, wenn Sie als LeserIn davon Gebrauch machen wollen. Es wird sich zeigen, dass wir nicht eindeutig bestimmen können, was ein Netzwerk ist, aber dass es eindeutige Hinweise gibt, was es nicht ist, und dass es Näherungswerte gibt, wann es sinnvoll ist, von einer Struktur als Netzwerk zu sprechen und sie als solches zu untersuchen, oder andere Theorieperspektiven einzunehmen, dann aber auch andere Methoden ihrer Untersuchung anzulegen.

1   Der Siegeszug des Netzwerkparadigmas – Netzwerke sind überall

Soziale Netzwerkforschung ist ein relativ junges Forschungsfeld. Zwar lassen sich ihre Wurzeln bis ins vorletzte Jahrhundert zurückverfolgen (Stegbauer 2008: 11). Die Idee des Messens („Soziometrie") und bildhaften Darstellens („Soziogramm") sozialer Beziehungen, geht aber konkret auf den Sozialpsychologen Jakob Moreno zurück (Moreno 1934; Moreno 1960) und ist damit gerade einmal 70 Jahre alt. In der Folge wurde die Idee der Untersuchung netzförmiger sozialer Strukturen – verstanden als eine Menge von Akteuren und der zwischen ihnen bestehenden Beziehungen – von ganz unterschiedlichen Wissenschaftsrichtungen aufgenommen und weiterentwickelt. Erst in den 1970er Jahren und unter Zuhilfenahme der Graphentheorie und ihrer Algorithmen, mit denen sich Netzwerkpositionen berechnen ließen, bildete sich daraus so etwas wie ein gemeinsames Forschungsparadigma (Leinhardt 1977).

Seit dieser Zeit lassen sich drei ganz unterschiedliche Verwendungen des Netzwerkbegriffes in der Wissenschaft ausmachen: einmal als *Theorieperspektive* zwischen handlungsorientierten ,rational choice'-Theorien und systemorientierten Strukturtheorien, einmal als *Analyse- und Darstellungsmethode* zum Messen und Auswerten unterschiedlicher Netzwerkvariablen, und einmal als *Metapher* zur Umschreibung vorwiegend nichthierarchischer (horizontal koordinierter) und informeller (wenig institutionalisierter) Beziehungen. In den 1990er Jahren haben sich die Gegenstandsbereiche der Netzwerkanalyse über die klassischen Felder der Verwandtschafts- und Gemeindeuntersuchungen und der informellen Unterstützungsnetzwerke hinaus ausgeweitet. Der Untersuchungsgegenstand reichte nun von Unternehmensverflechtungen, über Politik- und Entscheidungsnetzwerke, Zitationsnetzwerke von Wissenschaftlern und Netzwerke von Onlinegruppen bis hin zu Terrornetzwerken (Trappmann et al. 2005:15).

Manuel Castells erkannte sogar das Heraufziehen einer globalen Netzwerkgesellschaft, in der Aktienmärkte und Dienstleistungszentren im Netzwerk der globalen Finanzströme interagieren, Straßenbanden und Finanzinstitutionen zur Geldwäsche im Netzwerk des Drogenhandels miteinander verbunden sind, und in denen Entscheidungsprozesse von gewählten Gremien wesentlich innerhalb politischer Netzwerke ausgehandelt werden (Castells 2004: 528). Hat heute alles Netzwerkcharakter?

2 Schneisen im Netzwerkdschungel – Ein Fischernetz ist kein Netzwerk

Rein formal definiert ist ein Netzwerk „... ein abgegrenzter Set von Knoten und ein Set der für diese Knoten definierten Kanten" (Jansen 2006:13). Diese Definition hat den Vorteil, dass sie sich für jede denkbare Netzstruktur verwenden und natürlich, dass sich auf diese Struktur die mathematische Graphentheorie anwenden lässt. Mit Hilfe solcher netzförmiger Graphen erhält man zwar unter Umständen schöne Bilder, aber noch keine wissenschaftlich interessante Fragestellung. Diese gewinnt man erst, wenn der Netzwerkstruktur „Leben" eingehaucht wird, wenn entlang der Kanten etwas fließt.

Netzwerke sind Interaktionsgeflechte, das heißt, ihr Mehrwert leitet sich nicht allein aus der Verknüpfung mehrere Systemeinheiten und der daraus entstehenden Struktur ab, sondern aus der Möglichkeit, dass über die Kanäle dieses Netzes irgendetwas ausgetauscht wird. Ein Fischernetz ist kein Netzwerk. Zwar entscheidet die Anzahl und Dichte der Verknüpfungen über die Größe des Netzes, seiner Maschen und der Fische, die damit gefangen werden können. Aber zwischen den Knoten wird nicht kommuniziert. Das Fischernetz bleibt stumm. Das öffentliche Nahverkehrsnetz dagegen ist ein Netzwerk. Es ist eine Gelegenheitsstruktur, über die Dienstleistungen, Güter und Menschen transportiert werden, und sich Fragen beantworten lassen, wie: „wie kommt X am schnellsten von A nach B".

Miteinander vernetzte Computer bilden ein Netzwerk, sobald sie angeschlossen sind, und die Programme laufen, denn dann werden Daten ausgetauscht – sie kommunizieren miteinander. Das ist die computerwissenschaftliche Definition eines Netzwerks. Und digitale soziale Netzwerke wie *Facebook* vereinen Millionen von Nutzern, die miteinander in Kontakt treten und sich untereinander verknüpfen können.[283] Der Unterscheid zwischen vernetzten Computern und *Facebook* liegt in der Tatsache, dass im ersten Fall für den Kommunikationsvorgang selbst (den Austausch von Rechenoperationen) Menschen nicht vonnöten sind, im zweiten Fall dagegen schon. Kommunizierende Computer gehören zur Gattung der *technischen* Netzwerke, *Facebook* zur Gattung der *sozialen*[284]. Computer und öffentliche Verkehrsnetze werden nur dann Gegenstand sozialer Netzwerkuntersuchungen, wenn sich Menschen ihrer

---

[283] Die Zahl der Mitglieder hat im Juli 2009 angeblich die 250-Millionengrenze überschritten, davon allein 3,3 Millionen in Deutschland (vgl. http://www.basicthinking.de/blog/2009/07/16/facebook-hat-weltweit-250-millionen-mitglieder-davon-leben-33-millionen-in-deutschland/ (Aufruf 17.7. 2009).
[284] Der Internetanalyst Robert Peck unterscheidet vier Typen "digitaler sozialer Netzwerke": Freizeitorientierte Seiten ("leasure-oriented sites"); Berufsorientierte Seiten ("professional networking sites"); Medienorientierte Seiten ("media sharing sites"); Begegnungsorientierte Seiten ("virtual meeting place sites"); vgl. http://blog.metaroll.de/2007/08/04/typen-digitaler-sozialer-netzwerke-robert-peck/.

bedienen, um sich zu vernetzen und absichtsvoll auszutauschen. Sie sind dann Medien der Netzwerkkommunikation.

Facebook und das Nahverkehrsnetz bringen mich zu einer weiteren wichtigen Unterscheidung im Netzwerkdschungel. Es gibt *organisierte* und *nicht organisierte* Netzwerke. Auf Internetportalen sich herausbildende Kontaktnetzwerke folgen keinem Masterplan – solange sie nicht von Webmastern zielgerichtet beeinflusst werden. Sie verhalten sich in diesem Sinn wie Alltagsnetzwerke, die jeder von uns im Vollzug sozialen Handelns knüpft. Die klassische soziale Netzwerkanalyse beschäftigt sich per Definition mit Netzen, in die Menschen verwickelt sind, und in der die Beziehung der Akteure zueinander im Mittelpunkt steht. Die Netzwerkstruktur entsteht eher beiläufig. Die von den „Usern" geknüpften Kontaktnetze sind insofern wie unsere in Alltagshandlungen geknüpften Netzwerke eher die *‚nicht erwartete Folge absichtsvoller Handlungen'*, wie sie Robert Merton schon 1936 beschrieben hat.[285]

Die Netzwerkanalyse macht diese „latenten" Strukturen sichtbar. Den Netzwerkakteuren sind sie höchstens in Teilen, und nur aus ihrer ganz persönlichen Perspektive präsent. Oder um es plastischer auszudrücken: der Netzwerkanalyst ist – was die Netzwerkstruktur betrifft – am Ende meist gescheiter als die Netzwerkakteure selbst. Aus der formalen Analyse, das heißt dem Ausmessen der Positionen und Verknüpfungen in der latenten Netzwerkstruktur, leitet er Aussagen über die Handlungsfähigkeit einzelner Akteure oder des Gesamtnetzwerks ab.

Das Nahverkehrsnetz hingegen folgt einem Masterplan. Orte (Haltestellen) und Verbindungen (Schienen, Wege) folgen einer Struktur, die zum Ziel hat, alle Orte möglichst effizient (auf kurzen Wegen) miteinander zu verbinden. Die öffentlichen Verkehrsmittel, also das, was auf den Straßen und Schienen verkehrt) sind getaktet, damit die Anschlüsse klappen und Wartezeiten minimiert werden. Insofern gleicht das Nahverkehrsnetz einer Form zwischenmenschlicher Netzwerke, die der geplanten Koordination von Netzwerkakteuren dient. Die Netzwerkforschung untersucht sie in der Form asymmetrisch, d. h. machtungleich verbundener Netzwerkpartner (z. B. in Policy-Netzwerken), oder in der Form symmetrisch, „auf Augenhöhe" verbundener autonomer Akteure, wie dies in regionalen Netzwerken oder sogenannten „Innvoationsnetzwerken" das Ziel ist (vgl. Weyer 2000:15). Insofern sind organisierte Netzwerke das *‚erwartete Ergebnis absichtsvoller Handlungen'*. Das Bedürfnis nach sozialem Kontakt, und die durch ihn erfahrbare Anerkennung und Selbstvergewisserung ist hier eher Mittel zum Zweck.

---

[285] „The unanticipated consequences of purposive social action". Dabei bedeutet „unerwartet" nicht, dass das Ergebnis nicht erwünscht wäre, nur dass die Absicht allein noch keine Kontrolle über das Ergebnis sichert, wie Merton (1936:894) betont.

Das wissenschaftliche Interesse an solchen absichtsvoll geplanten und ko-
ordinierten Netzwerken gilt also nicht latenten, sondern manifesten Strukturen[286].
Im Mittelpunkt steht hier die Rekonstruktion der Genese solcher Netzwerke,
ihrer Funktionsweise und Leistungsfähigkeit, nicht ihre Struktur, „deren Existenz
den beteiligten Akteuren bekannt ist, da sie diese intentional konstruiert haben"
(Weyer 2000:16). Die geeignete Methode ist dann in der Regel auch keine
strukturale Analyse. In Ermangelung besserer Alternativen und zur Unterscheidung von „klassischen" sozialen Netzwerken möchte ich deshalb Netzwerke, deren Struktur allen Teilnehmern im Prinzip bekannt ist, „organisierte
soziale Netzwerke" nennen.

Eine weitere Möglichkeit, soziale Netzwerke zu bestimmen, ist die Frage
danach, was sie nicht sind. Eine Antwort liefert der Transaktionskostenansatz
(vgl. Weyer 2000:8ff). Er fragt nach den Koordinationstypen für verschiedene
Interaktionsformen, und bemisst deren Effizienz nach den Koordinationskosten,
die jeweils entstehen. Das Netzwerk stellt dabei neben dem Markt und der
(hierarchischen) Organisation einen von drei idealen Koordinationstypen dar.

Im Markt treffen voneinander unabhängige Akteure aufeinander. Sie ko-
ordinieren ihre Handlungen nur fallweise über den Preis. Die Verbindlichkeiten
zwischen den Tauschpartnern beschränken sich auf (Kauf-)Verträge. Für Konflikte gibt es eingespielte Marktregeln oder ein gesetztes Recht, auf das sich
Marktteilnehmer berufen können. Am anderen Ende steht die Organisation, in
der die Zwecke sowie die Weisungs- und Zuständigkeitsverhältnisse durch
formale Regeln festgelegt sind, denen sich alle Organisationsmitglieder für die
gesamte Zeit ihrer Mitgliedschaft unterwerfen und in der Konflikte durch
Machtpositionen entschieden werden. Ein zentrales Merkmal von Organisationen ist, dass sie in ihrer Struktur von einzelnen Individuen unabhängig sind.
Frei werdende Positionen werden neu besetzt. Die Organisation ist darauf angelegt, ihre Mitglieder zu überdauern.

Das Netzwerk kann irgendwo dazwischen angesiedelt werden. Seine Koordinationsform entwickelt sich diskursiv, die Akteursbeziehungen sind inter-
dependent, der Zugang zum Netzwerk ist begrenzt und sein Zeithorizont ist nicht
auf Dauer angelegt (Weyer 2000:7).[287] Macht und Konflikte im Netzwerk sind
durch dessen tendenziell horizontale Struktur und informellen Charakter oft
schwer adressier- und regelbar. Im Gegensatz zur Organisation nimmt ein weg-
fallender Akteur seine gesamten Beziehungen mit und hinterlässt, je nach Grad

---

[286] Auch diese Unterscheidung zwischen manifesten (beabsichtigten) und latenten (unbeabsichtigten)
Wirkungen, denen die meisten unserer sozialen Handlungen unterliegen, traf schon Robert Merton –
allerdings ohne expliziten Bezug auf Netzwerke (Merton 1980).
[287] Dauerhaft organisierte Netzwerke tendieren zur Institutionalisierung.

seiner Vernetzung und Zentralität eine mehr oder weniger große Lücke.[288] Ob man sich das Netzwerk nun als Mischform zwischen diesen beiden Idealtypen vorstellt, „in der Mitte des Kontinuums" (Weyer 2000:9), oder als eigenständige Koordinationsform, ohne graduelle Übergänge, wie das andere Autoren tun („neither market nor hierarchy", Powell 1990), ist für diese grobe Orientierung im Netzwerkdschungel erst einmal unerheblich.[289]

3   Getrennt essen, gemeinsam zahlen? – Netzwerkvertrauen und Reziprozitätserwartung

Das soziale Kapital, das aus Netzwerken gezogen werden kann, also der Einsatz sozialer Beziehungen zum Vorteil von Netzwerkteilnehmern oder des gesamten Netzwerks, setzt das Vertrauen der Netzwerkteilnehmer in das Funktionieren des Wechselspiels zwischen heutigem Geben und morgigem Nehmen voraus. Anders als beim Bild der Straßenbahn wird das mit eigenen Ressourcen erstandene Ticket in sozialen Netzwerken nicht sofort eingelöst, sondern es stellt einen Optionsschein auf eine „zukünftige Fahrt" dar. Das Risiko besteht darin, dass der Interaktionspartner den Optionsschein auf diese Ressource dann nicht mehr einlöst, die Reziprozitätsregel nicht einhält oder gar die Beziehung einseitig kappt. Stellen Sie sich folgende Situation vor:

> Sie waren mit sieben guten KollegInnen gemeinsam Essen beim Italiener. Ein Teil sind hier aufgewachsene Deutsche, ein Teil hat südeuropäischen Sozialisationshintergrund. Es wird gegessen, ein paar Weinchen werden getrunken, hier und da ein Espresso, dort ein Averna; vorher gab's einen Aperitif, hinterher Desserts für die Süßmäuler. Als sie zahlen wollen, teilt der Kellner ihnen mit, dass im Hause die Tische nur insgesamt abkassiert werden, eine Aufteilung nach einzelnen Personen wäre nicht möglich. Für die einen am Tisch ist dies kein Problem, für andere ist dies verdrießlich: die Menge des Konsumierten war vermutlich ganz unterschiedlich: manche der Gäste sind sternhagelblau, andere hatten nur ein kleines Wasser; manche sind dick und rund, die Damen dagegen auf Diät. Einfach nur durch acht teilen ist also nicht „gerecht" (was immer das hier heißen mag). Aber im eher angeheiterten Zustand, ohne Taschenrechner, ohne Karte und so auf die Schnelle ist das

---

[288] Zur Thematik des Reparierens von „broken ties", d.h. der Frage, ob und wie Personalverflechtungen nach Ausscheiden einer Brückenperson in Unternehmen rekonstruiert werden vgl. Nollert 2005:45.
[289] Weyer (2000:9) nennt noch eine weitere Möglichkeit der Annäherung, die diesen angeblich ‚neuen' Typ der netzwerkförmigen Vergemeinschaftung als „die Wiederkehr vormoderner, nie ganz verdrängter Formen gesellschaftlicher Integration (Clan, Gemeinschaft)" sieht, so z. B. Hans-Jürgen Weißbach in seinem Versuch der Verbindung formalistischer Netzwerkanalyse mit kulturanthropologischen Ansätzen (Weißbach 2000).

detaillierte Ausrechnen der zu zahlenden Zeche der Tischgenossen auch schwierig. Aber irgendwie klappt's dann ja doch und alles regelt sich. Nur als Jurist – damit naturgemäß Störenfried – fragt man sich: darf das Restaurant das überhaupt, auf gemeinsamer Zahlung bestehen?[290]

Ich bin kein Jurist, sondern Ethnologe, weshalb mich die rechtliche Bewertung hier weniger interessiert[291] als die unterschiedlichen Reaktionen der Tischgenossen. Die Ethnologie kennt sogenannte „rich points" (Agar 2006), kleine, aber irritierende Kristallisationspunkte in Alltagssituationen, die auf einen größeren kulturellen Subtext verweisen. Für das Verständnis von Netzwerkvertrauen und die kulturelle Einbettung von Netzwerken ist die Bezahlsituation im Lokal ein solcher „rich point". In Italien und anderen südeuropäischen Ländern ist die Formel „zusammen oder getrennt" in Speiselokalen ein untrügliches Zeichen dafür, dass es sich um deutsche Touristen handeln muss. Es ist hier unüblich, dass eine gemeinsame Tischrunde beckmesserisch die Rechnung aufdröselt.

Für den ganzen Tisch zu bezahlen, ist entweder ein Zeichen dafür, dass sich der Rechnungszahler dies aufgrund seiner Stellung in der Tischrunde leisten kann, zum Beispiel als Chef. Er dokumentiert damit seinen Rang, seine Machtposition oder seine Gönnerschaft. Oder aber, es ist ein Zeichen dafür, dass unter Statusgleichen ein Vertrauen existiert, dass jeder einmal an die Reihe kommt, und sich das insgesamt irgendwann aufwiegt. In jedem Fall sind die Reaktionen der Beteiligten voraussetzungsvoll. Das typisch „deutsche" Verhalten ist in Situationen sinnvoll, in denen sich die Beteiligten nichts schuldig bleiben wollen. Das typisch „italienische" Verhalten ergibt Sinn in sozialen Kontexten, die ein Wiedersehen wahrscheinlich machen, wo Verbindlichkeitserzeugung erwünscht ist, und wo die Teilnehmer ein reziprokes Verhalten zur Voraussetzung für die dauerhafte Inklusion in ihre Gruppe machen. Insofern ähnelt die Tischrunde, bei der einer für alle zahlt, einem sozialen Netzwerk.

Vertrauen besteht aus der Bereitschaft deine Verwundbarkeit gegenüber einer anderen Person zu erhöhen, deren Verhalten du nicht kontrollieren kannst, in einer Situation, in der dein potenzieller Vorteil viel geringer ist als dein potenzieller Verlust, falls die andere Person deine Verwundbarkeit ausnutzt (Zand 1997; zit. in Neuberger 2006:14).

Das Prinzip von Gabe und Gegengabe (Mauss 1968), auf der letztlich jede Transaktion zwischen Menschen beruht, ist bei sozialen Netzwerken weder an

---

[290] inhaltlich weitgehend nach: Lawblog 2006; http://www.law-blog.de/333/getrennt-essen-gemeinsam-zahlen/ (Aufruf am 17.7. 2009).
[291] In dem in Fußnote 8 zitierten Juristen-Blog entspinnt sich auch eine Diskussion der Blogger über die rechtlichen Bewertungen dieses Konflikts.

einen Preis, noch an formale Regeln gebunden. Das Schmiermittel im Netzwerk ist „Vertrauen", sein Kapital ist die Informalität der Beziehungen und das „Schuldigbleiben", also die Tatsache, dass Verbindlichkeitsschecks in die Zukunft ausgestellt werden. Das bedeutet aber, dass die Sicherheit der Durchsetzung der eigenen (Erwartungs-)Ansprüche weder aus der Transaktion selbst (Markt: Ware gegen Ware oder Geld gegen Ware) noch aus gesetzten Regelungen (Organisation: Geld gegen Arbeitskraft; geregelte Zuständigkeiten und Machtverhältnisse; eindeutige Arbeitsplatzbeschreibungen) kommt, sondern einzig aus der Qualität der Beziehung. Auch ein Recht, auf das man sich im Konfliktfalle berufen kann (Vertragsrecht; Arbeitnehmerrechte) existiert in sozialen Netzwerken in der Regel nicht. Die Sanktionsmacht der Netzwerkteilnehmer besteht dann nur in der Kappung der Beziehung. Oder um im Bild der Tischgemeinschaft zu bleiben: man wird zum nächsten gemeinsamen Essen einfach nicht mehr eingeladen.

Netzwerke arbeiten mit beständigem Vertrauensvorschuss. Ob der gerechtfertigt ist, zeigt immer erst die Zukunft. Dauerhaftigkeit von Beziehungen und Dichte eines Netzwerkes fördern das Vertrauen. „Es herrscht das Gesetz des Wiedersehens" (Luhmann 1973: 39). Diese Erwartung einer gewissen Dauerhaftigkeit der Beziehung, des Wiedersehens und wechselseitiger Bezüge untereinander erleichtert das Übernehmen von Rechnungen in einer Tischrunde. Es ist auch zentral für die Reziprozitätserwartung in sozialen Netzwerken.

Am geringsten ausgeprägt ist diese Reziprozitätserwartung in offenen, virtuellen Netzwerkplattformen wie „Facebook". Sie entwickeln ihre besondere Stärke in der Nutzung der Vielzahl schwacher Beziehungen (Granovetter 1973) und der durch sie tauschbaren nichtredundanten Informationen. Auch wenn in „Facebook" oder ähnlichen Plattformen nicht mit Geld,[292] sondern mit sozialen Kontakten gehandelt wird, kommen sie marktähnlichen Strukturen nahe. Die Koordinationsform ist spontan, die Akteursbeziehungen sind weitgehend unabhängig und in hohem Maße flüchtig, der Zugang zur Plattform im Prinzip für jeden offen und der Zeithorizont kurzfristig. Zur Regelung von Konflikten gibt es etablierte „Community"-Standards und Durchsetzungsrichtlinien, die von Webmastern überwacht werden.[293]

Am stärksten ausgeprägt ist die Reziprozitätserwartung in geschlossenen Netzwerken, wie Verwandtschafts-, ethnisch begründeten oder Klientelnetz-

---

[292] Ausnahme sind Online-Auktionshäuser wie Ebay, deren ökonomischen Transaktionen durch ein ausgeklügeltes Instrumentarium zum Aufbau von hilfsweisem Vertrauen abgesichert werden müssen, um funktionieren zu können (Lorberg 2007).

[293] Für ein besonders ausgefeiltes Beispiel von „Commity standards" und Sanktionsmechanismen vgl. die virtuelle Online-Plattform „Second-Life": http://secondlife.com/corporate/cs.php (Aufruf 17.7. 2009)

werken, aber auch mafiösen Netzwerkstrukturen, in denen die Netzwerkdichte hoch, die Teilnehmer durch multiplexe Beziehungen miteinander verbunden und über eine Vielzahl von Verhaltensnormen und Sanktionsmöglichkeiten einem hohen Konformitätsdruck ausgesetzt sind. Sie kommen institutionellen Strukturen nahe. Sie werden geplant (Heiratsallianzen in Königshäusern oder bei den Medici), sie sind organisiert („Paten", Gefolgsleute), haben festgelegte Rollen (Patron, Klient), und die Nachfolge beim Ausscheiden eines Mitglieds ist meist festgelegt (Erbregelungen, Schulverschreibungen). Clan- oder Verwandtschaftsnetzwerke weisen eindeutig Strukturähnlichkeiten mit Organisationen auf. Sie folgen zwar keinen formalen, aber zumindest institutionalisierten Regeln. Die Akteure sind im Clan-/Verwandtschaftsnetzwerk lebenslang aufeinander bezogen, und das in der Regel hierarchisch. „Ihre Funktion besteht in der (…) Verfügbarmachung von umfangreichen Ressourcen und im Erhalt und der geordneten Weitergabe des Claneigentums und Know-Hows. Sie sind auf Dauer gestellt und durch Mythen legitimiert" (Weißbach 2000:261). Der Zeithorizont solcher Netzwerke ist intergenerationell angelegt, und es gibt feste Regelungen, wer was, wann und von wem bekommt. Konflikte werden typischerweise über Positionsmacht innerhalb der Verwandtschaftshierarchie entschieden.

Zumindest an den Defintionsrändern ist es nicht leicht, festzulegen, wann wir noch von Netzwerken sprechen können, und wann andere Bezugsgrößen besser greifen. Es kommt dann auf die Forschungsfrage und den Blickwinkel an, von dem aus der Gegenstand betrachtet wird. Beliebig, und das wollte dieser Ordnungsversuch zeigen, ist die begriffliche Festlegung trotzdem nicht. Machen wir die Nagelprobe bei etwas Naheliegendem, dem Exzellenzcluster, das diese Tagung ausrichtet.

4   Ist der Exzellenzcluster ein Netzwerk? – Ein Lackmustest

Der Cluster selbst ist zunächst einmal kein Netzwerk, sondern eine Art „Zweckverbund" mit Regeln, einer Ordnung (Satzung), einem gemeinsamen Zweck (Gelder zu akquirieren, Forschungsstellen zu schaffen, Erkenntnisfortschritt zu betreiben und Wissenschaftskarrieren zu befördern), mit Hierarchien bzw. geregelten Zuständigkeiten (Institutionen, wie Vorstand oder Geschäftsführung), also eine Organisation.

Unterhalb dieser planvoll „organisierten Struktur" mit flachen, aber vorhandenen Hierarchien und Zuständigkeiten (die am besten in einem Organigramm abgebildet werden könnten), bilden die einzelnen Akteure (Projektleiter, wissenschaftliche und nichtwissenschaftliche Mitarbeiter, wissenschaftliche Hilfskräfte, assoziierte Wissenschaftler) untereinander, lose, nicht institutionali-

sierte, im sozialen Kontakt (d. h. durch freundliche Interaktionen und gemeinsame Tätigkeiten) generierte persönliche Netzwerke. Das durch die Kontakte
einzelner Akteure jenseits vorhandener Hierarchien und Zuständigkeiten ge-
knüpfte Kontaktnetz ist als Gesamtnetzwerk wieder ein ‚unbeabsichtigtes Ergebnis absichtsvoller Handlungen'. Ein solches Netzwerk lässt sich mit einfachen
Namensgeneratoren[294] erheben und anschließend analysieren. So ähnlich wie in
dem folgenden Schaubild könnte die Netzwerkstruktur im Cluster vor drei
Jahren zum Beispiel ausgesehen haben (Knoten, Kanten und Positionen wurden
bewusst verändert und dienen nur der Illustration).

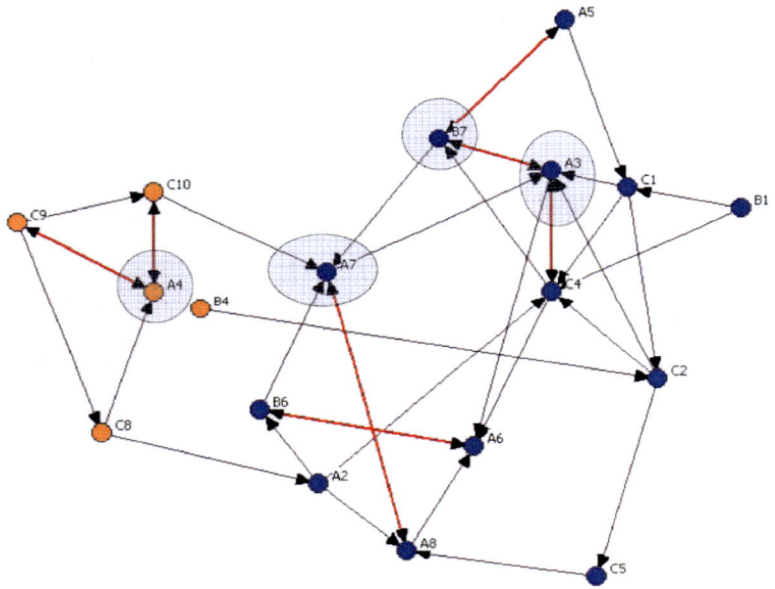

Abbildung 1:   Informelles Ratgebernetzwerk innerhalb eines Forschungs-
                 clusters in seiner Entstehungsphase (verändert)

Mit diesem Graph, also der Darstellung der über die Namensgeneratoren erhobenen Knoten und Kanten schlägt die Stunde der Netzwerkanalysten. Sie
schauen sich die Anzahl der Beziehungen im Gesamtnetzwerk an, die Erreichbarkeit der Akteure untereinander (Kohäsion), sie suchen nach Zonen relativer

---

[294] Namensgeneratoren sind Fragen, die den Organisationsmitgliedern für unterschiedliche
Interessebereiche (z. B. instrumentelle oder emotionelle Unterstützung, die Personen geben oder
erhalten) gestellt werden, und die präferierte Kontaktpartner entlocken sollen.

Dichte (Cliquen), nach strukturellen Löchern und deren Überbrückung (Cut points, Broker). Sie untersuchen die Wechselseitigkeit (Reziprozität) der Beziehungen und die Ein- oder Mehrseitigkeit der Beziehungsinhalte (multiplex oder uniplex). Sie messen die Stärke der Bindungen ('strong' or 'weak' ties), ihre Intensität (Kontaktfrequenz, Kontakthäufigkeit) und ihre Dauer. Diese Maßzahlen geben Hinweise auf das im Gesamtnetzwerk potentiell vorhandene Sozialkapital, aber auch die Handlungsoptionen einzelner Akteure. Während sich die Macht innerhalb der Organisation ausschließlich aus der Position innerhalb der Hierarchie (Berichtsspanne, Delegationsmacht usw.) ableitet, erwächst die Positionsmacht innerhalb des Netzwerks aus der Anzahl der Kontakte, der guten Erreichbarkeit für andere Akteure, dem Maß an „Zentralität".

Begrenzt wird dieser Zugriff auf das im Netzwerk vorhandene „soziale Kapital" neben der Position der Akteure im Netzwerk durch ihr eigenes Interesse am Benutzen dieser informellen Kommunikationskanäle. Netzwerkstrukturen sind immer „Gelegenheitsstrukturen". Gerade unter Wissenschaftlern, die ihre Arbeit gerne dem Erkenntnisfortschritt und nicht so sehr einem größeren Publikum widmen, und die der wissenschaftlichen Publikationskultur entsprechend, „single-authored-pieces" bevorzugen, ist der Hang zum Austausch in beruflichen Netzwerken in der Regel nicht so ausgeprägt. Damit kommt auch eine kulturelle Komponente mit ins Spiel. Sie bezieht sich auf die Bandbreite des Erwartbaren, auf welche Weise und in welchem Ausmaß man sich im Rahmen von Wissenschaftskultur vorhandener Netzwerke bedient, bzw. sie überhaupt zum eigenen Vorteil knüpft. Wenn, dann geschieht das in der Regel dezenter und weniger offensichtlich als zum Beispiel im Haifischbecken einer Investmentbank.

Eingeschränkt wird der Spielraum nicht nur durch das Wollen der Akteure und die kulturellen Spielregeln, innerhalb derer sie sich bewegen, sondern auch durch die persönlichen Fähigkeiten zum Spielen auf den „Netzwerksaiten" (Kanten), denn das „Netzwerken" ist eine nur begrenzt erlernbare Kunst. Begrenzend wirken auch die vorhandenen institutionellen Strukturen. Netzwerke erweitern Informations- und Handlungsmöglichkeiten von Organisationsmitgliedern, sie hebeln aber vorhandene Entscheidungsstrukturen nicht aus. Es können Allianzen geschmiedet und Einflüsse geltend gemacht werden, aber die Entscheidung liegt letztlich in den gewählten Gremien, bzw. bei den zuständigen Vertretern.

Der Knoten A7 nimmt im Beispielnetzwerk unabhängig von seiner Position im Organisationsgefüge eine Schlüsselstellung ein, vereint er doch nicht nur die relativ größte Zahl eingehender und ausgehender Kontakte, sondern übernimmt auch als einer von zwei „Cutpoints" eine Vermittlerposition zwischen zwei Teilnetzwerken. Wie weit er diese zentrale Netzwerkposition nützen will, und wie weit er sie überhaupt nützen kann (also z. B. eine abweichende Meinung in einem Gremium durchzusetzen) steht auf einem anderen Blatt. Dies hängt von seiner Geschicklichkeit, der Situation und der Interessenkonstellation anderer, organisationell unter Umständen machtvollerer Akteure ab. Über diese Geschichten hinter den Gelegenheiten erzählt uns die quantitative Netzwerkanalyse allerdings nichts. Dies ist das Feld der qualitativen Netzwerkanalyse (Hollstein/ Straus 2008) oder partizipativer Netzwerkvisualisierungsansätze (Schönhuth 2009), die neue Ordnungsfragen aufwerfen.[295] Doch das ist ein neues Kapitel, das hier nicht mehr aufgeschlagen werden soll.

5   Einmal Netzwerk und zurück – Zur Genese und Dynamik von Netzwerken

Es lässt sich offensichtlich nicht eindeutig bestimmen, was ein soziales Netzwerk ist, aber es gibt Näherungswerte, wann es sinnvoll ist, von einer Struktur als Netzwerk zu sprechen und sie als solches zu analysieren. Formen zwischenmenschlicher Koordination mit Hilfe der strukturalen Netzwerkanalyse zu untersuchen, ist in der Regel umso ertragreicher:

- je interdependenter (aufeinander verwiesener, verschränkter) Akteure sind, denn erst das macht die Qualität eines „Netzes" aus;
- je diskursiver sich das „Netz" entwickelt (weder ganz spontan noch ganz geregelt);
- je „planloser" das Ergebnis der Beziehungsknüpfarbeit ist (es also keinen „Masterplan" gibt, über den die Netzteilnehmer entscheiden, und den sie kontrollieren könnten);
- je mehr die Pflege sozialer Beziehungen (Beziehungsarbeit) und die Frage der daraus entstehenden und nutzbaren Zinsen („Sozialkapital", vgl. Bourdieu 1983) im Vordergrund steht;
- je „beiläufiger" sich dieses Sozialkapital im Bedürfnis nach Gruppenzugehörigkeit und sozialer Anerkennung entwickelt (Coleman 1991);
- je weniger externalisierbar , veräußerbar diese Ressourcen sind (also nicht Geld oder Machtposition im Vordergrund stehen);
- je „unaustauchbarer", unverwechselbarer die Akteure sind (je eher also die an sie andockenden Beziehungen mit ihrem Ausscheiden aus dem Netzwerk ebenfalls wegbrechen);

---

[295] z. B. die Frage „ob es überhaupt eine qualitative Netzwerkanalyse gibt", vgl. Diaz-Bone 2008.

- je weniger formalisiert die Beziehungen sind (der Zugang zum Netzwerkpartner also nicht formalen Regeln unterliegt);
- je freier die Netzwerkteilnehmer in der Wahl ihrer Kontaktpartner sind (es keine Erzwingungsmacht gibt, die Beziehungen verordnen oder dekretieren kann);
- je autonomer Einzelakteure Entscheidungen innerhalb ihres eigenen Systemknotens treffen können (keine funktionale Differenzierung innerhalb des Netzwerks vorliegt);
- je deutlicher sich Netzwerke von gleichzeitig existierenden institutionalisierten Tausch- und Koordinationsformen unterscheiden lassen (Vorderbühne-/Hinterbühne-Phänomen; Beispiel Exzellenzcluster);
- je weniger die Struktur des Netzwerks selbst von den Teilnehmern selbst in den Interaktionen thematisiert oder gar ausgehandelt wird;
- je mehr Vertrauen auf zukünftige Reziprozität in der sozialen Interaktion eine Rolle spielt („credit slips", die auf zukünftige Einlösung ausgestellt werden; vgl. Coleman 1988);
- je veränderbarer und dynamischer die Koordinierungsstrukturen sind (Knoten und Kanten sich also im Lauf der Zeit verändern).

Von außen lassen sich Netzwerke am besten in Situationen der Bewährung untersuchen, das heißt dann, wenn einzelne Akteure ihre Beziehungen mobilisieren, um das darin enthaltene Kapital abzuschöpfen. Das kann bei finanziellen Notlagen (Kreditvergabe) der Fall sein, im Falle einer plötzlichen Erkrankung, oder dem Wegbrechen institutionalisierter Hilfesysteme (emotionale und soziale Unterstützungsleistungen), aber auch, wenn es darum geht, im Falle eines Hausbaus oder Machtproben innerhalb organisationeller Kontexte seine „Truppen" hinter sich zu bringen (instrumentelle Unterstützung). Dann erweist sich manch angenommener Kontakt als geplatzter Scheck, andere, nicht eingeplante Kontakte wachsen einem zu, nach dem Motto: „wahre Freunde erkennt man erst in der Not".

Dieser Umstand weist auf eine Schwachstelle in der strukturalen Analyse hin. Netzwerke als Struktur zu untersuchen, bedeutet, von einer sich ständig in Bewegung befindlichen Szenerie einen Schnappschuss zu machen. Jede Netzwerkaufnahme gilt eigentlich nur für diesen Moment und kann morgen (und vor allem nach „Bewährungsproben") schon wieder überholt sein. Netzwerke entwickeln sich in der Zeit. Durch die relative Autonomie ihrer Akteure, die zumindest heterarchische, manchmal auch egalitäre, tendenziell informelle Struktur und die nur auf Zukunftsvertrauen aufgebaute Ressourcenausstattung ist sie für ständige Veränderung offen, und das in weit größerem Maße als andere Koordinationsformen.

Was wir also in der Netzwerkanalyse benötigen, sind Zeitreihen- oder Längsschnittuntersuchungen, die in der Lage sind, Verlauf und Veränderungen von Netzwerken über einen längeren Zeitraum zu untersuchen. Ein weiteres noch wenig beackertes Feld ist die Frage, wie aus Netzwerkstrukturen Institutionen werden, aber auch wie Institutionen wieder zu Netzwerken auflösen. Zu beiden Bereichen wird im Exzellenzcluster in Teilprojekten geforscht. Wir dürfen auf die Synthese dieser Erkenntnisse gespannt sein.

Literatur

Agar, Michael 2006. An Ethnography By Any Other Name ... Forum Qualitative Sozialforschung / Forum: Qualitative Social Research, 7(4), Art. 36.

Castells, Mario 2004. Der Aufstieg der Netzwerkgesellschaft. Band 1: Das Informationszeitalter. Opladen : Leske und Budrich.

Coleman, James S. 1988: Social Capital in the Creation of Human Capital. In: American Journal of Sociology, 94 (Supplement): S.95-120.

Coleman, James S. 1991: Grundlagen der Sozialtheorie. Band 1: Handlungen und Handlungssysteme. München: Oldenbourg.

Diaz-Bone, Rainer 2007. Gibt es eine qualitative Netzwerkanalyse? [Review Essay: Betina Hollstein & Florian Straus (Hrsg.) 2006. Qualitative Netzwerkanalyse. Konzepte, Methoden, Anwendungen.] In: Forum Qualitative Sozialforschung (FQS) Volume 8, No. 1, Art. 28 – Januar 2007. Elektron. Dok.: http://www.qualitative-research.net/fqs-texte/1-07/07-1-28-d.htm (Aufruf am 17.7. 2009).

Faßler, Manfred 2001: Netzwerke. Einführung in die Netzstrukturen, Netzkulturen und verteilte Gemeinschaftlichkeit. München: Fink.

Granovetter, Mark 1973. The Strengt hof Weakt Ties. American journal of Sociology 78, S. 1360-1380.

Hollstein, Betina und Florian Straus 2005 (Hg.). Qualitative Netzwerkanalyse. Konzepte, Methoden, Anwendungen. Wiesbaden: VS Verlag für Sozialwissenschaften.

Holzer, Boris 2006. Netzwerke. Bielefeld : Transcript.

Institut für deutsche Gebärdensprache und Kommunikation Gehörloser (2008). Stichwort: Soziales Netzwerk. Elektron. Dok.: http://www.sign-lang.uni-hamburg.de/projekte/slex/seitendvd/konzepte/l53/l5385.htm (Aufruf 17.7. 2009).

Jansen, Dorothea 2006. Einführung in die Netzwerkanalyse. Grundlagen, Methoden, Forschungsbeispiele. 3. überarb. Aufl. Wiesbaden: VS Verlag für Sozialwissenschaften.

Leinhardt, Samuel 1977. Social Networks. A Developing Paradigm. New York etc.: Academic Press.

Lorberg Christian 2007. Vertrauen als Schlüsselfaktor in der Theorie und am Beispiel des Online Auktionshauses ebay. München: Grin Verlag.

Luhmann, Niklas 1973. Vertrauen – Ein Mechanismus der Reduktion sozialer Komplexität. Stuttgart: Enke. (2. Aufl.).

Mauss, Marcel 1968. Die Gabe. Form und Funktion des Austauschs in archaischen Gesellschaften. Frankfurt am Main: Suhrkamp.

Merton, Robert K. 1936. The Unanticipated Consequences of Purposive Social Action. American Sociological Review 1, 6, 894-904.

Merton, Robert K. 1980. Social Theory and Social Structure, New York: Free Press.

Moreno, Jakob L. 1960 (Hg.). The Sociometry Reader. Glencoe, Ill.: Free Press.

Moreno, Jakob. L. 1934. *Who Shall Survive?* Washington, DC: Nervous and Mental Disease Publishing Company.

Neuberger, Oswald 2006. Vertrauen vertrauen? Misstrauen als Sozialkapital. In: Klaus Götz (Hg.), Vertrauen in Organisationen. München und Mering: Rainer Hampp Verlag, S. 11-56

Nollert, Michael 2005. Unternehmensverflechtungen in Westeuropa. Münster: Lit-Verlag.

Powell, W.W. 1990. Neither Market nor Hierarchy. Network Forms of Organization. In: Research in Organiztaional Behaviour 12, 295-336.

Schönhuth, Michael 2009. Participatory Appraisal of a Personal Network with VennMaker. Trier. Elektronisches Dokument: http://www.netzwerk-exzellenz.uni-trier.de/?site_id=108&lang=&proj_id=b7464e29d0da7fa229dbcecdd6d7622a&sitename=Dokumente (Aufruf 17.7. 2009)

Stegbauer, Christian 2008 (Hg.). Netzwerkanalyse und Netzwerktheorie. Ein neues Paradigma in den Sozialwissenschaften. Wiesbaden: VS Verlag für Sozialwissenschaften.

Trappmann, Amrk, Hans J. Hummell, Wolfgang Sodeur 2005. Strukturanalyse soziale Netzwerke. Konzepte, Modelle, Methoden. Wiesbaden: Vs Verlag.

Weißbach, Hans-Jürgen 2000. Kulturelle und sozialanthropologische Aspekte der Nterzwerkforschung. In. Johannes Weyer (Hg.), Soziale Netzwerke, S. 255-284.

Weyer, Johannes 2000 (Hg.). Soziale Netzwerke. Konzepte und Methoden der sozialwissenschaftlichen Netzwerkforschung. München, Wien: R. Oldenbourg.

Netzwerke in den Geschichtswissenschaften

Martin Stark

Der Begriff „Vertrauen" ist im Zuge der gegenwärtigen weltweiten Finanzkrise wieder einmal in Mode gekommen. Auch die Geschichtswissenschaften konnten sich in den letzten Jahren der allgemeinen (akademischen) Vertrauenskonjunktur nicht verschließen. Was genau dieses Vertrauen ist, über das alle reden, bleibt dabei äußerst vage. Nur weil Personen oder Institutionen miteinander interagieren, heißt das noch nicht, dass sie sich vertrauen. Genauso lässt sich im Umkehrschluss aus einer Nichtinteraktion schwerlich gleich auf Misstrauen schließen. Dieses Vertrauen lässt sich damit empirisch nur äußerst schwer überprüfen. Gleichzeitig besteht bei einer unbedachten Übernahme von sozialwissenschaftlichen, eher gegenwartsorientierten Theorien und Modellen in einen geschichtswissenschaftlichen Kontext immer die Gefahr einen Anachronismus zu produzieren. Kann also ein Historiker dem Vertrauen vertrauen?[296]

Die deutschen Kreditgenossenschaften des 19. Jahrhunderts wurden gegründet, um auch Personen mit geringem Vermögen den Zugang zu Krediten zu ermöglichen. Jedes Mitglied brachte seine Ersparnisse ein und konnte im Gegenzug einen Kredit bei der Genossenschaft beantragen. Da jedes Mitglied aber auch unbegrenzt für die Schulden der anderen haftbar war, stellte sich natürlich eine gewisse Vertrauensfrage. Deshalb wurde die Rechnungsführung der jeweiligen Kreditgenossenschaft regelmäßig überprüfte. Dieses System funktionierte, die Kreditgenossenschaften waren in Deutschland ein Erfolgsmodell.[297] Und Erfolgsmodelle werden gerne exportiert. Der Versuch, derartige Kreditgenossenschaften im ländlichen Irland des späten 19. Jahrhunderts zu etablieren, erwies sich jedoch als Fehlschlag. Das lag nicht an einem Mangel an Vertrauen. In Deutschland vertrauten die Mitglieder der Kreditgenossenschaften darauf, dass die anderen Mitglieder ihre Kredite zurückzahlen würden. In Irland dagegen vertrauten sie einander, es mit der Zurückzahlung nicht so genau zu nehmen, obwohl diese persönliche Praxis den formalen Regeln zuwiderlief.[298]

---

[296] Einen geschichtswissenschaftlichen Überblick zur Vertrauensproblematik gibt: Frevert, Ute: Vertrauen – eine historische Spurensuche, in: Frevert, Ute (Hg.): Vertrauen. Historische Annäherungen, Göttingen 2003, S. 7-66. Dazu vergleichend die kritischen Überlegungen bei: Guinnane, Timothy W.: Trust: A Concept Too Many, in: Jahrbuch für Wirtschaftsgeschichte 2005/1, S. 77-92.

[297] Das Beispiel stammt aus: Frevert, Ute: Vertrauen – eine historische Spurensuche, S. 44.

[298] Das Gegenbeispiel stammt aus: Guinnane, Timothy W.: Trust: A Concept Too Many, S. 87-89.

An diesem Beispiel lassen sich zwei Arten von Vertrauen aufzeigen: systemisches Vertrauen und personales Vertrauen. Unter systemischem Vertrauen lässt sich die Zuversicht in die Gültigkeit allgemeiner Regeln, Normen und Werte verstehen. Hierbei müssen formale Institutionen wie Rechtsregeln und informelle Institutionen wie Sitten und Gebräuche unterschieden werden. Der Fokus verschiebt sich hierbei vom Vertrauen fort auf die grundlegenden Institutionen, welche Handlungsräume eröffnen und schließen und damit festlegen, wem und in welchem Umfang Vertrauen geschenkt werden kann. Deshalb ist in diesem Kontext vorgeschlagen worden, anstelle von systemischem oder institutionellem Vertrauen doch eher vom „Verlass auf Institutionen" zu sprechen.[299] Dies kann in den Geschichtswissenschaften beispielsweise im Rahmen der Neuen Institutionenökonomik untersucht werden.[300]

Unter personalem Vertrauen lässt sich im Gegensatz zum allgemeinen, systemischen Vertrauen das Vertrauen in eine konkrete Person verstehen. Personales Vertrauen kann mit Hilfe einer Sozialen Netzwerkanalyse untersucht werden. Ein Soziales Netzwerk wird verstanden als eine bestimmte Menge von Akteuren und deren Beziehungen.[301] Als Indikator für personales Vertrauen lässt sich das sogenannte Sozialkapital benutzen, wenn unter diesen Akteuren eine direkte oder indirekte Beziehung besteht. Unter Sozialkapital wird der erfolgreiche Zugang eines bestimmten Akteurs zu Ressourcen anderer Akteure in Sozialen Netzwerken verstanden. Der Grundgedanke ist dabei folgender, je mehr und erfolgreich Interaktionen zwischen den Akteuren stattfinden, desto höher soll das jeweilige Sozialkapital und damit auch das potentielle personale Vertrauen zwischen den einzelnen Akteuren sein.[302] Das Konzept des Sozialkapitals ist aber selbst durchaus nicht unproblematisch. Denn neben einer gewissen begrifflichen Unschärfe lässt sich oftmals überhaupt nicht empirisch herausarbeiten, ob nicht gerade die Beziehungen im Netzwerk zu einem erfolgreichen Ressourcentransfer geführt haben. Es werden nur die Anzahl der Beziehungen pro Akteur als potentielles Sozialkapital zusammengezählt. Eine derartig vereinfachende Maßzahl kann oftmals die Komplexität der zu einem erfolgreichen

---

[299] Siehe hierzu: Gorißen, Stefan: Der Preis des Vertrauens. Unsicherheit, Institutionen und Rationalität im vorindustriellen Fernhandel, in: Frevert, Ute: Vertrauen. Historische Annäherungen, Göttingen 2003, S.90-118.

[300] Einen Einstieg in die Neue Institutionenökonomik anhand wirtschaftshistorischer Fragestellungen gibt: Wischermann, Clemens/Nieberding, Anne: Die institutionelle Revolution. Eine Einführung in die Wirtschaftsgeschichte des 19. und frühen 20. Jahrhunderts, Stuttgart 2004.

[301] Zur Bedeutung der Sozialen Netzwerkanalyse in den Geschichtswissenschaften siehe: Reitmayer, Morten/Marx, Christian: Netzwerkansätze in den Geschichtswissenschaften, in: Stegbauer, Christian / Häußling, Roger (Hg.): Handbuch „Netzwerkforschung", Wiesbaden (im Erscheinen).

[302] Zu einer solchen Vorgehensweise siehe: Fertig, Georg: Zwischen Xenophobie und Freundschaftspreis: Landmarkt und familiäre Beziehungen in Westfalen 1830-1866, in: Jahrbuch für Wirtschaftsgeschichte 2005/1, S. 53-76.

Ressourcentransfer führenden Handlungsketten nicht adäquat abbilden.[303] Hinzu kommen noch die Wechselwirkungen des personalen Vertrauens mit dem systemischen Vertrauen, so dass fraglich ist, wem nun letztendlich personal vertraut wurde oder wem nicht.

Wenn ein Bauer im 19. Jahrhundert einem anderen Bauern Geld leiht, einem benachbarten Handwerker dagegen nicht, vertrauen sich Bauern dann untereinander mehr? Und wenn sie sich gegenseitig vertrauen, wieso wurde der Kredit dann in das örtliche Hypothekenbuch eingetragen? Was diese ökonomische Transaktion durch ihre schriftliche Fixierung glücklicherweise überhaupt erst einer geschichtswissenschaftlichen Untersuchung zugänglich macht. Hier stoßen gerade quantitative, auf serielle Quellen ausgerichtete historische Forschungsprojekte an die Grenzen ihrer Aussagekraft. Eine prinzipiell sinnvolle Ergänzung anhand exemplarischer Fallbeispiele mit eher qualitativer Fragestellungen, um herauszuarbeiten wie Vertrauen und Kreditaufnahme ineinander griffen, lässt sich aber nicht mit jeder Quellenlage vereinbaren.

Gerade die Soziale Netzwerkanalyse hat sehr hohe Anforderungen an die Dichte und Vollständigkeit des Datenkorpus, eine Voraussetzung, die speziell in der geschichtswissenschaftlichen Forschungspraxis, wenn überhaupt, nur mit sehr großem Arbeitsaufwand umzusetzen ist. Bevor ein solches Unterfangen in Angriff genommen wird, wäre also für das eigene Forschungsprojekt abzuklären, ob der zugrundeliegende Begriff des Vertrauens und -eng damit verbunden- der Begriff des Sozialkapitals nicht letztendlich zu undifferenziert sind, um über sie zu eindeutigen Aussagen zu gelangen?

In einem laufenden Forschungsprojekt zu „Verwandtschafts- und Klientelbeziehungen im ländlichen Schuldenwesen in Württemberg im 18. und 19. Jahrhundert" an der Universität Trier wird exemplarisch ein privater, ländlicher und vormoderner (hypothekarischer) Kreditmarkt am Beispiel des Dorfes Ohmenhausen untersucht. Der Schwerpunkt der Untersuchung liegt hierbei auf einem historischen Vergleich der Struktur und Funktionsweise des Kreditmarktes vor und nach der Reform der Pfandgesetzgesetzgebung von 1825/28. Hierzu werden die beiden Stichjahre 1825 und 1850 miteinander verglichen. Es herrschte im ländlichen Württemberg des frühen 19. Jahrhunderts zwar kein allgemeiner Kapitalmangel. Es fehlte aber der institutionelle Transformationsapparat, um das zumeist städtische Angebot und die ländliche Nachfrage nach Kapital zur Deckung zu bringen.

Als vorläufiges Ergebnis lässt sich feststellen, dass der Kreditmarkt in Ohmenhausen im Untersuchungszeitraum lokal und regional orientiert war. Gläubiger kamen oft aus den nahen Städten, im geringeren Maße auch aus nahen Dörfern. Institutionelle Gläubiger waren zum Beispiel Hospitäler, Pflegschaften,

---

[303] Kritisch zum Sozialkapitalansatz siehe: Quibria, Muhammed Ghulam: The Puzzle of Social Capital: A Critical Review, in: Asian Development Review 2003/2, S. 19-39.

Stiftungen und Zunftkassen der Städte Reutlingen und Tübingen. Als privater Gläubiger spielte nicht zuletzt die Geistlichkeit eine zentrale Rolle. Weitere Gläubiger waren Kaufleute, Akademiker und Stadtschreiber. Kredite an Verwandte standen gerade bei höheren Summen im Zusammenhang mit der Regelung der Erbfolge. In diesem Fall erfolgte die Kreditvergabe auch innerhalb des Dorfes. Sonst wurden größere Kreditsummen üblicherweise außerhalb des Dorfes und der Familie gewährt.[304]

Im Rahmen des Projektes wird als Konsequenz auf die vorangestellten Überlegungen auf das Konzept der „Sozialen Einbettung" aus der Neuen Wirtschaftssoziologie zurückgegriffen. Als Soziale Einbettung wird die Verflochtenheit marktförmiger Transaktionen, hier Kreditvergabe, mit anderen sozialen Beziehungen verstanden. Diese anderen Beziehungen stellen der Theorie nach eine wichtige Grundvoraussetzung für das Zustandekommen der ökonomischen Transaktion dar, zum Beispiel durch vorhergehende Vertrauensbildung.[305] Die Soziale Einbettung wird am Beispiel der Verwandtschaftsbeziehungen untersucht. Nur die über Kirchenbücher erhobenen Verwandtschaftsbeziehungen bieten eine ausreichende Überlieferungsdichte, um die Verfahren der formalen Netzwerkanalyse sinnvoll anwenden zu können. Es soll herausgearbeitet werden, ob verwandtschaftliche Netzwerke mit ihren Informations- und Kontrollfunktionen eine Bedeutung auf dem Kreditmarkt gespielt haben und ob sich dies nach der Reform der Pfandgesetzgebung veränderte. In-wie-weit Verwandtschaftsbeziehungen Vertrauen auf einem ländlichen Kreditmarkt des 19. Jahrhunderts förderten oder diese sogar erfolgreich als Sozialkapital aktiviert werden konnten, sollte jedoch am Ende der Untersuchung stehen, nicht an ihrem Anfang.

---

[304] Vergleiche: Gestrich, Andreas/Stark, Martin: Überschuldung im ländlichen Kreditwesen im 18. und 19. Jahrhundert, in: Zeitschrift für Verbraucher- und Privatinsolvenz, Sonderheft 15. Mai 2009, S. 23-26.

[305] Der „Klassiker" hierzu ist: Granovetter, Mark: Ökonomisches Handeln und soziale Struktur: Das Problem der Einbettung, in: Müller, Hans-Peter/Sigmund, Steffen (Hg.): Zeitgenössische amerikanische Soziologie, Opladen 2000, S. 175-207. Einen guten Überblick zum aktuellen Forschungsstand bietet: Beckert, Jens/Diaz-Bone, Rainer/Ganßmann, Heiner (Hg.): Märkte als soziale Strukturen, Frankfurt a. M./New York 2007.

Autorenverzeichnis

Bender, Nina, Wissenschaftliche Mitarbeiterin, Fachbereich Rechts- und Wirtschaftswissenschaften, Johannes Gutenberg-Universität Mainz

Bock, Michael, Prof. Dr. Dr., Fachbereich Rechts- und Wirtschaftswissenschaften, Johannes Gutenberg-Universität Mainz

Hergenröder, Curt Wolfgang, Prof. Dr., Fachbereich Rechts- und Wirtschaftswissenschaften, Johannes Gutenberg-Universität Mainz

Hirsch, Frank, M.A., Wissenschaftlicher Mitarbeiter, Lehrstuhl für Neuere Geschichte und Landesgeschichte, Universität des Saarlandes, Saarbrücken

Hollstein, Tina, Wissenschaftliche Mitarbeiterin, Institut für Erziehungswissenschaften, Johannes Gutenberg-Universität Mainz

Huber, Lena, Wissenschaftliche Mitarbeiterin, Institut für Erziehungswissenschaften, Johannes Gutenberg-Universität Mainz

Irsigler, Franz, Prof. Dr., Institut für Geschichtliche Landeskunde, Universität Trier

Letzel, Stephan, Prof. Dr. med. Dipl.-Ing., Institut für Arbeits-, Sozial- und Umweltmedizin, Universitätsmedizin Mainz, Johannes Gutenberg-Universität Mainz

Marx, Johannes, Dr., Wissenschaftlicher Mitarbeiter, Institut für Politikwissenschaft, Johannes Gutenberg-Universität Mainz

Münster, Eva, Prof. Dr., Institut für Arbeits-, Sozial- und Umweltmedizin, Universitätsmedizin Mainz, Johannes Gutenberg-Universität Mainz

Münster, Peter, Prof. Dr., Fachhochschule für Rechtspflege Nordrhein-Westfalen, Bad Münstereifel

Rau, Matthias, Fachbereich Rechts- und Wirtschaftswissenschaften, Johannes Gutenberg-Universität Mainz

Rollinger, Christian M.A., Wissenschaftlicher Mitarbeiter, Institut für Alte Geschichte, Universität Trier

Schönhuth, Michael, Prof. Dr., Fachbereich Ethnologie, Universität Trier

Schweppe, Cornelia, Prof. Dr., Institut für Erziehungswissenschaften, Johannes Gutenberg-Universität Mainz

Stark, Martin, M.A., Wissenschaftlicher Mitarbeiter, Institut für Neuere und Neuste Geschichte, Universität Trier

Straus, Florian, Dr., Institut für Praxisforschung und Projektberatung, München

Wirtz, Thomas, M.A., Wissenschaftlicher Mitarbeiter, Institut für Neuere und Neuste Geschichte, Universität Trier

VS Forschung | VS Research
Neu im Programm Politik